나눔의집은
사회복지사 1급 시험에
진심입니다

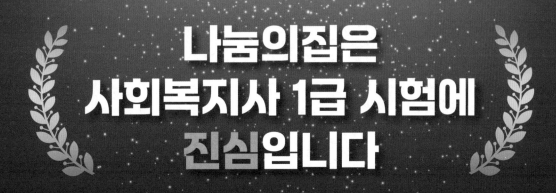

10명 중 3명만이 겨우 합격한 제22회 시험
나눔의집 수강생은 10명 중 7.5명이 합격했습니다!

제22회 필기시험 전체 합격률	제22회 나눔의집 회원 합격률
	75.4%
나눔의집을 선택하는 이유! **선택의 차이는 곧 결과의 차이입니다.**	
29.9%	

※ 자료: 제22회 사회복지사 1급 필기시험 합격(예정)자 공고, 한국산업인력공단 / 제22회 대비 나눔의집 수강생 가채점 결과 데이터

최근 10개년
사회복지사1급 필기시험의
평균 합격률은 37.5%!

회차	22회	21회	20회	19회	18회	17회	16회	15회	14회	13회
합격률	29.9%	40.7%	36.6%	60.9%	33.2%	34.5%	33.7%	27.0%	47.3%	31.8%

※ 자료: 각 회차별 필기시험의 합격률로, 소수점 두 자리 이하는 버림

"사회복지사1급 시험은
결코 쉬운 시험이 아닙니다"

22회 합격자 신○○

시험을 보시면 아시겠지만 지금 사회복지사1급 시험은 운전면허 필기시험처럼 문제은행식 공부는 절대 통하지 않습니다. 기출문제를 많이 풀어보는 것이 중요하지 않다는 뜻이 아닙니다. 운전면허 같은 시험은 문제은행식 공부를 해도 기출문제에 변형이 없어서 통하겠지만 현재 사회복지사1급 시험은 매년 새로운 유형이 등장하고 기출문제의 유형에 변형이 많은 추세입니다. 또한 세부적인 세세한 내용까지 물어보는 문제도 많습니다.

따라서 기본개념이 든든하게 받침이 되어 있지 않은 상태에서 기출문제만 백날 많이 풀어봤자 조금만 유형이 바꿔서 나오면 틀릴 수밖에 없습니다.

나눔의집 시그니처 프리패스가 제시하는 '기본개념 이론학습 → 기출문제 풀기 → 실전 대비하기'의 틀로 탄탄히 공부하셔서 합격하시길 응원합니다.

"체계적인 커리큘럼과 전략적 학습이 필요합니다"

비교해 보시면 아실 수 있습니다

	타사		사회복지 전문출판 나눔의집

이론학습 과정

8개 영역을 압축하여 요약한 한 권짜리 통합이론서 대학 교재보다 더 상세하고 친절한 8영역의 기본개념 + 강의

문제풀이 과정

단순하게 구성된 기출문제 풀이 교재와 강의 (예상문제 풀이 과정 없음)

필수 키워드를 3회독 시스템으로 학습하는 기출회독 교재와 강의

장별로도 학습하고 회차별로도 학습하는 기출문제 교재와 강의

새로운 유형의 문제에 대비할 수 있는 예상문제 교재와 강의

실전대비 과정

세부적인 내용을 담지 못하고 지나치게 압축된 요약집 교재와 강의 (모의고사 풀이 과정 없음)

한 번 더 개념을 정리할 수 있는 핵심특강 교재와 강의

실제 시험과 동일하게 풀어보는 파이널 모의고사 교재와 강의

사회복지사1급 시험은 이 모든 과정이 담긴

시그니처 프리패스 하나면 충분합니다

시그니처 프리패스 만의 특권1

"합격할 때까지 책임지겠습니다"

제23회 시험 합격 시!

원서지원비 25,000원 지원

원서지원비 지원

※ 합격수기 작성 후 신청, 추후 별도 공지

합격할 때까지!

최신 강의로 연장

무료연장

※ 시험 미응시 경우 강의연장 서비스 종료

합격할 때까지!

개정판 기출회독 8권 제공

기출회독

※ 2025년 8월 이후 신청, 배송비 별도

"합격할 때까지 동행하겠습니다"

맞춤 학습 관리!

아임패스
과목별 질문게시판
1 : 1 학습 묻고답하기

인간행동과 사회환경

기본이론	전도추리	2024-02-01	이소영	👁42
기본이론	거름·거부 훈론	2024-01-30	이소영	👁28
모의고사	[답변완료] 체계이론	2024-01-11	배주연	👁109

사회복지조사론

기본이론	[답변완료] 환원추의 오류 생태학적 오류	2024-01-11	전수현	👁75
모의고사	[답변완료] 경향연구 질문	2024-01-09	신가영	👁65
모의고사	[답변완료] 파이널 모의고사 1회 2교~	2024-01-08	석은우	👁118

사회복지실천론

기본이론	[답변완료] 윤리강령 다문화 역량	2024-01-10	전수현	👁58
기본이론	[답변완료] 실천현장 분류	2024-01-07	오지희	👁64
기출분석	[답변완료] 회차별 기출문제집 사회복~	2024-01-04	홍서현	👁85

사회복지실천기술론

모의고사	[답변완료] 파이널 48번 문제	2024-01-12	강재윤	👁98
기본이론	[답변완료] 해결중심모델과 역량강화모델	2024-01-11	박은우	👁84
기출분석	[답변완료] 과정평가에 대해	2024-01-08	김성엽	👁93

신규서비스

기출문제로 이론을 배운다!

리버스 학습법 60
강의 제공

신규서비스

합격으로 가는 길을 제시한다!

시그니처
1 : 1 코칭 진단분석

아임패스
나눔의집 학습 놀이터

"책만 보면 지겨우니까~"

사회복지사1급 시험을 준비하는 수험생들이
다양한 자료와 정보를 접할 수 있는
학습 놀이터 아임패스 impass.co.kr

레벨테스트 및
점수별 학습전략

자가진단
레벨테스트

8개 영역 문제은행

(기본쌓기 문제, 자가진단 모의고사 등)

8개 영역 지식창고

(기출키워드, 필수용어사전,
SPECIAL STAGE 등)

지식창고

8개 영역 기본개념서
QR코드로 보는
보충자료

사회복지법제론
상 · 하반기
개정법률자료

사회복지사 1급
시험정보

(합격 안전선, 합격기준, 과락기준 등)

학습부담을 줄이는
필수학습 체크리스트

학습 노하우를 공유하는
나눔의집 선배들의
합격수기

"단순히 지식을 가르치는 교수가 아니라 선배 사회복지사의 마음으로 강의합니다"

현숙 교수님

✓ 현직 사회복지사도 듣는 사회복지실천 분야 명강의

✓ 10여 년의 현장 실무경험을 접목시키는
  현장 중심 강의

담당 영역

1영역	인간행동과 사회환경
3영역	사회복지실천론
4영역	사회복지실천기술론
5영역	지역사회복지론
7영역	사회복지행정론

"단순히 자격증만을 취득하기 위한 공부보다는
현장에서 실력과 진정성을 갖춘
사회복지사가 되기 위한 공부가 되었으면 합니다."

고병무 교수님

✔ 현직 대학교 겸임교수의
사회복지정책 분야 명강의

✔ 수많은 수험 강의(EBS, 에듀윌, 해커스 등)
경력으로 보다 효율적으로
학습할 수 있는 노하우를 전수

담당 영역

2영역	사회복지조사론
6영역	사회복지정책론
8영역	사회복지법제론

"사회복지사1급 합격은 끝이 아닌 시작입니다.
사회복지사가 되어 활동하는 자신을 상상하며
즐길 수 있는 공부가 되었으면 합니다."

강의 맛집 '아임패스'

나눔의집 회원님들이 합격을 향해 달려간 노력의 시간들입니다.
그 노력이 결실을 맺을 때까지 아임패스도 함께 달립니다.

2023년 나눔의집 강의 누적 수강시간
602,970시간 69년

2023년 나눔의집 총 조회수
1,416,000회

2023년 1월 15일 ~ 2024년 1월 13일 기준

**"당신의 사회복지사1급 합격을 위해
나눔의집은 최고의 강의로
늘 함께하겠습니다"**

2025년
23회 대비
최신판

SINCE 2002
22번째 개정판

나눔의집 사회복지사1급

합격족보

필수 키워드 40

사회복지교육연구센터 편저

★ ★ ★
QR코드로 바로 보는

★ ★ ★
40강 무료제공

사회복지
전문출판 **나눔의집**

책 소개

사회복지사1급 시험에 합격하기 위해서는 각 교시별 40% 이상 득점과 총점 60% 이상 득점이라는 두 가지 조건을 충족해야 한다. 『합격족보 필수 키워드 40』은 이 두 가지 조건 중에서도 특히 각 교시별 40% 이상 득점해야 하는 과락 기준을 피하는 데에 초점을 두고 준비한 책이다.

이 책은 22회 기출문제 중 13회부터 22회까지의 최근 10년간 기출 흐름을 분석하여 각 영역별로 5개의 키워드를 추려 총 40개의 키워드를 집중적으로 살펴볼 수 있도록 하였다. 이 키워드들은 과락을 면하기 위한 안전선이 되어줄 필수 중의 필수 키워드이다. 각 필수 키워드마다 대표기출문제를 맛보기 삼아 풀어보고, 요약을 통해 주요 내용을 확인하고, 정답훈련을 통해 23회 시험의 합격을 위한 응용력을 키워보자.

이 책의 기본구성은 올 7월 출간될 『기출회독』을 기반으로 하며, 기출회독의 더 많은 키워드를 통해 합격점을 채울 수 있기를 바란다.

합격을 잡는 학습방법

아임패스와 함께하는 단계별 합격전략

나눔의집의 모든 교재는 강의가 함께한다. 혼자 공부하느라 머리 싸매지 말고, 아임패스를 통해 제공되는 강의와 함께 기본개념을 이해하고 암기하고 문제풀이 요령을 습득해보자. 또한 아임패스를 통해 선배 합격자들의 합격수기, 학습자료, 과목별 질문 등을 제공하고 있으니 23회 합격을 위해 충분히 활용해보자.

기본개념 학습 과정

1 단계

강의로 쌓는 기본개념

어떤 유형의, 어떤 난이도의 문제가 출제되더라도 답을 찾기 위해서는 기본적인 개념이 탄탄하게 잡혀있어야 한다. 기본개념서를 통해 2급 취득 후 잊어버리고 있던 개념들을 되살리고, 몰랐던 개념들과 애매했던 개념들을 정확하게 잡아보자. 한 번 봐서는 다 알 수 없고 다 기억할 수도 없지만 이제 1단계, 즉 이제 시작이다. '이렇게 공부해서 될까?'라는 의심 말고 '시작이 반이다'라는 마음으로 자신을 다독여보자.

기본개념 완성을 위한 학습자료

기본개념 강의, 기본쌓기 문제, ○ X 퀴즈, 기출문제, 정오표, 묻고답하기, 지식창고, 보충자료 등을 아임패스를 통해 만나실 수 있습니다.

실전대비 과정

4 단계

강의로 완성하는 FINAL 모의고사 (3회분)

그동안의 학습을 마무리하면서 합격에 대한 확신을 가져보자. 답안카드를 포함하고 있으므로 모의고사는 반드시 시험시간에 맞춰 풀어봐야 한다.

강의로 잡는 회차별 기출문제집

학습자가 자체적으로 모의고사처럼 시험시간에 맞춰 풀어볼 것을 추천한다.

기출문제 번호 보는 법

22 - 01 - 25

기출회차   영역   문제번호

'기출회차-영역-문제번호'의 순으로 기출문제의 번호 표기를 제시하여
어느 책에서든 쉽게 해당 문제를 찾아볼 수 있도록 하였다.

기출문제 풀이 과정

2단계

강의로 복습하는 기출회독

한 번을 복습하더라도 제대로 된 복습이 되어야 한
다는 고민으로 만들어진 책이다. 기출 키워드마다
다음 3단계 과정으로 학습해나간다. 기출회독의 반
복훈련을 통해 내 것이 아닌 것 같던 개념들이 내 것
이 되어감을 느낄 수 있을 것이다.
1. 기출분석을 통한 이론요약
2. 다양한 유형의 기출문제
3. 정답을 찾아내는 훈련 퀴즈

강의로 잡는 장별 기출문제집

기본개념서의 목차에 따라 편집하여 해
당 장의 기출문제를 바로 풀어볼 수 있다.

3단계

요약정리 과정

강의로 끝내는 핵심요약집

8영역을 공부하다 보면 먼저 공부했던 영역은
잊어버리기 일쑤인데, 요약노트를 정리해두면
어디서 어떤 내용을 공부했는지를 쉽게 찾아볼
수 있다.

예상문제 풀이 과정

강의로 풀이하는 합격예상문제집

내 것이 된 기본개념들로 문제의 답을 찾아
보는 시간이다. 합격을 위한 필수문제부터
응용문제까지 다양한 문제를 수록하여 정답
을 찾는 응용력을 키울 수 있다.

2024년 제22회
사회복지사1급 국가자격시험 결과

22회 필기시험의 합격률은 지난 21회 40.70%보다 10%가량 떨어진 29.98%로 나타났다. 많은 수험생들이 3교시 과목을 어려워하는데, 이번 22회 시험의 3교시는 순간적으로 답을 찾기에 곤란할 만한 문제들이 더러 포진되어 있었고 그 결과가 합격률에 고르란히 나타난 듯하다. 이번 시험에서 정답논란이 있었던 사회복지정책론 19번 문제는 최종적으로 '전항 정답' 처리되었다.

제22회 사회복지사1급 응시현황 및 결과

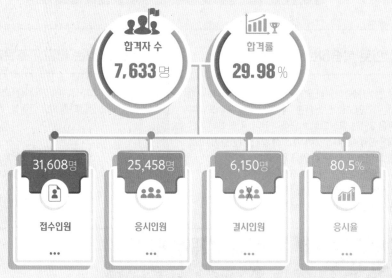

※이는 필기시험 결과이다.

1회~22회 사회복지사1급 국가시험 합격률 추이

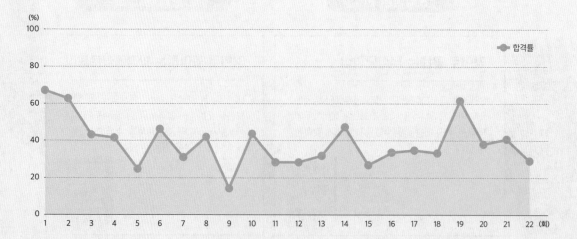

➕ 22회 영역별 기출 분석

1교시
사회복지기초

1영역 인간행동과 사회환경

우리 교재 8~13장에서 다루는 발달단계에 관한 문제는 2~4장에서 다루는 학자들의 이론이 연결되어 출제되곤 하는데, 이번 22회 시험에서는 유독 그런 경향이 강했다. 이로 인해 앞부분의 학습을 충실히 했다면 예년 시험보다 더 쉽게 느껴졌을 수 있다. 반대로, 발달이론에 대한 학습이 다소 부족했다면 점수 획득에 불리했을 것이다.

2영역 사회복지조사론

답을 선별하기 어렵게 만든 문제가 다수 출제되었으며, 기존에 자주 출제되지 않았던 분석단위, 인과관계 추론, 표집용어, 참여관찰자의 유형에 관한 문제가 출제되면서 까다롭게 느낀 수험생들도 있었을 것이다. 7장 측정과 9장 표집(표본추출)에서 총 8문제가 출제되면서 예년의 시험과 유사하게 여전히 높은 출제비중을 보였다.

2교시
사회복지실천

3영역 사회복지실천론

우리나라 사회복지 역사에서 외원단체 활동이 미친 영향을 살펴보는 문제, 1929년 밀포드 회의에서 결정된 공통요소를 확인하는 문제, 2023년 개정된 윤리강령의 윤리기준 영역을 확인하는 문제 등이 당황스럽게 느껴졌을 것 같다. 그 밖에는 답을 찾기 쉬운 문제들이 대다수였다.

4영역 사회복지실천기술론

실천모델, 가족치료모델, 개입기술 등에서 이론을 상세하게 살펴보는 문제나 사례를 분석해야 하는 고난이도 문제가 없어 점수 획득이 쉬웠을 것이다. 다만, 정신역동모델의 개입과정을 순서대로 나열하는 문제, 위기개입모델의 과정별 활동을 파악하는 문제 등이 처음 출제된 유형이어서 생소하게 느껴졌을 수 있다.

5영역 지역사회복지론

한동안 주춤했던 사회복지사의 역할이 2문제 출제되었고, 지역사회보호 개념이나 상호학습 개념, 포플의 모델 등 자주 출제되지 않았던 문제들도 등장했다. 기본개념서부터 꼼꼼하게 공부했다면 크게 어려움을 느끼지 않았을 테지만, 베이스 없이 최근 기출에만 집중했다면 시험장에서 꽤 당혹스러웠을 것이다.

3교시
**사회복지정책과
제도**

6영역 사회복지정책론

특정 내용에 편중되는 모습을 보였다. 5장 사회복지정책의 분석틀, 6장 사회보장론 일반, 11장 빈곤과 공공부조제도 등 3개의 장에서 무려 20문제가 출제되었다. 주목할 만한 점은 국민기초생활보장제도의 급여에 관한 문제에서 2024년부터 새롭게 개정되는 사항을 묻는 문제가 출제되기도 했다.

7영역 사회복지행정론

직무수행평가의 순서를 나열하는 문제, 섬김 리더십의 특징을 살펴보는 문제 등이 단독으로 출제된 것은 처음이었고, 시험 초창기에 출제된 적 있던 위원회 구조에 관한 문제가 아주 오랜만에 등장한 것도 특징적이다. 그럼에도 수험생들이 어려워하는 내용들이 답을 찾기에 곤란한 수준으로 출제된 것은 아니어서 전체 난이도는 예년과 비슷했다.

8영역 사회복지법제론

다수의 문제에서 기존에 출제되지 않았던 법조항이 출제되어 전반적인 난이도가 높았다. 사회복지사업법의 자원봉사활동 지원·육성, 국민기초생활보장법의 지역자활센터 사업, 의료급여법의 의료급여심의위원회 등 그동안 거의 출제되지 않았던 법조항이 다수 출제되어 생소하고 어렵게 느껴졌을 것이다.

➕ 사회복지사1급 필기시험 합격기준

	시험 과목 및 영역		면과락 기준	총점 기준
	과목	영역		
1교시	사회복지기초	인간행동과 사회환경 사회복지조사론	20점 이상 득점	120점 이상 득점
2교시	사회복지실천	사회복지실천론 사회복지실천기술론 지역사회복지론	30점 이상 득점	
3교시	사회복지정책과 제도	사회복지정책론 사회복지행정론 사회복지법제론	30점 이상 득점	

※ 필기시험 합격은 면과락 기준과 총점 기준을 모두 충족해야 함
  - 면과락 기준: 각 과목(교시)별 득점이 40% 이상이어야 과락이 아님
  - 총점 기준: 200점 만점에 120점 이상 득점해야 함

➕ 나눔의집 합격자의 영역별 평균 득점 현황

다음은 최근 5개년 나눔의집 가채점 이벤트의 데이터 자료입니다.
이를 참고하여 자신의 전략영역과 목표점수를 잡아보시기 바랍니다.

	인행사	조사론	실천론	기술론	지사복	정책론	행정론	법제론	총점
22회	16.8	13.6	17.9	17.5	15.3	14.9	17.3	12.2	125.5
21회	17.2	13.9	18.9	13.2	15.9	15.2	17.1	16.7	128.1
20회	18.2	12.2	20.7	15.6	17.3	14.8	15.4	14.1	128.3
19회	15.6	14.8	19.2	19.3	15.6	14.4	20.2	15.0	134.1
18회	18.9	13.1	17.2	14.8	15.8	12.6	15.8	14.8	123.0
5개년 평균	17.0	13.6	19.2	16.4	16.0	14.8	17.5	14.5	127.3점
	1과목: 30.6점		2과목: 51.6점			3과목: 46.8점			

➕ 합격기준 예시

예 1과목 과락으로 불합격 – 1교시 과락을 면하기 위한 점수는 20점 이상

인행사	조사론	실천론	기술론	지사복	정책론	행정론	법제론
11	8	23	20	19	13	20	17
1과목 득점: 19		2과목 득점: 62			3과목 득점: 50		총점: 131

1교시 과락

예 3과목 과락으로 불합격 – 2, 3교시 과락을 면하기 위한 점수는 30점 이상

인행사	조사론	실천론	기술론	지사복	정책론	행정론	법제론
20	14	22	18	21	7	14	8
1과목 득점: 34		2과목 득점: 61			3과목 득점: 29		총점: 124

3교시 과락

예 총점 부족으로 불합격 – 총점 기준은 120점 이상

인행사	조사론	실천론	기술론	지사복	정책론	행정론	법제론
17	12	18	15	16	11	18	12
1과목 득점: 29		2과목 득점: 49			3과목 득점: 41		총점: 119

총점 미달

예 조사론이 0점이어도 두 가지 합격 기준을 모두 통과

인행사	조사론	실천론	기술론	지사복	정책론	행정론	법제론
21	0	20	17	16	13	18	15
1과목 득점: 21		2과목 득점: 53			3과목 득점: 46		총점: 120

합격

1영역 인간행동과 사회환경

합격족보 필수 키워드		10년간 출제문항수	기출회독 No.
01	생태체계이론	17	015
02	피아제의 인지발달이론	14	008
03	에릭슨의 심리사회이론	12	005
04	프로이트의 정신분석이론	11	004
05	청소년기	11	023

➕ 출제비중

『인간행동과 사회환경』 필수 키워드 5개의 회차별 출제비중을 확인해보세요.

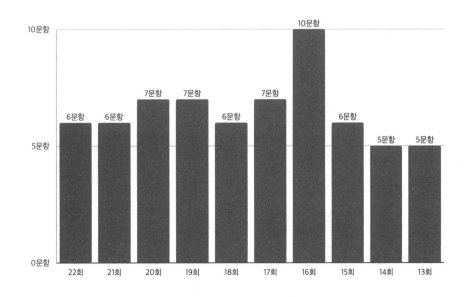

합격족보 필수 키워드 01

keyword	생태체계이론
sub keywords	생태체계이론의 특징, 생태체계이론의 주요 개념, 생태체계 관점
focus	생태체계이론은 최근 시험에 아주 비중있게 출제되고 있다. 생태체계이론의 주요 개념, 특징, 유용성 등을 확인해야 한다. 특히 브론펜브레너의 생태체계 구성은 사례와 연결해 출제되기도 한다.

21-01-14

브론펜브레너(U. Bronfenbrenner)의 사회환경체계에 관한 설명으로 옳은 것은?

① 문화, 정치, 교육정책 등 거시체계는 개인의 삶에 직접적이고 강력한 영향을 미친다.

② 인간을 둘러싼 사회환경을 미시체계, 중간체계, 내부체계, 거시체계로 구분했다.

③ 중간체계는 상호작용하는 둘 이상의 미시체계 간의 관계로 구성된다.

④ 내부체계는 개인이 직접 참여하거나 관여하지는 않으나 개인에게 영향을 미치는 체계로 부모의 직장 등이 포함된다.

⑤ 미시체계는 개인의 새로운 환경으로 이동할 때마다 형성되거나 확대된다.

정답률확인 ① 6% ② 8% ③ 69% ④ 3% ⑤ 14%

답 ③

오답노트

① 거시체계는 개인의 삶에 직접적으로 개입하지 않는다.

② 브론펜브레너는 사회환경을 미시체계, 중간체계, 외부체계, 거시체계로 구분하였다. 내부체계는 해당하지 않는다.

④ 개인이 직접 참여하거나 관여하지는 않으나 개인에게 영향을 미치는 체계로 부모의 직장 등이 포함되는 것은 내부체계가 아니라 외부체계이다.

⑤ 개인이 새로운 환경으로 이동할 때마다 형성되거나 확대되는 체계로 적절한 것은 미시체계가 아니고 중간체계이다.

➕ 출제빈도

빈출 키워드
015
〈기출회독〉
3회독 시스템으로
합격을 완성하세요.

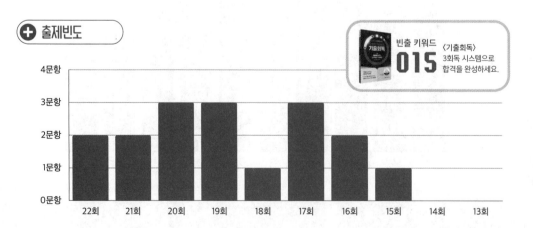

생태체계이론

강의 QR코드

★ 최근 10년간 **17문항** 출제 ★

이론요약

생태체계이론의 특징

- 인간과 환경 사이의 상호보완성을 설명한다.
- 인간과 환경은 서로 분리되어 있는 것이 아니라 **지속적인 상호교류 안에서 존재**하는 하나의 체계로 본다.
- '환경 속의 인간'을 설명하는 데 있어서 **개인−환경 간에 적합성, 개인과 환경 간의 상호교류, 적응을 지지하거나 또는 방해하는 요소 등을 중요**하게 여긴다.
- 인간의 현재 행동은 인간과 환경 모두의 상호 이익을 찾는 과정에서 나타나는 것으로 본다.
- 클라이언트가 가진 어떠한 문제도 클라이언트 자신의 책임으로 보지 않고 **클라이언트를 둘러 싸고 있는 환경과의 상호작용의 산물**로서 본다.

[기본개념]
인간행동과 사회환경

5장

생태체계이론의 주요 개념

- 에너지: 인간과 환경 사이에 적극적으로 개입하는 자연발생적 힘으로 투입이나 산출의 형태를 띤다.
- 적응: 주변 환경의 조건에 맞추어 조절하는 능력을 말한다.
- 적합성: 인간의 적응 욕구와 환경자원이 부합되는 정도이며, 개인적 욕구와 사회적 요구 사이의 조화와 균형 정도를 의미한다.
- 대처: 적응의 한 형태로 문제를 극복하기 위해 노력하는 것을 의미한다.
- 유능성: 확고한 결정을 내리고, 자신의 판단을 신뢰하며, 자기확신을 갖고, 환경에 바람직한 영향을 미칠 수 있는 능력을 의미한다.
- 스트레스: 개인과 환경 사이의 상호교류에서 나타나는 불균형으로 야기되는 생리·심리·사회적 상태를 말한다.
- 적소: 특정 집단이 공동체의 사회적 구조에서 차지하는 직접적 환경이나 지위들을 말한다.

생태체계의 구성

- 유기체(organism): 개별적이고 통제적이며 살아 있는 체계로 에너지와 정보를 필요로 한다.
- 미시체계(micro system): **개인 혹은 인간이 속한 가장 직접적인 사회적·물리적 환경**이다. 인간과 직접적이고 대면적인 상호작용을 함으로써 인간에게 영향력을 미친다.
- 중간체계(meso system): **두 가지 이상의 미시체계들 간의 관계 혹은 특정한 시점에서 미시체계들 간의 상호작용**

을 의미한다. 가족, 직장, 여러 사교집단 등 소집단이나 가족과 같은 개인을 둘러싸고 있는 두 가지 이상의 환경에서 일어나는 과정과 연결성이다.

- 외(부)체계(exo system): 개인과 직접 상호작용하지는 않으나 미시체계에 영향을 주는 사회적 환경이다.
- 거시체계(macro system): **개인이 속한 사회의 이념이나 제도의 일반적인 형태 혹은 개인에게 영향을 미치는 환경요소, 광범위한 사회적 맥락**이다.
- 시간체계(chronosystem): 개인의 전 생애에 걸쳐 일어나는 변화와 역사적인 환경을 포함하는 체계이다.

정답훈련

다음 내용이 왜 **틀렸는지**를 확인해보자

`17-01-15`

01 생태체계이론은 <u>개인의 심리역동적 변화의지 향상에 초점</u>을 둔다.

> 생태체계이론은 유기체들이 어떻게 상호 적응상태를 이루고 어떻게 상호 적응해가는지에 초점을 두며, 인간과 주변환경 간의 상호교류, 상호의존성 또는 역동적 교류와 적응을 설명하는 통합적 관점이다.

`16-01-05`

02 **적합성**이란 체계가 균형을 위협받았을 때 이를 회복하려는 경향을 말한다.

> 체계가 균형을 위협받았을 때 이를 회복하려는 경향은 항상성에 해당한다. 적합성이란 인간의 적응 욕구와 환경자원이 부합되는 정도이며, 개인적 욕구와 사회적 욕구 사이의 조화와 균형 정도를 의미한다.

`11-01-17`

03 '환경 속의 인간' 관점에 의하면 <u>인간은 사회환경을 지배하는 독립적 존재</u>이다.

> '환경 속의 인간'은 상호 긴밀히 영향을 주고받으며 상호교류하는 인간과 환경 사이의 관계에 초점을 둔다. 따라서 인간은 사회환경에 영향을 받으면서 영향을 미치기도 하는 존재이다.

---

04 **거시체계**는 두 가지 이상의 미시체계들 간의 관계 혹은 특정한 시점에서 미시체계들 간의 상호작용을 의미한다.

> 두 가지 이상의 미시체계들 간의 관계 혹은 특정한 시점에서 미시체계들 간의 상호작용을 의미하는 것은 중간체계이다. 거시체계는 개인이 속한 사회의 이념이나 제도의 일반적인 형태 혹은 개인에게 영향을 미치는 환경요소, 광범위한 사회적 맥락이다.

---

05 인간은 환경에 반응하지만 <u>스스로 환경을 창조해 내지는 못한다.</u>

> 인간은 환경에 반응할 뿐만 아니라 스스로 환경을 창조해 내는 주인이기도 하다.

---

06 생태체계이론의 주요 개념으로 **대처**는 인간의 적응 욕구와 환경자원이 부합되는 정도를 말한다.

> 인간의 적응 욕구와 환경자원이 부합되는 정도는 적합성을 의미한다. 대처란 적응의 한 형태로 문제를 극복하기 위해 노력하는 것을 말한다.

07 생태체계이론에서 인간은 목적지향적, 사회문화적, **환경순응적** 존재이다.

> 생태체계이론에서 강조하는 '환경 속 인간'이 인간을 환경순응적 존재, 수동적 존재로 본다는 의미는 아니다. 오히려 인간을 능동적, 목적지향적, 사회문화적 존재로 보면서 인간은 스스로 환경과 관계하며 환경에 적응하기도 하고 환경에 영향을 미치기도 하며 자아를 발달해가는 존재로 설명하였다.

`20-01-15`

08 브론펜브레너의 생태체계 구성에서 **미시체계**는 개인의 발달에 영향을 미치는 관계를 포함하며, 부모의 직업, 자녀의 학교 등이 해당한다.

> 미시체계는 개인 혹은 인간이 속한 가장 직접적인 사회적·물리적 환경으로 가족, 또래집단 등이 해당한다. 부모의 직업, 자녀의 학교 등은 외체계에 해당한다.

빈칸에 들어갈 알맞은 말을 채워보자

`19-01-14`

01 (   )은/는 개인과 직접 상호작용하지는 않으나 미시체계에 영향을 주는 사회적 환경이다.

`16-01-05`

02 생태체계이론은 체계이론과 (   )을/를 통합한다.

`07-01-22`

03 개인에게 직접적으로 영향을 미치며 성장함에 따라 변화하는 생태학적 환경은 (   )이다.

04 (   )은/는 개인이 지각한 요구와 이러한 요구를 충족시킬 수 있는 자원을 활용할 수 있는 능력 사이의 불균형에서 발생한다.

05 생태학적 관점에서의 인간관은 한마디로 (   )(이)라는 전체적 인간관을 가지고 있다.

 01 외(부)체계 **02** 생태학적 관점 **03** 미시체계 **04** 스트레스 **05** 환경 속의 인간

다음 내용이 옳은지 그른지 판단해보자

18-01-16

01 생태학적 이론은 환경과의 상호작용에서 인간을 수동적인 존재로 본다. ◎ ⊗

15-01-12

02 생태학적 이론은 인간과 환경 사이의 상호보완성을 설명하는 데 관심을 둔다. ◎ ⊗

06-01-17

03 생태체계관점은 클라이언트에게 개입할 수 있는 단 하나의 유일한 기법을 제시한다. ◎ ⊗

05-01-27

04 생태학 이론은 인간에 대해 낙관론적 견해를 지닌다. ◎ ⊗

05 생태체계이론은 사회복지사가 클라이언트체계의 자원을 발견하며, 클라이언트체계의 역량을 강화하는 개념적 도구로서 활용되기도 한다. ◎ ⊗

06 미시체계는 사회환경 내의 다양한 중범위체계와 역동적으로 상호작용한다. ◎ ⊗

07 생태체계관점에 의하면 모든 인간행동은 내적인 욕구와 환경적인 욕구 사이의 조화를 찾기 위한 적응과정으로 보고 있기 때문에, 어떤 행동도 부적응 행동으로 규정할 수 없다. ◎ ⊗

08 생태체계 관점에서 클라이언트를 사정할 때에는 거시체계보다 미시체계에 초점을 두어야 한다. ◎ ⊗

답 **01** ✕ **02** ○ **03** ✕ **04** ○ **05** ○ **06** ○ **07** ○ **08** ✕

해설 **01** 생태학적 이론은 환경과의 상호작용에서 인간을 능동적인 존재로 본다.
03 생태체계관점은 통합적 관점으로서 2가지 이상의 개입기법을 사용한다.
08 미시체계, 거시체계 모두 사정한다.

keyword	피아제의 인지발달이론
sub keywords	인지발달이론의 특징, 인지발달이론의 주요 개념, 인지발달단계
focus	이론의 특징이나 한계점, 각 단계별 특징 및 핵심 개념을 묻는 문제 등이 출제되고 있다. 특히, 피아제의 인지발달단계에 관한 내용은 단독문제로 출제되는 것은 물론이고, 유아기, 아동기, 청소년기 등 생애주기 영역과 교차되는 내용이 많기 때문에 감각운동기, 전조작기, 구체적 조작기, 형식적 조작기 등 발달단계별 세부적인 특징을 모두 꼼꼼하게 살펴봐야 한다.

21-01-17

피아제(J. Piaget)의 인지발달이론에 관한 설명으로 옳은 것은?

① 전 생애의 인지발달을 다루고 있다.
② 문화적 · 사회경제적 · 인종적 차이를 고려하였다.
③ 추상적 사고의 확립은 구체적 조작기의 특징이다.
④ 인지는 동화와 조절의 과정을 통하여 발달한다.
⑤ 전조작적 사고 단계에서 보존개념이 획득된다.

정답률확인 ① 7% ② 3% ③ 9% ④ **66%** ⑤ 15%

답 ④

오답노트
① 피아제가 제시한 인지발달단계는 감각운동기(0~2세) → 전조작기(2~7세) → 구체적 조작기(7~11/12세) → 형식적 조작기(12세~성인)이다.
② 문화적 · 사회경제적 · 인종적 차이를 고려하여 인지발달단계를 제시한 것은 아니다.
③ 추상적 사고의 확립은 형식적 조작기의 특징이다.
⑤ 보존개념은 전조작기부터 어렴풋하게 이해하기 시작하며 구체적 조작기에서야 획득된다.

➕ 출제빈도

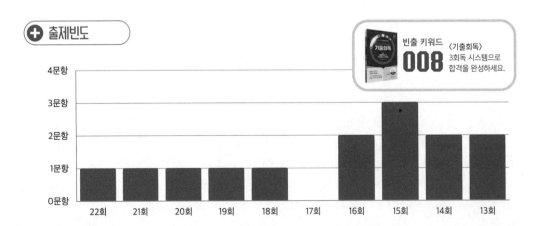

빈출 키워드 〈기출회독〉
008 3회독 시스템으로 합격을 완성하세요.

피아제의 인지발달이론

강의 QR코드

1회독	2회독	3회독
월 일	월 일	월 일

★ 최근 10년간 **14문항** 출제 ★

이론요약

인지발달이론의 특징

- 인간은 인지적 특성에 따라서 **환경적 자극을 인지적으로 재해석하고 환경에 반응**한다고 가정한다.
- **인간의 감정이나 행동은 인지 혹은 생각에 의해 통제**될 수 있다.
- 인간은 매우 주관적인 존재이기 때문에 객관적인 현실이란 존재하지 않는다.
- 각 개인의 정서, 행동, 사고는 개인이 현실세계를 구성하는 방식에 따라 다르다.
- **인간의 의지는 환경과 상호작용하면서 변화하고 발달**한다.
- 발달단계에 있어서 각 단계에 도달하는 개인 간 연령의 차이는 있을 수 있으나 발달순서는 뒤바뀌지 않는다.

[기본개념]
인간행동과 사회환경

3장

인지발달이론의 주요 개념

- 인지능력: 사람들에게 마음으로 무언가를 하게 만드는 인간의 모든 성격 또는 특성을 말한다.
- 보존: 6세 이상의 아이들은 동일한 양의 액체를 서로 다른 모양의 컵에 넣어도 항상 그 양이 동일하다는 개념을 이해하고 있는데, 이 개념을 보존이라 한다.
- 도식(스키마): 사물이나 사건, 자극에 대한 전체적인 윤곽이나 개념을 말하며, 세상을 인식하고 이해하는 가장 바탕이 되는 정신적 틀을 의미한다.
- 적응: 직접적인 환경과의 상호작용을 통해 도식이 변화하는 과정으로서, 동화와 조절이라는 수단을 통해 진행된다.
- 조직화: 상이한 도식들을 자연스럽게 서로 결합하는 것을 말한다.

인지발달단계

▶ 감각운동기(0~2세)

- 감각운동기는 간단한 반사반응을 하고 기본적인 환경을 이해하는 시기이다.
- 외부세계에 대한 정보를 습득하기 위해 빨기, 쥐기, 때리기와 같이 반복적 반사활동을 한다.
- **목적지향적 행동을 하며, 대상영속성을 이해하기 시작**한다.
- 감각운동기의 하위 6단계: 반사활동기 → 1차순환반응 → 2차순환반응 → 2차도식들의 협응 → 3차순환반응 → 통찰기(정신적 표상)

▶ **전조작기(2~7세)**

• 상징적 사고가 본격화되면서 **가상놀이(상상놀이)를** 즐긴다.

• 감각운동기에 형성되기 시작한 **대상영속성이 확립**된다.

• 자신만을 인식하며 다른 사람의 욕구와 관점을 인식하지 못하는 **자아중심성을 갖는다.**

• 한 가지 대상 또는 한 부분의 상황에만 집중하고 다른 모든 측면을 무시하는 **중심화 경향**이 있다.

• 관계의 또 다른 면을 상상하지 않고 한 방향에서만 생각하는 **비가역성을** 갖는다.

• 보존개념을 어렴풋이 이해하기 시작하지만 아직 획득하지 못한 단계이다.

▶ **구체적 조작기(7~11/12세)**

• 아동의 사고 능력은 구체적인 수준에서 논리적인 수준으로 발달한다.

• 모든 정신적 활동은 **대상이 실제로 눈에 보일 때만 가능**한 시기다.

• 형태 혹은 위치가 변할 수 있음을 이해하는 **보존개념(동일성, 보상성, 가역성)을 획득**한다.

• 사물을 일정한 속성에 따라 분류할 수 있는 능력인 **유목화 기능을 갖는다.**

• 특정한 속성이나 특징을 기준으로 하여 사물을 순서대로 배열하는 능력인 **서열화를 갖는다.**

• 논리적 사고를 방해하는 전조작기 사고의 특징인 **자아중심성을 극복**한다.

• 더 이상 한 가지 변수에만 의존하지 않고 더 많은 변수를 고려하게 된다.

• 사고의 비가역성을 극복함으로써 **가역적 사고가 가능**해진다.

▶ **형식적 조작기(11/12세~성인기)**

• 구체적인 자료가 없어도 추상적으로 추론하고 생각하는 **추상적 사고가 가능**하다.

• 어떤 정보로부터 가설을 수립하여 일반적인 원리를 바탕으로, 특수한 원리를 논리적으로 이끌어내는 사고가 가능하다.

• 문제해결을 위해 사전에 모든 가능한 방법들을 생각하고 체계적으로 조합할 수 있는 능력이 형성된다.

• 관련된 모든 변인들의 관련성을 파악하여 적절한 문제해결 방법을 찾아낼 수 있다.

• **가설을 설정하고 미래의 사건을 예측**할 수 있다.

다음 내용이 **왜 틀렸는지**를 확인해보자

01 피아제는 인간을 매우 객관적인 존재로 보았기 때문에 객관적인 현실이 존재한다고 보았다.

> 피아제는 인간은 매우 주관적인 존재이기 때문에 객관적인 현실이란 존재하지 않는다고 보았다.

`12-01-19`

02 전조작기에는 유목화가 가능하여 동물과 식물이 생물보다 하위개념임을 안다.

> 전조작기가 아닌 구체적 조작기에 해당한다. 전조작기에는 논리적 사고가 이루어지지 않아 유목화가 어렵다.

`11-01-04`

03 피아제는 발달단계에 있어서 각 단계에 도달하는 개인 간 연령의 차이가 있을 수 있으며, **발달의 순서도 뒤바뀔 수 있다고 보았다.**

> 발달의 순서는 뒤바뀌지 않는다고 보았다.

04 **구체적 조작기**에는 대상이 실제로 눈에 보이지 않아도 가설을 세우고 추론할 수 있다.

> 대상이 눈에 보이지 않아도 머릿속으로 사고할 수 있는 추상적 사고가 가능한 시기는 형식적 조작기이다.

`15-01-18`

05 전조작기에는 감각운동기에 나타나기 시작한 **대상영속성이 사라진다.**

> 전조작기에는 감각운동기에 나타나기 시작한 대상영속성이 확립된다.

06 감각운동기의 하위 6단계 중 외부세계에 대한 대처로서, 쥐기, 빨기, 때리기, 차기와 같은 반사적 행동에 의존하는 단계는 **3차순환반응기(12~18개월)**이다.

> 감각운동기의 하위 6단계 중 외부세계에 대한 대처로서, 쥐기, 빨기, 때리기, 차기와 같은 반사적 행동에 의존하는 단계는 반사활동기(출생~1개월)이다. 3차순환반응기(12~18개월)에는 실험적 사고에 열중하며, 새로운 원인과 결과의 관계에 대해서 이를 가설화하여 다른 결과를 관찰하기 위해 다른 행동들을 시도하는 단계이다.

빈칸에 들어갈 알맞은 말을 채워보자

16-01-12
01 감각운동기의 6단계 중 손가락 빨기와 같이 우연한 신체적 경험을 하여 흥미 있는 결과를 얻었을 때 이를 반복하는 단계는 (   )이다.

15-01-06
02 (   )에는 비논리적 사고에서 논리적 사고로 전환된다.

03 동화와 조절을 통해 균형 상태를 이루는 것은 (   )라 하며, 모든 도식은 평형상태를 지향한다.

04 (   )은/는 대상이 시야에서 사라져도 계속 존재한다고 생각할 수 있는 것으로, 전조작기에 확립되는 특징이다.

14-01-06
05 (   )은/는 전조작기의 도덕적 수준으로 규칙은 불변적이며 지키지 않으면 벌을 받기 때문에 절대적으로 지켜야 한다고 생각한다.

06 인지발달단계는 (   ) – 전조작기 – 구체적 조작기 – 형식적 조작기의 순서이다.

07 물질의 질량 혹은 무게가 동일하게 남아 있는 동안에도 형태 혹은 위치가 변할 수 있음을 이해하는 것이 (   )이다.

13-01-03
08 (   )은/는 새로운 정보나 자극을 기존의 도식으로 받아들이는 과정으로 기존의 도식으로 새로운 경험, 자극, 사물을 이해하는 것을 말한다.

09 구체적 조작기에는 사물의 분류에서 전체와 부분과의 관계를 이해할 수 있는 능력인 (   )을/를 획득한다.

09-01-09
10 전조작기에는 타인은 인식하지 못하고 자신만을 인식하는 (   )이/가 나타난다.

답 **01** 1차순환반응기(1~4개월) **02** 구체적 조작기 **03** 평형화 **04** 대상영속성 **05** 타율적 도덕성 **06** 감각운동기 **07** 보존개념
08 동화 **09** 분류화 **10** 자아중심성

다음 내용이 옳은지 그른지 판단해보자

14-01-13
01 피아제 이론은 전 생애의 발달을 다루고 있다. ◎ ⊗

12-01-19
02 구체적 조작기에는 보존의 개념을 획득하게 되어 역조작성의 논리를 사용할 수 있다. ◎ ⊗

03 전조작기의 가장 중요한 특징은 추상적 사고가 가능하다는 것이다. ◎ ⊗

04 인간의 환경에 대한 적응은 동화와 조절의 상호작용에 의해 발생한다. ◎ ⊗

11-01-04
05 피아제 이론에 의하면 발달이 완성되면 낮은 단계의 사고로 전환하지 않는다. ◎ ⊗

08-01-08
06 피아제 이론은 문화적, 사회경제적, 인종적 차이 등을 충분히 고려하지 않았다는 한계점이 있다. ◎ ⊗

19-01-01
07 피아제의 이론은 발달단계의 순서가 개인과 문화에 따라 다르게 나타날 수 있음을 인식하는 데 공헌하였다. ◎ ⊗

08 인지발달을 위해서는 내적 성숙, 직접경험, 사회적 전달이 서로 잘 조화되어야 하고, 평형상태가 유지되어야 한다고 보았다. ◎ ⊗

09 형식적 조작기에는 가설을 설정하고 미래의 사건을 예측할 수 있으며, 제시된 문제가 자신의 이전 경험이나 신념과 어긋난다 할지라도 처리가 가능하다. ◎ ⊗

10 타율적 도덕성은 10세경까지 지속되다가 규칙이 협동적 상호작용을 위한 계약임을 배우게 되면서 자율적 도덕성으로 전환된다. ◎ ⊗

답 **01** × **02** ○ **03** × **04** ○ **05** × **06** ○ **07** × **08** ○ **09** ○ **10** ○

해설 **01** 피아제는 성인기 이후의 발달에 대해서는 논의하지 않았다.
03 추상적 사고는 형식적 조작기의 특징에 해당한다.
05 형식적 조작기에 도달한 아동이나 고도로 인지발달이 된 성인도 때로는 낮은 단계의 사고를 한다.
07 피아제 이론은 발달단계에 있어서 각 단계에 도달하는 개인 간 연령의 차이는 있을 수 있으나 발달단계의 순서는 뒤바뀌지 않는다고 보았다. 또한 문화적 차이를 인식하지는 못했다.

keyword	에릭슨의 심리사회이론
sub keywords	심리사회이론의 인간관 및 주요 특징, 발달단계에 따른 심리사회적 위기 및 자아특질
focus	심리사회이론의 전반적인 내용을 다루는 문제들이 출제되고 있는데, 주된 포커스는 심리사회적 발달단계의 특징 및 단계별 위기에 있다. 에릭슨의 8단계는 개별 발달단계와 연관해서도 자주 등장하기 때문에 각 단계별 위기와 성취할 과업 등을 꼼꼼히 정리하고 암기해두어야 한다.

21-01-05

에릭슨(E. Erikson)의 이론으로 옳지 않은 것은?

① 개인의 성격은 전 생애를 통하여 발달한다.
② 청소년기의 주요 발달과업은 자아정체감 형성이다.
③ 각 단계의 발달은 이전 단계의 발달을 토대로 이루어진다.
④ 성격발달에 있어서 환경과의 상호작용이 중요하다고 본다.
⑤ 학령기(아동기)는 자율성 대 수치와 의심의 심리사회적 위기를 겪는다.

정답률 확인   ① 3% ② 2% ③ 2% ④ 5% ⑤ 88%

답 ⑤
⑤ 학령기(아동기, 6~12세)는 근면 대 열등의 심리사회적 위기를 겪는다. 자율성 대 수치와 의심의 심리사회적 위기를 경험하는 단계는 초기아동기(18개월~3세)에 해당한다.

➕ 출제빈도

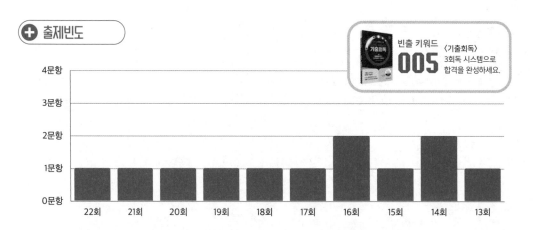

빈출 키워드
005

〈기출회독〉
3회독 시스템으로
합격을 완성하세요.

에릭슨의 심리사회이론

강의 QR코드

1회독	**2**회독	**3**회독
월 일	월 일	월 일

★ 최근 10년간 **12문항** 출제 ★

이론요약

심리사회이론의 특징

[기본개념]
인간행동과 사회환경

2장

• 인간행동의 기초로서 원초아(id)보다 **자아(ego)를 더 강조하며**, 자아는 환경에 대한 유능성
과 지배감을 확보하려고 하기 때문에 발달에 중요한 역할을 한다.
• 인간행동은 무의식에 의해서 결정되는 것이 아니라 **의식 수준에서 통제 가능한 자아에 의해
서 동기화**된다.
• 발달과정에서 자아에 영향을 주는 **환경적 영향을 중요하게 생각**하였다.
• 발달단계에서 외부 환경에 대처하고 적응하는 과정을 중요하게 다룬다.
• **환경 속의 인간이라는 관점 형성에 크게 기여**하였다.

심리사회이론의 주요 개념

• 자아정체감: 개인의 자아가 그의 인격체를 통합하는 방식에 있어서 동질성과 연속성이 유지되고 있다는 사실을 인식하
는 동시에 자기 존재의 동일성과 독특성을 지속하고 고양시켜 나가는 자아의 자질을 의미한다.
• 점성원리: 발달은 기존의 기초 위에서 이루어지며, 특정 단계의 발달은 이전 단계에서 성취한 발달과업의 영향을 받
는다.
• 위기: 각 단계의 심리사회적 위기를 성공적으로 극복하면 긍정적 자아특질이 강화되고, 개인의 성격이 발달한다.

심리사회적 발달단계

• 유아기(출생~18개월): **신뢰감 대 불신감 ➞ 희망**, 주요 관계: 어머니
• 초기 아동기(18개월~3세): **자율성 대 수치심 ➞ 의지**, 주요 관계: 부모
• 학령전기(3~6세): **주도성 대 죄의식 ➞ 목적**, 주요 관계: 가족
• 학령기(아동기, 6~12세): **근면성 대 열등감 ➞ 능력**, 주요 관계: 이웃 및 학교(교사)
• 청소년기(12~20세): **자아정체감 대 역할혼란 ➞ 충성심, 성실성**, 주요 관계: 또래집단
• 성인초기(20~24세): **친밀감 대 고립감 ➞ 사랑**, 주요 관계: 우정·애정·경쟁·협동의 대상들
• 성인기(24~65세): **생산성 대 침체 ➞ 배려**, 주요 관계: 직장동료 및 확대가족
• 노년기(65세 이후): **자아통합 대 절망 ➞ 지혜**, 주요 관계: 인류 및 동족

다음 내용이 **왜 틀렸는지**를 확인해보자

18-01-09

01 <u>에릭슨 이론</u>은 사회적 관심, 창조적 자아, 가족형상 등을 강조한다.

사회적 관심, 창조적 자아, 가족형상 등을 강조한 것은 아들러 이론이다.

13-01-09

02 **심리사회적 이론**은 인간의 공격성과 성적 충동의 영향력을 강조한다.

에릭슨의 심리사회이론이 아닌 프로이트의 정신분석이론에 해당하는 설명이다.

---

03 에릭슨 이론은 **발달과정을 5단계로 제시**하고 있다.

에릭슨 이론은 발달과정을 8단계로 제시하고 있다. 에릭슨의 8단계는 부분적으로는 프로이트가 제안한 단계에 근거하지만, 또 부분적으로는 에릭슨의 광범위한 문화연구에 기초한다.

---

04 에릭슨은 **노년기**의 중요한 발달과업으로 친밀감 형성을 들고 있다.

에릭슨은 성인초기의 중요한 발달과업으로 친밀감 형성을 들고 있다. 노년기는 더 이상 자신이 사회에 필요한 존재가 아니라는 사실을 인식하며 자아통합이라는 과업에 직면하게 된다.

---

05 **발달단계 중 5단계**는 어느 때보다 경제적으로 안정되어 있고 다양한 삶의 경험을 통해 지혜를 터득하며 가정과 사회에서 중요한 역할을 수행하는 인생의 황금기이다.

경제적으로 안정되어 있고 다양한 삶의 경험을 통해 지혜를 터득하며 가정과 사회에서 중요한 역할을 수행하는 인생의 황금기는 7단계인 성인기(중년기)이다. 발달단계 중 5단계는 청소년기이다.

---

06 에릭슨은 **부모가 아동의 성격발달에 주는 영향**을 매우 강조하였다.

부모가 아동의 성격발달에 주는 영향을 강조한 것은 프로이트이다. 반면, 에릭슨은 개인과 부모의 관계를 비롯해서 가족에게 영향을 미친 역사적·사회적 상황에까지 관심을 갖는다.

빈칸에 들어갈 알맞은 말을 채워보자

01 에릭슨의 심리사회발달 8단계 중 학령기의 심리사회적 위기는 근면성 대 (   )이다.

02 에릭슨에 의하면 성격은 (   )의 지배력과 사회적인 지지로 형성된다.

03 성인기에는 직장 및 가족과의 관계 속에서 (①   ) 대 침체라는 심리사회적 위기를 겪으며, 이 위기를 극복함으로써 (②   )(이)라는 자아특질을 획득해나간다.

04 (   )은/는 개인의 자아가 그의 인격체를 통합하는 방식에 있어서 동질성과 연속성이 유지되고 있다는 사실을 인식하는 동시에 자기 존재의 동일성과 독특성을 지속하고 고양시켜 나가는 자아의 자질을 의미한다.

`17-01-04`

05 에릭슨의 심리사회적 발달단계에 의하면 영아기(0~2세, 신뢰감 대 불신감)에는 (   )(이)라는 긍정적 결과를 획득하며, 어머니와 주요 관계를 맺는다.

`14-01-07`

06 인간발달은 (   )을/를 따르며, 이는 8단계의 단계별 성격이 앞서 전개된 발달단계의 결과로부터 발달한다는 것을 의미한다.

`14-01-14`

07 에릭슨의 발달단계 중 4단계인 학령기는 프로이트 발달단계의 (   )에 해당한다.

08 8단계인 노년기에는 (①   )을/를 추구하며, 심리사회적 위기를 잘 극복하면 (②   )(이)라는 자아특질을 획득한다.

`13-01-09`

09 인간행동은 의식 수준에서 통제 가능한 (   )에 의해 동기화된다.

`15-01-11`

10 에릭슨의 발달단계 중 자율성 대 수치심의 심리사회적 위기를 겪는 단계에서의 주요 관계는 (   )이다.

답 **01** 열등감 **02** 자아 **03** ① 생산성 ② 배려 **04** 자아정체감 **05** 희망 **06** 점성원리 **07** 잠복기 **08** ① 자아통합 ② 지혜 **09** 자아 **10** 부모

다음 내용이 옳은지 그른지 판단해보자

01 `19-01-05` 에릭슨 이론은 과학적 근거나 경험적 증거가 미흡하다는 비판을 받기도 했다. ◎ ✕

02 `14-01-14` 에릭슨의 자율성 대 수치와 의심 단계는 프로이트의 항문기 단계이다. ◎ ✕

03 `10-01-06` 에릭슨은 각 단계별 심리사회적 위기를 극복하면 부정적 자아특질이 강화된다고 하였다. ◎ ✕

04 에릭슨은 유아기부터 노년기까지 성격발달을 전 생애로 확장했다. ◎ ✕

05 인간행동의 기초로서 원초아(id)보다 자아(ego)를 더 강조한다. ◎ ✕

06 에릭슨에 의하면 자아는 그 자체로 형성되며 환경에 대해 적극적이고 창조적으로 대응한다. ◎ ✕

07 `11-01-11` 인간의 행동은 사회적 관심에 대한 욕구, 유능성에 대한 욕구에서 비롯된다. ◎ ✕

08 에릭슨의 심리사회이론은 인간의 정상적인 위기와 사건을 좀 더 정확하게 이해할 수 있는 준거틀을 제시한다. ◎ ✕

09 에릭슨은 원초아의 에너지가 현실세계에서 만족을 추구하는 데 사용되기 시작하면서 자아가 원초아에서 분화된 것으로 보았다. ◎ ✕

10 `10-01-06` 에릭슨은 성격발달에서 유전적 요인의 영향력을 배제하였다. ◎ ✕

답 01 ○ 02 ○ 03 ✕ 04 ○ 05 ○ 06 ○ 07 ○ 08 ○ 09 ✕ 10 ✕

해설 **03** 에릭슨은 각 단계별 심리사회적 위기를 극복하면 긍정적 자아특질이 강화되고, 반대로 갈등이 지속되거나 만족스럽게 해결되지 못하면 자아의 발달은 손상을 입게 되고 부정적 자아특질이 강화된다고 보았다.
09 에릭슨은 자아가 원초아에서 분화된 것이 아니라 그 자체로 형성된 것으로 보았다.
10 에릭슨은 사회적 요인이 성격발달에 미치는 영향을 강조하는 심리사회적 이론을 제시하였으나 유전적 요인의 영향력을 배제하지는 않았다.

합격족보 필수 키워드 04

keyword	프로이트의 정신분석이론
sub keywords	정신분석이론의 인간관 및 주요 특징, 주요 개념, 심리성적 발달단계, 방어기제
focus	정신분석이론의 전반적인 내용을 꼼꼼히 살펴봐야 한다. 정신분석이론의 인간관, 의식수준, 원초아/자아/초자아, 구강기 → 항문기 → 남근기 → 잠복기 → 생식기로 이어지는 5단계의 심리성적 발달단계, 방어기제의 의미 및 구체적인 사례 등 기본개념서에서 다루는 모든 내용이 기출영역이었다.

(22-01-06)

프로이트(S. Freud)의 정신분석이론에 관한 설명으로 옳은 것은?

① 인간이 가진 자유의지의 중요성을 강조하였다.

② 거세불안과 남근선망은 주로 생식기(genital stage)에 나타난다.

③ 성격구조를 원초아, 자아, 초자아로 구분하였다.

④ 초자아는 현실원리에 지배되며 성격의 실행자이다.

⑤ 성격의 구조나 발달단계를 제시하지 않았다.

> **정답률 확인** ① 4% ② 7% ③ 83% ④ 4% ⑤ 2%

답 ③

(오답노트)

① 정신분석이론에서는 인간의 행동은 무의식적 본능에 의해 결정된다고 보면서, 인간을 수동적인 존재로 보았다.

② 거세불안과 남근선망은 남근기(phallic stage, 3~6세)에 해당하는 특징이다.

④ 초자아가 아닌 자아의 특징이다.

⑤ 성격구조(구조적 모형)를 원초아, 자아, 초자아로 구분하였다. 구강기 → 항문기 → 남근기 → 잠복기 → 생식기 등 5단계의 심리성적 발달단계를 제시하였다.

➕ 출제빈도

빈출 키워드 〈기출회독〉
004 3회독 시스템으로
합격을 완성하세요.

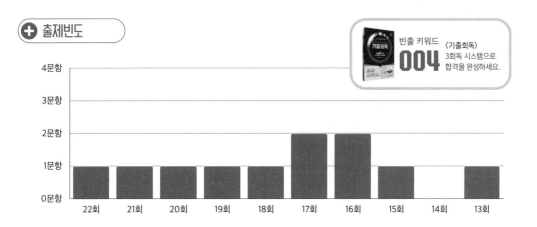

프로이트의 정신분석이론

강의 QR코드

1회독 > **2**회독 > **3**회독
월 일 | 월 일 | 월 일

★ 최근 10년간 **11문항** 출제 ★

이론요약

정신분석이론의 특징
- 인간의 행동은 **무의식적인 본능**(성적 본능과 공격적 본능)에 의해 결정된다.
- 인간의 자율성을 인정하지 않았으며, 인간은 비합리적이고 통제할 수 없는 무의식적인 생물학적 성적 본능에 의해 지배받는 **수동적 존재**로 보았다.
- **어린 시절의 경험이 중요한 영향**을 미치며, 유아기에 해결되지 않은 무의식적인 갈등은 성인기에 경험하는 심리적 문제의 중요한 원인이 된다.
- 인간은 무의식적인 내적 충동에 의해 야기된 긴장상태를 제거하여 쾌락을 추구하려는 속성을 지니고 있다.

[기본개념]
인간행동과 사회환경

2장

정신분석이론의 모형
▶ **지형학적 모형(의식수준)**
- **의식**: 우리가 자신에게 주의를 기울이는 바로 그 순간에 알아차릴 수 있는 경험과 감각을 말한다. 우리가 지각하고 있는 의식은 마음의 극히 일부분이다.
- **전의식**: 의식과 무의식의 중간 지점에 있으며, 이들 사이에서 교량 역할을 한다.
- **무의식**: 정신의 가장 깊은 곳에 위치해 있으며, 우리가 자각하지 못하는 경험과 기억으로 구성되었다. 인간의 지각, 경험, 행동의 상당 부분은 무의식에 의해서 결정된다.

▶ **구조적 모형(성격구조)**
- **원초아(id)**: 본능과 충동의 원천으로서 외부 세계와 단절되어 있다. 원초아에서 자아와 초자아가 분화되어 나온다. 원초아를 지배하는 원리는 고통을 피하고 쾌락을 추구하는 쾌락원리이다.
- **자아(ego)**: 원초아의 충동적 욕구를 외부세계의 제약을 고려하면서 현실적으로 표현하고 충족시키려고 노력하는 조직적, 합리적, 현실지향적 성격구조를 의미한다. 원초아와 초자아 사이에서 현실적이고 이성적인 균형을 유지하려는 역할을 하며, 현실원리에 의해 작동한다.
- **초자아(superego)**: 옳고 그름을 판단하고 결정하여 사회가 인정하는 도덕적 기준에 따라서 행동하도록 유도하는 기능을 한다. 현실적인 것보다는 이상적인 것을 추구하고 쾌락보다는 완전함을 추구한다. 자아와 함께 행동을 통제하는 기능을 한다.

주요 개념

- 인간의 본능: 신체적 흥분이나 요구가 소망의 형태로 나타나는 것으로써 선천적인 신체적 흥분상태를 말하며, 모든 인간의 행동은 이러한 본능에 의해서 결정된다. 즉, 모든 행동의 궁극적인 원인이 된다. 본능은 직접 영향을 줄 수도 있고, 우회해서 행동에 영향을 주거나 가장될 수도 있다. 본능은 태어나면서 나타나며, 삶의 본능과 죽음의 본능은 서로 영향을 미치며 서로 융합되기도 한다.
- 리비도: 인간행동과 성격을 규정하는 에너지의 원천, 성적 에너지를 말한다. 리비도가 집중되면 성적 긴장이 발생하고, 이 긴장을 해소함으로써 만족과 쾌감을 느낀다. 프로이트는 리비도 개념을 초기에는 자아본능(자기보존의 본능)에 대립하고 있는 성 본능(종족보존의 본능)에 따른 성적 에너지라고 보았고, 후기에는 사랑과 쾌감의 모든 표현이 포함된 것으로 보았다. 리비도는 인간발달단계에 대응한 성감대(입, 항문, 성기 등)와 충족의 목표 및 대상을 가지는데, 충족을 얻지 못할 경우 불안을 낳는다.

정신분석이론의 심리성적 발달의 5단계

- 구강기(출생~18개월): 입이 자극과 상호작용의 초점이다.
- 항문기(18개월~3세): 항문이 자극과 상호작용의 초점이다.
- 남근기(3~6세): 오이디푸스 콤플렉스와 엘렉트라 콤플렉스를 경험한다.
- 잠복기(6세~사춘기): 성적 활동이 잠재되는 시기이다.
- 생식기(사춘기~성인기 이전): 정신적·신체적 성숙이 거의 완성된다.

방어기제

- 억압: 의식에서 용납하기 어려운 생각, 욕망, 충동 등을 무의식 속에 머물도록 눌러 놓는 것
- 반동형성: 무의식 속의 받아들여질 수 없는 생각, 욕구, 충동 등을 정반대의 것으로 표현하는 경우
- 동일시: 부모, 형, 윗사람, 주위의 중요한 인물들의 태도와 행동을 닮는 것
- 투사: 자신이 용납할 수 없는 충동, 생각, 행동 등을 무의식적으로 다른 사람이 이러한 충동, 생각, 행동을 느끼거나 행한다고 믿는 것
- 대리형성: 받아들여질 수 없는 소망, 충동, 감정 또는 목표를 좀 더 받아들여질 수 있는 것으로 전치하는 기제
- 상환: 잃어버린 대상을 다른 대상으로 대치하는 것으로 대리형성의 특수한 형태, 죄책감으로부터 벗어나려는 기제
- 부정: 의식수준으로 표출되면 도저히 감당할 수 없는 생각이나 욕구를 무의식적으로 부정하는 현상
- 보상: 어떤 분야에서 특별히 뛰어나다는 인정을 받음으로써 다른 분야에서의 실패나 약점을 보충하고자 하는 경우
- 퇴행: 심한 스트레스 또는 좌절을 당했을 때, 현재의 발달단계보다 더 이전의 발달단계로 후퇴하는 것
- 합리화: 자신의 언행 속에 숨어 있는 용납하기 힘든 충동이나 욕구에 대해 사회적으로 그럴듯한 설명이나 이유를 대는 것

다음 내용이 왜 틀렸는지를 확인해보자

`19-01-04`

01 <u>항문기</u>는 양육자와의 상호작용과정에서 최초로 갈등을 경험하는 시기이다.

> 양육자와의 상호작용과정에서 최초로 갈등을 경험하는 시기는 구강기이다.

`12-01-08`

02 부모의 가장 싫은 점을 자신이 닮아가며 그대로 따라하는 행동은 방어기제 중 **반동형성**에 해당한다.

> 부모의 가장 싫은 점을 자신이 닮아가며 그대로 따라하는 행동은 적대적 동일시에 해당한다.

03 정신분석이론은 **성인기의 경험이 중요한 영향**을 미친다고 보았다.

> 정신분석이론은 어린 시절의 경험이 중요한 영향을 미친다고 보았다.

`11-01-02`

04 프로이트 이론은 **인간 자유의지의 중요성을 인식**하는 데 유용하다.

> 프로이트 이론은 인간이 무의식적인 충동에 의해 움직이는 지극히 수동적인 존재라고 본다.

05 프로이트는 개인과 부모의 관계를 비롯해서 **가족에게 영향을 미친 역사적 · 사회적 상황에까지 관심**을 갖는다.

> 개인과 부모의 관계를 비롯해서 가족에게 영향을 미친 역사적 · 사회적 상황에까지 관심을 가진 것은 에릭슨이다.

`10-01-05`

06 가까운 사람의 죽음을 받아들이는 것이 너무 고통스러워 그 사람이 잠시 여행을 간 것이라고 믿는 것은 방어기제 중 **상징화**에 해당한다.

> 가까운 사람의 죽음을 받아들이는 것이 너무 고통스러워 그 사람이 잠시 여행을 간 것이라고 믿는 것은 방어기제 중 부정에 해당한다.

빈칸에 들어갈 알맞은 말을 채워보자

01 프로이트의 심리성적 발달단계: 구강기 → (①   ) → (②   ) → 잠복기 → 생식기

`16-01-06`

02 남근기에 남아는 (   ) 콤플렉스로 인한 거세불안(아버지가 근친상간적 행동을 거세를 통해 벌할 것이라는 두려움)을 경험한다.

03 (   )은/는 옳고 그름을 판단하고 결정하여 사회가 인정하는 도덕적 기준에 따라서 행동하도록 유도하는 기능을 한다.

`07-01-06`

04 (   )은/는 원시적이고 본능적인 성격을 갖는다.

05 원초아를 지배하는 원리는 고통을 피하고 쾌락을 추구하는 (   )원리를 따른다.

06 (   )(이)란 인간행동과 성격을 규정하는 에너지의 원천, 성적 에너지를 말한다.

07 (   )은/는 리비도가 어떤 대상을 향해 정지해 있어 발달단계가 다음 단계로 진행하지 못하고 특정 단계에 머무르는 것이다.

`09-01-06`

08 자아의 무의식 영역에서 일어나는 심리기제로서, 인간이 고통스러운 상황에 적응하려는 무의식적인 노력을 (   )(이)라고 한다.

09 (   )은/는 자신의 언행 속에 숨어 있는 용납하기 힘든 충동이나 욕구에 대해 사회적으로 그럴듯한 설명이나 이유를 대는 방어기제이다.

`15-01-04`

10 (   )은/는 자신의 부정적인 충동, 욕구, 감정 등을 타인에게 찾아 그 원인을 전가시키는 것이다.

답 **01** ① 항문기 ② 남근기 **02** 오이디푸스 **03** 초자아 **04** 원초아 **05** 쾌락 **06** 리비도 **07** 고착 **08** 방어기제 **09** 합리화
10 투사

다음 내용이 옳은지 그른지 판단해보자

15-01-04
01 보상(compensation)은 죄의식을 느끼게 하는 일들을 의식으로부터 무의식으로 밀어내는 방어기 ◎ ✕
제이다.

19-01-01
02 프로이트의 이론은 모방학습의 중요성을 인식하는 데 공헌하였다. ◎ ✕

03 정신분석이론은 지나치게 결정론적이고, 비합리적인 인간관을 가지고 있다는 비판을 받았다. ◎ ✕

12-01-08
04 운동을 잘 못하는 사람이 공부에 열중하는 행동은 신체화에 해당한다. ◎ ✕

17-01-06
05 해리는 어떤 대상에 피해를 주었을 경우, 취소 또는 무효화하는 것이다. ◎ ✕

06 인간의 모든 정신활동에는 목적이 있으며, 이는 지나온 과거의 발달과정에서 경험한 것에 의해 결 ◎ ✕
정된다고 본다.

07 생식기에 리비도가 추구하는 방향은 타인이 아닌 자기 자신에게만 국한된다. ◎ ✕

08 유아기에 해결되지 않은 무의식적인 갈등은 성인기에 경험하는 심리적 문제의 중요한 원인이 된다. ◎ ✕

09-01-06
09 방어기제는 정신내적 갈등의 원천을 왜곡, 대체, 차단하기 위해 활용한다. ◎ ✕

10 프로이트 이론은 인간의 성장 잠재력, 사회적 관계에 대한 욕구, 문제해결 능력 등을 과소평가하고 ◎ ✕
있다는 비판을 받았다.

답 01✕ 02✕ 03○ 04✕ 05✕ 06○ 07✕ 08○ 09○ 10○

해설 **01** 보상은 실제적인 것이든 상상 속의 것이든 자신의 결함을 다른 것으로 보상받기 위해 자신의 강점을 지나치게 강조하는 것을 말한다.
02 모방학습의 중요성을 강조한 학자는 반두라이다.
04 운동을 잘 못하는 사람이 공부에 열중하는 행동은 보상에 해당한다.
05 해리는 의식세계에서 받아들이기 힘든 성격의 일부가 자아의 지배를 벗어나 하나의 독립된 기능을 수행하는 경우를 말한다.
07 구강기에 리비도가 추구하는 방향은 타인이 아닌 자기 자신에게만 국한된다.

합격족보 필수 키워드 05

keyword	청소년기
sub keywords	청소년기의 특징, 청소년기의 발달, 마르시아의 자아정체감, 엘킨트의 청소년기 자기중심성
focus	청소년기의 신체적 발달 특성, 인지발달 특성, 사회정서적 발달 특성을 종합적으로 묻는 유형이 대표적으로 출제되고 있으며, 마르시아의 자아정체감 4가지 범주, 청소년기의 상상 속 관중 및 개인적 우화 등의 개념도 기출영역이다.

21-01-22

청소년기(13~19세)에 관한 설명으로 옳지 않은 것은?

① 친밀감 형성이 주요 발달과업이다.

② 신체적 발달이 활발하여 제2의 성장 급등기로 불린다.

③ 특징적 발달 중 하나로 성적 성숙이 있다.

④ 정서의 변화가 심하며 극단적 정서를 경험하기도 한다.

⑤ 추상적 이론과 관념적 사상에 빠져 때로 부정적 정서를 경험한다.

정답률 확인 ① 89% ② 1% ③ 4% ④ 2% ⑤ 4%

답 ①

① 친밀감 형성은 성인초기(청년기)의 주요 발달과업이다.

➕ 출제빈도

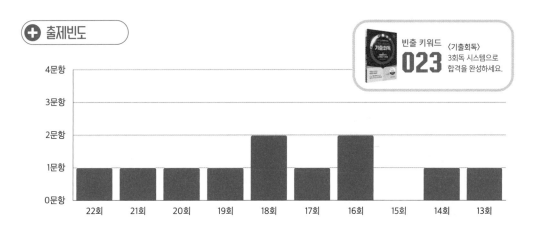

청소년기

강의 QR코드

1회독 > **2**회독 > **3**회독

월 일 | 월 일 | 월 일

★ 최근 10년간 **11문항** 출제 ★

이론요약

청소년기의 특징

[기본개념]
인간행동과 사회환경

기본개념

10장

- 자기중심적 사고에서 벗어나 **추상적 사고가 가능**해진다.
- 가설을 통한 **연역적 사고와 논리적 추론**을 할 수 있다.
- 신체적 성장과 발달이 급격하게 진행되어 골격이 완성되는 시기이다.
- **자아정체감 확립을 주요 발달과업**으로 한다.
- 자아의식이 발달하여 고독에 빠지기 쉽고, **심리사회적 유예가 일어나는 시기**이다.
- 성적 성숙은 감정 기복과 같은 극단적 정서변화를 가져오기도 하며, 불안, 우울, 질투 등 부정적인 감정을 많이 경험하는 시기이다.
- 부모로부터 심리적으로 독립하고 자아정체감을 형성하는 심리적 이유기이다.
- 정서적 변화가 급격히 일어나는 질풍노도의 시기 또는 제2의 반항기라고 한다.
- 어린이도 성인도 아니라는 점에서 주변인으로 부르기도 한다.
- 프로이트 발달단계의 **생식기**에 해당하며, 에릭슨 발달단계의 **청소년기(자아정체감 대 역할혼란)**에 해당한다.

신체발달

- 사춘기 현상으로 인한 **급속한 신체의 외형적 성장과 호르몬의 변화에 따른 생식능력**을 획득한다.
- 간기능과 폐활량, 소화기능이 현저히 발달한다.
- 내분비선의 발달로 지방이 과다해져서 여드름이 발생한다.
- **제2차 성징이 출현하는** 시기로 성적으로 발달한다.
- 남성보다 여성에게서 섭식장애가 더 많이 나타나며, 섭식장애 중 거식증과 폭식증의 빈도가 가장 높다.

인지발달

- 피아제의 인지발달단계 중 **형식적 조작기**에 해당한다.
- 자신의 생각이 옳고그른지에 대해 비판적으로 검토할 수 있다.
- 경험하지 못한 사건에 대해 **가설을 설정하고 미래에 대한 예측이 가능**하다.
- 가능한 개념적 조합을 실제로 수행해보지 않아도 고려할 수 있다.
- 사건이나 현상과 관련된 변인을 동시에 다룰 수 있는 사고능력이 발달한다.

- **엘킨드의 청소년기 자기중심성**: 청소년기에는 급격한 신체적 · 정서적 변화로 자신의 외모와 행동에 지나치게 몰두하면서 자신의 관심사와 타인의 관심사를 구분하지 못한다.
  - **상상 속 관중**: 자신은 무대 위에 오른 배우이고 타인은 자신에게 관심을 갖고 집중하는 관중으로 여기기 때문에 강한 자의식을 가짐 – **내가 주인공!**
  - **개인적 우화**: 자신의 감정이나 사고는 너무 독특한 것이어서 다른 사람들은 자신을 이해할 수 없고 자신은 예외적인 존재라고 생각함 – **나는 특별해!**

사회정서발달

- 정서가 매우 강하고 변화가 심하며, 불안 · 우울 등 극단적인 정서를 경험한다.
- 자신의 격한 감정을 받아들이고 자신의 감정에 좀 더 관대해지는 것이 주요 발달과제이다.
- 부모의 지지와 승인을 필요로 하면서 동시에 부모의 통제를 받지 않으려 하며, 부모나 가족으로부터 분리되어 **친구나 자기 자신에게 의존하려는 경향이** 증가한다.
- 또래집단으로부터 인정받는 것이 중요해지면서 **또래집단의 영향력이 가장 큰 시기**이다.

마르시아의 자아정체감 4범주

- **정체감 성취**: 자아정체감의 위기를 성공적으로 극복하여 신념, 직업, 정치적 견해 등에 대해 스스로 의사결정을 내릴 수 있는 상태이다.
- **정체감 유예**: 현재 정체감 위기의 상태에 있으면서 자아정체감 형성을 위해 다양한 역할, 신념, 행동 등을 실험하고 있으나 의사결정을 못한 상태이다.
- **정체감 유실**: 부모나 사회의 가치관을 자신의 것으로 그대로 선택하므로, 위기도 경험하지 않고 쉽게 의사결정을 내리지만 독립적인 의사결정을 하지 못하는 상태이다.
- **정체감 혼란**: 정체감을 확립하기 위한 노력도 없고, 기존의 가치관에 대한 의문도 제기하지 않는 상태이다.

정답훈련

다음 내용이 왜 틀렸는지를 확인해보자

`18-01-22`

01 청소년기는 신체적 성장이 급속히 이루어진다는 점에서 <u>제1의 성장급등기</u>라고 한다.

> 제2의 성장급등기라고 한다.

`13-01-18`

02 질풍노도의 시기, 심리적 이유기, 주변인 시기, **제1반항기**, 성장급등기 등은 청소년기를 일컫는다.

> 제1반항기는 걸음마기에 해당한다. 유아기에는 부모와 자신이 별개의 존재라는 사실을 인식하기 시작하면서 자기주장이 강해져 반항적 행동을 보인다는 점에서 제1의 반항기라고 칭한다.

---

03 <u>피아제</u>는 청소년기에 성취해야 할 발달과업으로 자아정체감 형성을 제시하였다.

> 청소년기 발달과업으로 자아정체감을 제시한 학자는 에릭슨에 해당한다. 피아제는 청소년기를 형식적 조작기로 설명한 학자이다.

`11-01-16`

04 <u>청소년기</u>는 또래집단에서 단체놀이를 통해 상대를 존중하고 규칙과 예절을 배운다.

> 아동기의 특징이다.

`19-01-20`

05 청소년기의 성적 성숙에는 개인차가 있기 때문에 <u>발달의 순서가 일정하지 않다.</u>

> 성적 성숙에 개인차는 있지만 발달의 순서는 일정하다.

---

06 청소년기에는 신체의 외형적 성장이 급속하게 일어나지만, **신체 내부의 성장 속도는 다소 둔화된다.**

> 신체 외부뿐만 아니라 신체 내부의 발달도 크게 나타난다. 특히 간기능과 폐활량, 소화기능이 현저히 발달하며, 내분비선의 발달로 지방이 과다해져서 여드름이 발생한다.

빈칸에 들어갈 알맞은 말을 채워보자

11-01-16

01 에릭슨은 청소년기의 심리사회적 위기를 (　　　　　) 대 역할혼란으로 보았다.

17-01-21

02 청소년기(13~19세)는 피아제 이론에서 (　　　　　)에 해당한다.

10-01-26

03 (　　　　　)은/는 청소년기에 나타나는 자기중심성 중 하나로 모든 사람이 자신에게 관심을 가지고 있다고 생각하는 것이다.

04 청소년기를 일컫는 말 중 (　　　　　)은/는 이 시기에 호르몬의 변화로 급격한 신체적, 성적 성숙이 일어남을 표현하는 것이다.

05 청소년기는 아동기에서 성인기로 전환하는 과도기로, 아동도 아니고 성인도 아니라는 점에서 (　　　　　)(이)라 부르기도 한다.

06 마르시아는 (　　　　　)와/과 전념을 기준으로 자아정체감을 4가지 범주로 구분했다.

12-01-24

07 청소년기에 자신의 삶에 대하여 고민하며 다양한 정보를 수집하고 탐색하는 행동을 지속하지만, 여전히 불확실한 상태로 선택과 결정을 하지 못한 채 구체적인 과업에 몰입하지 못하는 상태는 마르시아의 자아정체감 유형 중 정체감 (　　　　　)에 해당한다.

08 (　　　　　)은/는 청소년기에 부모의 지지와 승인을 필요로 하면서도 부모의 통제를 벗어나려 하며, 친구 혹은 자기자신에게 의존하려는 경향을 말한다.

09 (　　　　　)은/는 청소년기가 최종의 정체감을 성취하기 이전에 갖는 일종의 자유 시험기간임을 나타낸다.

답 **01** 자아정체감 **02** 형식적 조작기 **03** 상상적 청중(상상 속 관중) **04** 사춘기 **05** 주변인 **06** 위기 **07** 유예 **08** 심리적 이유 **09** 심리사회적 유예기

다음 내용이 옳은지 그른지 판단해보자

16-01-14

01 청소년기(13~19세)에는 자기개념의 발달이 시작되고 자기효능감이 급격히 증가한다. ◎ ⊗

17-01-21

02 청소년기는 애착대상이 부모에서 친구로 이동한다. ◎ ⊗

03 청소년기에는 가설을 통한 연역적 사고와 논리적 추론이 가능하다. ◎ ⊗

19-01-20

04 1차 성징은 성적 성숙의 생리적 징후로서 여성의 가슴 발달과 남성의 넓은 어깨를 비롯하여 변성, ◎ ⊗
근육 발달 등의 변화가 나타나는 것을 말한다.

14-01-22

05 청소년기는 힘과 기술이 향상되지만 신체적 성장 속도는 둔화된다. ◎ ⊗

11-01-16

06 청소년기는 이상적 자아와 현실적 자아의 괴리로 인해 갈등과 고민이 많은 시기이다. ◎ ⊗

07 청소년기에는 이성이 새로운 관심의 대상이 되어 동성이 아닌 이성과의 친밀한 관계를 성취하려고 ◎ ⊗
한다.

08 청소년기는 성역할 정체감이 완성되는 시기이다. ◎ ⊗

답 01✕ 02○ 03○ 04✕ 05✕ 06○ 07✕ 08✕

해설 **01** 자기개념의 발달이 시작되고 자기효능감이 급격히 증가하는 시기는 아동기이다.
04 1차 성징은 사람이 처음 태어났을 때 생식기(생식기관)만으로 남자와 여자를 구분짓는 것을 말하며, 특별한 몸의 변화가 나타나지는
않는다.
05 청소년기는 신체적 성장과 발달이 급격하게 진행되어 골격이 완성되는 제2성장 급등기이다.
07 청소년기에는 이성이 새로운 관심의 대상이 되어 다양한 시도를 해보는 시기이지만 대체로 동성과의 관계가 더 강하고 중요하다. 이
성과의 친밀한 관계를 성취하는 것은 청년기의 특징이다.
08 성역할 정체감이 완성되는 시기는 청년기이다.

2영역 사회복지조사론

	합격족보 필수 키워드	10년간 출제문항수	기출회독 No.
06	측정의 신뢰도와 타당도	22	045
07	표집방법	19	048
08	조사의 유형	17	032
09	실험설계의 유형별 특징	16	040
10	조사설계의 타당도	15	038

➕ 출제비중

『**사회복지조사론**』 필수 키워드 5개의 회차별 출제비중을 확인해보세요.

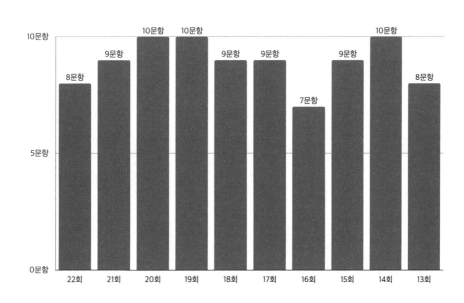

22회	8문항
21회	9문항
20회	10문항
19회	10문항
18회	9문항
17회	9문항
16회	7문항
15회	9문항
14회	10문항
13회	8문항

합격족보 필수 키워드 06

keyword	측정의 신뢰도와 타당도
sub keywords	신뢰도의 개념, 신뢰도 평가 방법, 타당도의 개념, 타당도 평가 방법, 신뢰도와 타당도의 관계
focus	측정의 신뢰도와 타당도에 관한 문제는 매년 빠지지 않고 반드시 출제되는 영역 중 하나이다. 사례를 제시하고 해당하는 신뢰도와 타당도를 고르는 문제, 신뢰도와 타당도에 대한 전반적인 내용을 동시에 비교하는 문제 등이 출제되고 있다. 특히, 평가 방법의 경우 사례제시형 문제로 자주 출제되고 있으므로 반드시 개념과 사례를 접목시켜 정리해야 한다.

(21-02-24)

신뢰도를 측정하는 방법으로 옳지 않은 것은?

① 동일한 상황에서 동일한 측정도구로 동일한 대상을 다시 측정하는 방법
② 측정도구를 반으로 나누어 두 개의 독립된 척도로 구성한 후 동일한 대상을 측정하는 방법
③ 상관관계가 높은 문항들을 범주화하여 하위요인을 구성하는 방법
④ 동질성이 있는 두 개의 측정도구를 동일한 대상에게 측정하는 방법
⑤ 전체 척도와 척도의 개별항목이 얼마나 상호연관성이 있는지 분석하는 방법

> **정답률 확인** ① 13% ② 13% ③ **30%** ④ 16% ⑤ 28%

답 ③

상관관계가 높은 문항들을 범주화하여 하위요인을 구성하는 방법을 요인분석이라고 한다. 요인분석은 연구하고자 하는 현상 또는 추상적인 개념이 몇 개의 요인들로 구성되어 있다고 가정하고, 그러한 요인들 각각을 측정할 수 있는 여러 개의 질문문항들을 만들어 조사를 실시한 후, 그 결과를 분석하여 원래 예상했던 요인들이 나타났는가, 또 나타난 요인들이 원래 작성했던 문항들로 구성되었는가를 검증하는 타당도 검증방법이다.

➕ 출제빈도

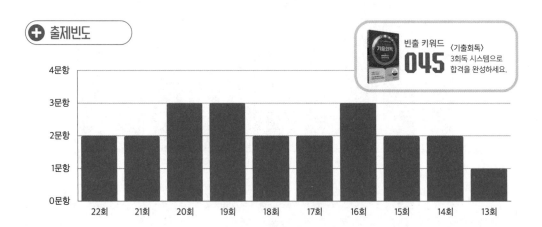

빈출 키워드
045
〈기출회독〉
3회독 시스템으로
합격을 완성하세요.

측정의 신뢰도와 타당도

강의 QR코드

1회독 > **2**회독 > **3**회독
월 일 | 월 일 | 월 일

★ 최근 10년간 **22문항** 출제 ★

이론요약

측정의 신뢰도

[기본개념]
사회복지조사론

7장

▶ **신뢰도의 개념**
- **측정값의 일관성**을 의미한다.
- 같은 대상에 대해 반복적으로 측정할 때 어느 정도 동일한 측정값을 산출하는지의 정도를 말한다.

▶ **신뢰도의 평가방법**
- **검사-재검사법**: 한 번의 측정이 이뤄진 후에 동일한 상황에서 동일한 측정도구, 동일한 대상을 다시 한 번 측정하여 두 측정값이 어느 정도 일관되는지를 비교하는 방법이다.
- **대안법**: 서로 다른 유사한 양식의 두 가지 측정도구로 동일한 대상을 측정해서 상관관계를 검증하여 신뢰도를 측정하는 방법이다.
- **내적 일관성 신뢰도법**
  - 반분법: 측정도구를 반으로 나눠 같은 시간에 각각 독립된 두 개의 척도로 사용함으로써 신뢰도를 추정하는 방법이다.
  - 크론바하의 알파계수: 반분법에서 산출한 모든 신뢰도계수들의 평균값으로 신뢰도를 계산하는 방법이다.

측정의 타당도

▶ **타당도의 개념**
- 측정하고자 하는 개념을 **얼마나 정확히 측정하였는가**를 의미한다.
- 측정한 값과 대상의 진정한 값과의 일치 정도를 말한다.

▶ **타당도의 평가방법**
- **내용타당도**: 측정도구에 포함된 관찰내용들이 측정하려고 하는 속성이나 개념을 얼마나 대표성 있게 포함하고 있는가에 대해 논리적으로 판단하는 것이다.
- **기준타당도**
  - 예측타당도: 측정도구를 이용하여 측정한 결과가 미래의 사건, 결과 등을 얼마나 잘 예측할 수 있는가를 통해서 타당도를 평가하는 것이다.

– 동시타당도: 측정도구의 측정값을 외적인 기준과 동시적인 시점에서 비교하여 타당도를 평가하는 것이다.
- **구성타당도**
    – 이해타당도: 측정도구가 구성개념을 이론에 따라 체계적·논리적·포괄적으로 이해하고 있는 정도를 평가하는 것이다.
    – 집중타당도: 동일한 개념이나 이론적으로 연관성이 높을 것으로 예상되는 개념들을 측정하는 서로 다른 측정도구의 측정결과 간의 상관관계를 평가하는 것이다.
    – 판별타당도: 서로 다른 개념을 측정하는 측정도구가 동일한 대상을 측정했을 때 얻은 측정값들 간의 상관관계를 평가하는 것이다.

신뢰도와 타당도의 관계

- 타당도가 높으면 신뢰도도 반드시 높다. 타당도가 낮으면 신뢰도는 높을 수도 있고, 낮을 수도 있다.
- 신뢰도가 높으면 타당도는 높을 수도 있고, 낮을 수도 있다.
- 신뢰도는 타당도의 필요조건이지만 충분조건은 아니다. 즉, 신뢰도는 타당도 확보를 위한 기본적 전제 조건이다.

다음 내용이 왜 **틀렸는지**를 확인해보자

`20-02-14`

01 신뢰도를 높이기 위해서는 **조사대상자가 알지 못하는 내용도 반드시 측정**해야 한다.

> 신뢰도를 높이기 위해서는 조사대상자가 알지 못하는 내용에 대해서는 측정하지 않는 것이 좋다.

`16-02-13`

02 측정도구를 동일 응답자에게 반복 적용했을 때 일관된 결과가 나오면 **타당도가 높은 것**이다.

> 측정값의 일관성을 의미하는 것은 신뢰도이다. 즉, 측정도구를 동일 응답자에게 반복 적용했을 때 일관된 결과가 나오면 신뢰도가 높은 것이다. 타당도는 측정하고자 하는 개념을 얼마나 정확히 측정하였는가를 말한다.

03 타당도는 측정값들 사이의 일치도를 말하는 개념이고, 신뢰도는 측정값과 실제값 사이의 일치도를 말하는 개념이다.

> 신뢰도는 측정값들 사이의 일치도를 말하는 개념이고, 타당도는 측정값과 실제값 사이의 일치도를 말하는 개념이다.

`10-02-21`

04 동일대상에게 시기만 달리하여 동일 측정도구로 조사한 결과를 비교하는 신뢰도 측정법은 **대안법**이다.

> 동일대상에게 시기만 달리하여 동일 측정도구로 조사한 결과를 비교하는 신뢰도 측정법은 검사-재검사법이다. 검사-재검사법은 한 번의 측정이 이뤄진 후에 동일한 상황에서 동일한 측정도구, 동일한 대상을 다시 한 번 측정하여 두 측정값이 어느 정도 일관되는지를 비교하는 방법이다.

05 기준타당도는 궁극적으로 전문가의 주관적 판단에 의존할 수밖에 없는 한계를 지니며, 통계적 검증이 어렵다.

> 내용타당도는 궁극적으로 전문가의 주관적 판단에 의존할 수밖에 없는 한계를 지니며, 통계적 검증이 어렵다.

`06-02-12`

06 문항의 내용과 관계없이 문항의 수가 많을수록 신뢰도가 높아진다.

> 동일한 개념의 항목이 많아야 신뢰도를 높일 수 있으며, 문항의 수가 지나치게 많아지면 타당도를 유지하기 어려워진다.

빈칸에 들어갈 알맞은 말을 채워보자

18-02-21

01 측정되는 개념이 속한 이론 체계 내에서 다른 개념들과 논리적으로 어느 정도 관련성을 갖고 있는 지를 경험적으로 검증하는 가장 수준이 높은 타당도는 (　　　　　)이다.

16-02-13

02 측정도구를 동일응답자에게 반복 적용했을 때 일관된 결과가 나오면 (　　　　　)가 높은 것이다.

14-02-17

03 내적 일관성 신뢰도는 척도 내 문항들 간 (　　　　　)을/를 분석하여 평가한다.

13-02-08

04 (　　　　　)은/는 측정도구를 반으로 나눠 같은 시간에 각각 독립된 두 개의 척도로 사용함으로써 신뢰도를 추정하는 방법이다.

12-02-13

05 동일인이 한 체중계로 여러 번 몸무게를 측정하는 것은 체중계의 (　　　　　)와 관련되어 있다.

11-02-07

06 우울 척도 A의 측정치가 우울 척도 B보다는 자아존중감 척도 C의 측정치와 더 일치할 때 척도 A의 (　　　　　)은/는 문제가 된다.

07 공무원시험 성적이 좋으면 업무도 잘한다는 사실로부터 알 수 있는 공무원시험의 타당도는 (　　　　　)이다.

08 (　　　　　)은/는 서로 다른 두 가지 형태의 측정도구로 동일한 대상을 차례로 측정하고 그 점수들 사이의 상관관계를 통해 신뢰도를 검증하는 방법이다.

09 (　　　　　)(이)란 측정도구에 포함된 내용들이 측정하려고 하는 속성이나 개념을 얼마나 대표성 있게 포함하고 있는가에 대해 논리적으로 판단하는 것이다.

10 크론바하의 알파계수는 0에서 1까지의 값을 가지며, (　　　　　)에 가까울수록 신뢰도가 높다.

답 **01** 구성타당도　**02** 신뢰도　**03** 상관관계　**04** 반분법　**05** 신뢰도　**06** 판별타당도　**07** 예측타당도　**08** 대안법
09 내용타당도　**10** 1

다음 내용이 옳은지 그른지 판단해보자

14-02-17
01 반분법은 내적 일관성 신뢰도를 평가하는 방법이다. ◎ ⊗

09-02-12
02 크론바하 알파는 척도를 구성하는 전체 문항 조합들의 상관관계 평균값을 계산한 것이다. ◎ ⊗

07-02-16
03 반분법은 어떻게 반분하는가에 따라 상관계수가 다르게 나타날 수 있다. ◎ ⊗

04 신뢰도가 높으면 반드시 타당도도 높다. ◎ ⊗

05 측정항목이 많거나 선택범위가 넓을수록 신뢰도는 낮아진다. ◎ ⊗

06 신뢰도를 높이기 위해서는 응답자가 무관심하거나 잘 모르는 내용은 측정하지 않는 것이 좋다. ◎ ⊗

07 반분법은 반분을 어떻게 하느냐에 따라 다양한 상관계수(신뢰도계수)가 산출되지만, 크론바하의 알파계수는 단일한 신뢰도계수를 산출한다. ◎ ⊗

08 대안법은 동일한 현상을 측정하는 데 사용될 두 개의 동등한 측정도구를 개발하는 것이 어렵다는 단점이 있다. ◎ ⊗

09 구성타당도는 이해타당도, 집중타당도, 판별타당도로 구성되어 있는데, 이 세 가지의 타당도가 높아야 구성타당도가 높다고 말할 수 있다. ◎ ⊗

10 반분법은 개별 문항의 신뢰도나 개별 문항이 전체 척도의 신뢰도에 미치는 영향을 별도로 측정할 수 있다. ◎ ⊗

답 01○ 02○ 03○ 04× 05× 06○ 07○ 08○ 09○ 10×

해설 **04** 타당도가 높은 측정은 신뢰도도 높은 경향이 있지만, 신뢰도가 높다고 반드시 타당도가 높은 것은 아니다.
05 신뢰도를 높이기 위해서는 측정항목(하위변수)을 늘리고 선택범위(값)를 넓혀야 한다.
10 반분법은 문항 전체의 신뢰도는 측정할 수 있지만 개별 문항의 신뢰도나 개별 문항이 전체 척도의 신뢰도에 미치는 영향을 별도로 측정할 수 없는 한계가 있다.

keyword	표집방법
sub keywords	확률표집방법, 비확률표집방법, 질적 연구의 표집방법
focus	초창기 시험에서는 확률표집방법과 비확률표집방법의 특징을 비교하는 문제가 주로 출제되었지만 최근 시험에서는 개별 표집방법들을 실제 사례와 연결하는 문제가 자주 출제되고 있다. 특히, 질적 연구의 표집방법에 대한 사례문제의 경우 사례에 다양한 표집방법이 적용되어 있기 때문에 구분하기에 어려운 점이 있다.

21-02-25

할당표집방법에 관한 설명으로 옳지 않은 것은?

① 모집단의 주요 특성에 대한 정보를 활용한다.

② 모집단을 구성하는 주요 변수별로 표본을 할당한 후 확률표집을 실시한다.

③ 지역주민 조사에서 전체 주민의 연령대별 구성 비율에 따라 표본을 선정한다.

④ 표본추출 시 할당틀을 만들어 사용한다.

⑤ 우발적 표집보다 표본의 대표성이 높다.

정답률 확인 ① 10% ② 42% ③ 18% ④ 11% ⑤ 19%

답 ②

할당표집방법은 비확률표집을 실시한다. 모집단의 속성 중 조사내용에 영향을 주는 요소를 정해서, 이를 기준으로 몇 개의 범주로 구분하고 각 범주에 해당하는 표본을 모집단에서 차지하는 범주의 비율에 따라 할당하고 각 범주로부터 할당된 수의 표본을 임의적으로 추출하는 것이다. 층화표집방법과 유사하지만 할당된 표본의 수를 무작위 표집이 아닌 임의표집한다는 점에서 층화표집방법과 다르다.

➕ 출제빈도

빈출 키워드 **048**
〈기출회독〉
3회독 시스템으로 합격을 완성하세요.

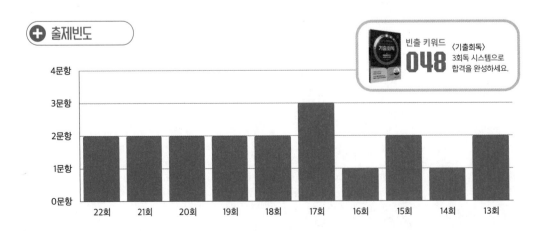

기출회독
048

표집방법

강의 QR코드

1회독 | 2회독 | 3회독
월 일 | 월 일 | 월 일

★ 최근 10년간 **19문항** 출제 ★

이론요약

확률표집방법

▶ 확률표집방법의 개념

- 모집단의 각 표집단위가 모두 추출될 기회를 가지고 있고, 각 단위가 추출될 확률을 정확히 알고 무작위 방법에 기초하여 표집하면, 이를 확률표집이라고 하고 이 방법으로 추출된 표본을 확률표본이라고 한다.
- 확률표집방법은 통계치로부터 모수치를 정확히 추정하는 방법을 제시해준다.

[기본개념]
사회복지조사론

9장

▶ 확률표집방법의 유형

- 단순무작위표집법: 표집틀에서 각 사람이나 표집단위에 번호를 할당하여 조사자가 일정한 유형 없이 **단순히 무작위로 추출하는 방법**이다.
- 체계적 표집: 표집틀인 모집단 목록에서 **일정한 순서에 따라** 매 k번째 요소를 표본으로 추출하는 방법이다.
- 층화표집법: 모집단을 먼저 서로 중복되지 않는 **여러 개의 층으로 분류한 후**, 각 층에서 단순무작위표집에 따라 표본을 추출하는 방법이다.
- 군집표집법: 모집단을 여러 개의 집락 또는 집단들로 구분하여, 이들 집락이나 집단 중 일부를 선택하고, **선택된 집락 또는 집단 안에서만** 표본을 무작위 추출하는 방법이다.

비확률표집방법

▶ 비확률표집방법의 개념

- 모집단에 대한 지식·정보가 제한되어 있거나 모집단으로부터 선택될 확률이 미리 알려지지 않은 경우 사용한다.
- 표집절차가 복잡하지 않으며 비용이 훨씬 적게 든다. 통계의 복잡성이 없으며 활용 가능한 응답자를 즉석에서 활용할 수 있다.
- 각 단위가 표본에 포함될 확률을 알 수 없고 표본오차를 산정할 수 없다. 어떤 사람이 선택될 확률이 알려지지 않기 때문에 표본이 모집단을 대표하고 있다고 말할 수 없고, 따라서 연구의 일반화에도 제한점이 있다.

▶ 비확률표집방법의 유형

- 편의표집법: 표본 선정의 편리성에 기준을 두고 **조사자 임의대로** 확보하기 쉽고 편리한 표집단위를 표본으로 추출하는 방법이다.

- 유의표집법: 전문가의 판단으로 **조사의 목적과 의도에 맞는 대상**을 표본으로 선정하는 방법이다.
- 할당표집법: 모집단의 속성 중 조사내용에 영향을 주는 요소를 정해서 이를 기준으로 몇 개의 범주로 구분하고, 각 범주에 해당하는 표본을 모집단에서 차지하는 범주의 비율에 따라 할당하고 각 범주로부터 **할당된 수의 표본을 임의적으로 추출**하는 방법이다.
- 눈덩이표집법: 연구에 필요한 특성을 갖춘 소수의 표본을 찾고, 그 표본을 통해서 다른 사람을 소개받아 **점차 표본의 수를 늘려가는 방법**이다.

질적 연구의 표집방법

- 기준표집: 연구자가 연구의 초점에 맞추어 미리 결정한 어떤 기준을 충족시키는 사례들을 선정하는 방법이다.
- 최대변화량 표집: 적은 수의 표본이지만 다양한 속성을 가진 사례들을 골고루 확보하기 위한 방법이다.
- 동질적 표집: 최대변화량 표집과 대조적이며, 동질적인 사례들로 표본을 선정하는 방법이다.
- 결정적 사례: 어떤 상황이나 문제에 대한 구체적인 정보를 제공하는 결정적인 사례를 표집하는 방법이다.
- 예외사례표집: 규칙적인 유형에 맞지 않는 극단적이거나 예외적인 사례를 검토하는 방법이다.
- 극단적/일탈적 사례: 연구자가 관심을 보이고 있는 현상이 전형적으로 나타나는 사례와 매우 특이하고 예외적인 사례를 표집하여 주요 현상에 대한 이해를 넓히는 방법이다.
- 준예외사례표집: 예외사례표집의 경우처럼 극단적인 사례나 예외적인 사례가 너무 특이해서 연구하는 현상을 왜곡할 가능성을 우려하여 일상적인 것보다는 약간 예외적이라고 할 수 있을 정도의 사례를 선정하는 방법이다.

정답훈련

다음 내용이 **왜 틀렸는지**를 확인해보자

15-02-13

01 확률표집은 **모집단으로부터 표본으로 추출될 확률을 알 수 없다.**

> 확률표집은 모집단으로부터 표본으로 추출될 확률을 알 수 있다. 확률표집은 모집단의 각 표집단위가 모두 추출될 기회를 가지고 있고, 각 단위가 추출될 확률을 정확히 알고 무작위 방법에 기초하여 표집하는 방법이다.

14-02-19

02 확률표집방법 중 **단순무작위표집법**은 주기성(periodicity)이 문제가 될 수 있다.

> 확률표집방법 중 체계적 표집법은 주기성(periodicity)이 문제가 될 수 있다. 체계적 표집법은 표집틀인 모집단 목록에서 일정한 순서에 따라 매 k번째 요소를 표본으로 추출하는 방법이다.

---

03 층화표집법은 층화를 위한 기준으로 연구목적에 부합하는 변수를 사용하는데, 이렇게 **층화한 하위집단은 이질적인 특성**을 갖는다.

> 층화표집법은 층화를 위한 기준으로 연구목적에 부합하는 변수를 사용하는데, 이렇게 층화한 하위집단은 동질적인 특성을 갖는다.

---

04 **유의표집법**은 모집단을 중복되지 않는 집단들로 분리한 후, 각 집단으로부터 체계적으로 표본을 추출하는 방법이다.

> 모집단을 중복되지 않는 집단들로 분리한 후, 각 집단으로부터 체계적으로 표본을 추출하는 방법은 층화표집법이다. 유의표집법은 연구자/전문가의 판단으로 조사의 목적과 의도에 맞는 대상을 표본으로 선정하는 방법이다.

---

05 일탈적인 대상을 연구하거나 모집단의 구성원을 찾기 어려운 대상을 연구할 때는 **할당표집법**을 주로 사용한다.

> 약물중독, 성매매, 도박 등과 같이 일탈적인 대상을 연구하거나 노숙인, 이주노동자, 불법이민자 등 모집단의 구성원을 찾기 어려운 대상을 연구하는 경우에는 눈덩이표집법을 주로 사용한다.

---

06 층화표집과 할당표집은 **이질적 집단에서 추출한 표본의 표집오차가 작다는 논리**에 기초한 표집방법이다.

> 층화표집과 할당표집은 이질적 집단보다 동질적 집단에서 추출한 표본의 표집오차가 작다는 논리에 기초한 표집방법이다.

빈칸에 들어갈 알맞은 말을 채워보자

17-02-19
01 할당표본추출은 (   )(으)로서 모집단의 구성요소들이 표본으로 선정될 확률이 동일하지 않다.

14-02-19
02 모집단을 여러 개의 집단들로 구분하여 이들 집단 중 일부를 선택하고, 선택된 집단 안에서만 표본을 무작위로 추출하는 방법은 (   )이다.

03 (   )은/는 층화표집법과 유사하지만 할당된 표본의 수를 무작위 표집이 아닌 임의표집한다는 점에서 층화표집과 다르다.

04 질적 연구의 표집방법 중 (   )은/는 규칙적인 유형에 맞지 않는 극단적이거나 예외적인 사례를 검토하는 방법이다.

13-02-13
05 1,000명을 번호 순서대로 배열한 모집단에서 4번이 처음 무작위로 선정되고 9번, 14번, 19번 등이 차례로 체계표집을 통해 선정되었다면 이 표집에서 표본 수는 (   )이 된다.

11-02-29
06 눈덩이표집법은 주로 (   )에서 많이 활용된다.

07 모집단에 대한 지식이나 정보가 제한되어 있거나 모집단으로부터 선택될 확률이 미리 알려지지 않은 경우에는 (   )을/를 사용한다.

08 모집단의 각 표집단위가 모두 추출될 기회를 가지고 있고, 각 단위가 추출될 확률을 정확히 알고 무작위 방법에 기초하여 표집하는 것을 (   )(이)라고 한다.

답 **01** 비확률표집방법 **02** 집락표집법 **03** 할당표집법 **04** 예외사례표집법 **05** 200 **06** 질적 연구 **07** 비확률표집방법 **08** 확률표집방법

다음 내용이 옳은지 그른지 판단해보자

20-02-18
01 임의표집은 모집단의 대표성이 높은 표본을 추출한다. ◎ ⊗

18-02-22
02 확률표집은 의식적이거나 무의식적인 편향(bias)을 방지할 수 있다. ◎ ⊗

14-02-19
03 할당표본추출은 연구자의 편향적 선정이 이루어 질 수 있다. ◎ ⊗

12-02-08
04 최대변화량표집은 적은 수의 표본이지만 다양한 속성을 가진 사례들을 골고루 확보하기 위한 방법 ◎ ⊗
이다.

05 집락표집법은 집락 간의 동질성이 확보되지 않는다면 표집오차가 발생할 가능성이 커진다. ◎ ⊗

06 비확률표집방법은 각 단위가 표본에 포함될 확률을 알 수 없고 표본오차를 산정할 수 없다. ◎ ⊗

07 체계적 표집법은 모집단을 구성하는 요소들이 일정한 순서대로 배열되어 있다면 표본추출 과정에 ◎ ⊗
서 체계적인 오류가 발생할 수 있다.

09-02-04
08 유의표집은 표본의 대표성을 보장할 수 있다. ◎ ⊗

09 할당표집은 비확률표집이지만 가능한 한 모집단을 대표하는 표본을 얻고자 하는 방법이다. ◎ ⊗

10 집락표집은 하위 집단 각각에서 모두 표본을 추출하지만, 층화표집은 하위 집단들 중 선택된 집단 ◎ ⊗
에서만 표본을 추출한다.

답 **01** × **02** ○ **03** ○ **04** ○ **05** ○ **06** ○ **07** ○ **08** × **09** ○ **10** ×

(해설) **01** 임의표집은 표본의 대표성 문제와 표집의 편의 문제가 발생할 수 있다.
08 유의표집은 표본의 대표성을 보장할 수 없다.
10 층화표집은 하위 집단 각각에서 모두 표본을 추출하지만, 집락표집은 하위 집단들 중 선택된 집단에서만 표본을 추출한다.

keyword	조사의 유형
sub keywords	탐색적 조사, 기술적 조사, 설명적 조사, 횡단조사와 종단조사, 패널조사, 경향조사, 동년배조사
focus	조사유형과 관련한 문제들은 설명적 조사, 패널조사와 같은 개별 유형에 대한 이해를 묻는 유형부터 종단조사와 횡단조사를 비교하는 유형, 조사유형 전반에 대한 이해를 묻는 유형 등 다양한 형태로 출제되고 있다. 특히, 종단조사의 대표적인 3가지 유형(패널조사, 동년배조사, 경향조사)을 구분할 수 있는 능력을 요구하는 문제가 자주 출제되고 있기 때문에 각 유형의 차이를 정확히 이해하는 것이 필요하다.

21-02-05

사회조사의 목적에 관한 설명으로 옳지 않은 것은?

① 지난해 발생한 데이트폭력 사건의 빈도와 유형을 자세히 보고하는 것은 기술적 연구이다.
② 외상 후 스트레스로 퇴역한 군인을 위한 서비스 개발의 가능성을 파악하기 위한 초기면접은 설명적 연구이다.
③ 사회복지협의회가 매년 실시하는 사회복지기관 통계조사는 기술적 연구이다.
④ 지방도시에 비해 대도시의 아동학대 비율이 높은 이유를 보고하는 것은 설명적 연구이다.
⑤ 지역사회 대상 설문조사를 통해 사회복지서비스의 만족도를 조사하는 것은 기술적 연구이다.

정답률 확인   ① 20% ② 44% ③ 5% ④ 17% ⑤ 14%

답 ②
서비스 개발이 가능한지를 파악하기 위한 연구는 탐색적 연구이다. 즉, 기존에 연구되지 않았거나 혹은 사전 지식이 부족한 경우 등 어떠한 내용을 탐색하기 위한 목적으로 수행하는 조사이다.

➕ 출제빈도

빈출 키워드
032
〈기출회독〉
3회독 시스템으로
합격을 완성하세요.

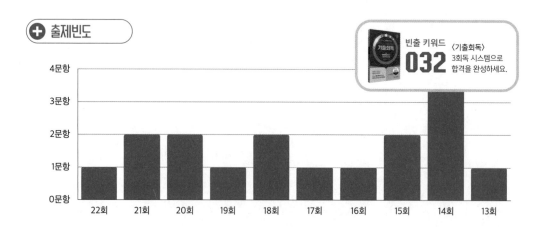

조사의 유형

강의 QR코드

1회독	**2**회독	**3**회독
월 일	월 일	월 일

★ 최근 10년간 **17문항** 출제 ★

이론요약

조사목적에 따른 유형

▶ **탐색적 조사**
• 기존에 연구되지 않았던 새로운 주제에 대해 연구하는 경우, 연구문제에 대한 사전 지식이 부족한 경우, 연구문제를 형성하거나 연구가설을 수립하기 위한 경우 등에 실시한다.
• 문헌조사, 경험자조사, 특례조사 등이 있다.

▶ **기술적 조사**
• 영향요인 간에 어떠한 관계가 있을지를 파악하기 위해 실시하는 조사이다.
• 현상의 모양이나 분포, 크기, 비율 등 단순 통계적인 것에 대한 조사이다.
• 발생빈도와 비율을 파악할 때 사용한다.

▶ **설명적 조사**
• 사실의 인과관계를 규명하거나 미래의 사실에 대해 미리 예측하는 조사이다.
• 특정 변수에 영향을 미치는 변수의 조사 등이 해당된다.

[기본개념]
사회복지조사론

2장

시간적 차원에 따른 유형

▶ **횡단조사**
• 일정 시점에서 특정 표본이 가지고 있는 특성을 파악하거나, 특성에 따라 집단을 분류하는 조사이다.
• **일정 시점에서 측정**하므로 정태적인 성격을 갖고 있다.
• 주로 표본조사를 행하며 측정이 반복해서 이루어지지 않는다.

▶ **종단조사**
• 시간의 흐름에 따라 조사대상이나 상황의 변화를 측정하는 것으로 **일정한 시간 간격을 두고 반복적으로 측정**하여 자료를 수집한다.
• 일정한 시간적 간격을 두고 측정하므로 동태적이다.
• **장기간 동안 측정이 반복**해서 이루어진다.
• 패널조사: 장기간 반복적으로 조사를 실시하며, **매 조사시점마다 동일인을 대상**으로 조사한다.
• 경향조사: 시간의 흐름에 따라 나타나는 **일반적인 대상 집단의 변화**를 조사한다.
• 동년배조사: 시간의 변화에 따른 특정 **동류집단의 변화**를 조사한다.

다음 내용이 **왜 틀렸는지**를 확인해보자

18-02-09

01 일정기간의 변화에 대해 가장 포괄적 자료를 제공하는 것은 **동년배집단연구**이다.

> 일정기간의 변화에 대해 가장 포괄적 자료를 제공하는 것은 패널연구이다.

02 **표본조사**란 조사대상이라고 생각되는 모든 부분, 즉 모집단 전체를 대상으로 조사하는 조사연구로서 대표적인 것이 인구조사이다.

> 전수조사란 조사대상이라고 생각되는 모든 부분, 즉 모집단 전체를 대상으로 조사하는 조사연구로서 대표적인 것이 인구조사이다.

11-02-14

03 일정기간에 걸쳐 발생하는 변화에 관한 연구는 **횡단연구**이다.

> 일정기간에 걸쳐 발생하는 변화에 관한 연구는 종단연구이다.

09-02-19

04 **기술적 조사**는 변수 간의 인과관계를 규명하려는 조사이며, 가설을 검증하려는 조사이다.

> 설명적 조사는 변수 간의 인과관계를 규명하려는 조사이며, 가설을 검증하려는 조사이다.

08-02-29

05 **동년배조사**는 동일한 대상을 조사하므로 반복할 때마다 표본을 유지하기가 어렵다.

> 패널조사는 동일한 대상을 조사하므로 반복할 때마다 표본을 유지하기가 어렵다.

06 조사목적에 따른 유형에서 인구주택총조사, 실태조사, 여론조사 등이 대표적인 **탐색적 조사**에 해당한다.

> 조사목적에 따른 유형에서 인구주택총조사, 실태조사, 여론조사 등이 대표적인 기술적 조사에 해당한다.

빈칸에 들어갈 알맞은 말을 채워보자

01 시간의 변화에 따른 특정 동류집단의 변화를 조사하는 것은 ( )이다.

20-02-06

02 ( )와 동년배조사는 둘 이상의 시점에서 조사가 이루어지며, 동일대상을 반복하여 측정하지 않는다.

03 ( )은/는 시간이 지나면서 조사대상이 중도에 탈락하는 문제가 발생할 수 있다.

04 ( )은/는 일정 시점에서 특정 표본이 가지고 있는 특성을 파악하거나, 특성에 따라 집단을 분류하는 것으로 사회복지 분야에서 널리 사용된다.

05 현상의 모양이나 분포, 크기, 비율 등 단순 통계적인 것에 대한 조사는 ( )이다.

13-02-06

06 ( )은/는 장기간에 걸쳐 조사하는 연구로 질적 연구로도 이루어진다.

12-02-10

07 조사의 목적에 따라 탐색적 조사, 기술적 조사, ( )(으)로 구분할 수 있다.

10-02-12

08 1990년대 10대와 2000년대 10대의 직업선호도를 비교조사하는 것은 ( )에 해당한다.

04-02-08

09 ( )은/는 예비조사의 성격인 경우가 많고 융통성 있게 운영하고 연구문제를 확인한다.

10 ( )은/는 전수조사가 어려운 경우 모집단의 일부만을 추출하여 모집단 전체를 추정하는 조사이다.

답 **01** 동년배조사 **02** 경향조사 **03** 패널조사 **04** 횡단조사 **05** 기술적 조사 **06** 종단연구 **07** 설명적 조사 **08** 경향조사
09 탐색적 조사 **10** 표본조사

다음 내용이 옳은지 그른지 판단해보자

01 횡단조사는 유형에 따라 서로 다른 시점에서 동일 대상자를 추적해 조사해야 하므로 표본의 크기가 작아지게 된다. ◎ⓧ

13-02-06
02 추이(trend)조사는 패널연구보다 개인의 변화에 대해 더 명확한 자료를 제공한다. ◎ⓧ

03 종단조사 중 패널조사만이 동일인을 반복적으로 조사한다. ◎ⓧ

04 예비조사는 탐색적 조사에 해당하며, 보통 설문지 작성의 사전단계에서 이루어진다. ◎ⓧ

05 종단조사는 장기간 반복적으로 측정이 이루어지므로 비용이 많이 든다. ◎ⓧ

06 패널조사는 상당 기간에 걸쳐 표본의 거처를 지속적으로 파악해야 하므로 종단조사들 중 가장 수행이 어렵다. ◎ⓧ

07 질적 조사는 대상의 속성을 계량적으로 표현하고 그들의 관계를 통계분석을 통해 밝혀내는 조사이다. ◎ⓧ

11-02-14
08 종단연구는 한 시점에서 대상을 관찰한다. ◎ⓧ

10-02-12
09 종단적 조사는 개인의 노동시장활동과 같은 장기적 추이를 분석하는 데 활용된다. ◎ⓧ

06-02-07
10 A대학교 재학생의 연령별 소비실태조사는 종단연구가 될 수 있다. ◎ⓧ

답 01× 02× 03○ 04○ 05○ 06○ 07× 08× 09○ 10×

해설 **01** 종단조사는 유형에 따라 서로 다른 시점에서 동일 대상자를 추적해 조사해야 하므로 표본의 크기가 작아지게 된다.
02 특정 개인들의 변화에 대한 전체적인 모습을 보여줄 수 있으며, 가장 포괄적이고 명확한 자료를 제공하는 것은 패널연구의 특징에 해당한다.
07 양적 조사는 대상의 속성을 계량적으로 표현하고 그들의 관계를 통계분석을 통해 밝혀내는 조사이다.
08 한 시점에서 대상을 관찰하는 연구는 횡단연구이다.
10 일정 시점에서 이루어지는 연구이므로 횡단연구에 해당한다.

합격족보 필수 키워드 09

keyword	실험설계의 유형별 특징
sub keywords	순수실험설계, 유사실험설계, 전실험설계
focus	설계유형의 특징이나 사례를 제시하고 이에 해당하는 적합한 설계유형을 고르는 형태가 주로 출제되고 있다. 또한 개별 설계유형에 국한하지 않고 여러 설계유형에 공통적인 특징을 제시하고 이에 해당하는 설계유형을 비교해서 파악하는 능력을 요구하는 문제도 출제되고 있다.

(21-02-13)

다음의 연구에서 활용한 연구설계에 관한 설명으로 옳은 것은?

> 청소년의 자원봉사의식 향상 프로그램의 효과성을 검증하기 위하여 청소년 200명을 무작위로 두 개의 집단으로 나눈 후 A측정도구를 활용하여 사전검사를 실시하였다. 하나의 집단에만 프로그램을 실시한 후 두 개의 집단 모두를 대상으로 A측정도구를 활용하여 사후검사를 실시하였다.

① 테스트효과의 발생 가능성이 낮다.
② 집단 간 동질성의 확인 가능성이 낮다.
③ 사전검사와 프로그램의 상호작용효과의 통제가 가능하다.
④ 자연적 성숙에 따른 효과의 통제가 가능하다.
⑤ 실험집단의 개입효과가 통제집단으로 전이된다.

정답률 확인   ① 4% ② 20% ③ 43% ④ 11% ⑤ 22%

답 ④

오답노트
① 사전검사에 의한 테스트효과가 발생할 수 있다.
② 실험집단과 통제집단을 무작위로 배치하였으므로 집단 간의 동질성을 확보한다.
③ 사전검사와 프로그램의 상호작용효과의 통제가 어렵다. 상호작용효과란 사전검사와 실험처치가 상호작용을 일으켜 생기는 것으로써 실험대상자가 사전검사를 실시한 후 실험처치를 받아들이는 강도가 달라지는 것을 말한다.
⑤ 실험집단의 개입효과가 통제집단으로 전이되는 것은 비동일 통제집단 설계에 해당한다.

➕ 출제빈도

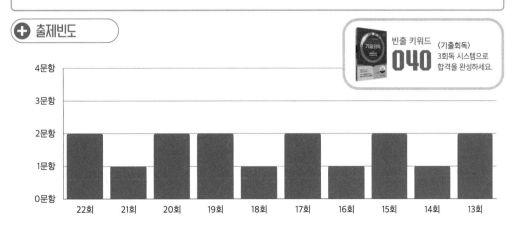

빈출 키워드 040 〈기출회독〉 3회독 시스템으로 합격을 완성하세요.

실험설계의 유형별 특징

강의 QR코드

1회독 월 일 > **2**회독 월 일 > **3**회독 월 일

★ 최근 10년간 **16문항** 출제 ★

이론요약

순수실험설계

[기본개념]
사회복지조사론

5장

• 통제집단 사전사후검사 설계: 연구대상을 실험집단과 통제집단에 무작위로 배치하고 **실험집단에 독립변수를 실험처치하기 전에 양 집단에 사전검사를 실시한다.** 실험처치를 한 후 양 집단에 사후검사를 실시하고 두 결과 간의 차이를 비교한다.

• 통제집단 사후검사 설계: 통제집단 사전사후검사 설계에서 **사전검사를 실시하지 않는다.**

• 솔로몬 4집단 설계: **통제집단 사전사후검사 설계와 통제집단 사후검사 설계가 결합**된 형태이며, 내적 타당도가 가장 높다.

• 요인 설계: **독립변수가 두 개** 이상일 때 적용되는 설계이다.

• 가실험 통제집단 설계: 통제집단 사후검사 설계에 **가실험효과를 측정할 수 있는 집단**을 추가적으로 결합해 만든 설계이다.

유사실험설계

• 단순시계열 설계: 독립변수를 노출시키기 전후에 일정 기간을 두고 **정기적으로 몇 차례 종속변수를 측정**한다.

• 복수시계열 설계: 단순시계열 설계에 **통제집단을 추가**한 설계이다.

• 비동일 통제집단 설계: **임의적인 방법으로 양 집단을 선정**하고 사전사후검사를 실시하여 종속변수의 변화를 비교한다.

전실험설계

• 1회사례 설계: **어떤 단일 집단에 실험처치**를 하고, 그 후에 그 집단의 종속변수의 특성을 검사하여 결과를 평가하는 설계이다.

• 단일집단 사전사후검사 설계: 조사대상자에 대해서 **사전검사를 실시하고 독립변수를 도입한 후 사후검사를 실시**하여 인과관계를 추정한다.

• 정태적 집단비교 설계: 통제집단 사후검사 설계에서 **무작위 할당만 제외**된 형태이다.

정답훈련

다음 내용이 **왜 틀렸는지**를 확인해보자

20-02-23
01 순수실험설계의 인과성 검증에 있어서 사전조사와 사후조사를 실시할 때 통제집단의 종속변수 측정치는 **통계적으로 유의미한 차이가 있어야 한다.**

> 사전조사와 사후조사에서 통제집단의 종속변수 측정치는 통계적으로 유의미한 차이가 없어야 한다. 반면, 실험집단의 종속변수 측정치는 통계적으로 유의미한 차이가 있어야 한다.

16-02-02
02 요인 설계는 외적 타당도를 높일 수 있으며, **시간과 비용적인 측면에서도 효율적**이다.

> 요인 설계는 외적 타당도를 높일 수 있으나, 고려해야 할 독립변수의 수가 많은 경우, 시간과 비용면에서 효율적이지 못하다.

15-02-18
03 **단순시계열 설계**는 실험집단과 통제집단에 대해 개입 전과 개입 후 여러 차례 종속변수를 측정한다.

> 복수시계열 설계는 실험집단과 통제집단에 대해 개입 전과 개입 후 여러 차례 종속변수를 측정한다.

11-02-09
04 검사효과를 통제할 수 있는 실험설계는 **통제집단 사전사후검사 설계와 통제집단 사후검사 설계**이다.

> 검사효과를 통제할 수 있는 실험설계는 솔로몬 4집단 설계와 통제집단 사후검사 설계이다.

05 통제집단 사후검사 설계에서 무작위 할당만 제외된 형태의 설계는 **분리표본 사전사후검사 설계**이다.

> 통제집단 사후검사 설계에서 무작위 할당만 제외된 형태의 설계는 정태적 집단비교 설계이다.

06-02-10
06 **통제집단 사후검사 설계**는 인과관계를 파악하기 위한 가장 보편적인 방법으로 실험집단과 통제집단을 무작위로 배치하고 개입 전후 두 집단에 대한 검사를 실시한다.

> 인과관계를 파악하기 위한 가장 보편적인 방법으로 실험집단과 통제집단을 무작위로 배치하고 개입 전후 두 집단에 대한 검사를 실시하는 것은 통제집단 사전사후검사 설계이다.

07 유사실험설계는 순수실험설계에 비해 <u>내적 타당도와 외적 타당도 모두 떨어진다.</u>

> 유사실험설계는 순수실험설계에 비해 내적 타당도는 떨어지지만 외적 타당도는 높은 경우가 많다.

빈칸에 들어갈 **알맞은 말**을 채워보자

19-02-24

01 다중시계열 설계는 단순시계열 설계의 내적 타당도 저해요인에 의한 문제점을 개선하기 위해 단순시계열 설계에 (　　　　　)을/를 추가한 것이다.

17-02-09

02 (　　　　　)은/는 임의적인 방법으로 양 집단을 선정하고 사전–사후검사를 실시하여 종속변수의 변화를 비교하는 것이다.

15-02-18

03 (　　　　　)은/는 통제집단 사전사후검사 설계와 통제집단 사후검사 설계를 결합한 것이다.

04 (　　　　　)은/는 실험집단과 통제집단을 임의적으로 선정하고 실험집단은 독립변수를 도입한 후 사후검사를, 통제집단은 독립변수를 도입하지 않고 사후검사를 실시한다.

05 (　　　　　)은/는 준실험설계라고도 하며, 실험설계의 기본 요소 중 한두 가지가 결여된 설계이다.

06 (　　　　　)은/는 독립변수가 두 개 이상일 때 적용되는 설계이다.

답 　**01** 통제집단　**02** 비동일 통제집단 설계　**03** 솔로몬 4집단 설계　**04** 정태적 집단비교 설계　**05** 유사실험설계　**06** 요인 설계

다음 내용이 옳은지 그른지 판단해보자

`19-02-16`
01 솔로몬 4집단 설계는 외부사건(history)을 통제할 수 있다. ◎ ⊗

02 순수실험설계는 무작위 할당, 통제집단, 독립변수의 조작, 종속변수에 대한 사전–사후 검사 및 비교 등 실험의 기본 요소를 모두 갖추고 있다. ◎ ⊗

03 순수실험설계는 인위적인 통제와 조작이 수월하여 실제 연구에서 많이 사용된다. ◎ ⊗

04 복수시계열 설계는 무작위 할당이 이루어지지 않아 실험집단과 통제집단이 이질적일 가능성이 크다. ◎ ⊗

05 전실험설계는 내적 타당도와 외적 타당도 저해요인을 거의 통제하지 못한다. ◎ ⊗

`18-02-10`
06 통제집단 사후검사 설계는 사전검사를 하지 않아도 집단 간 차이를 어느 정도 통제할 수 있다. ◎ ⊗

07 단순시계열 설계는 우연한 사건들의 영향을 통제할 수 있다. ◎ ⊗

08 비동일 통제집단 설계는 통제집단 사전사후검사 설계와 유사하지만 단지 무작위 할당에 의해 실험집단과 통제집단이 선택되지 않은 점이 다르다. ◎ ⊗

`12-02-11`
09 무료급식 서비스를 받은 노인의 변화를 분석하고자 할 때는 실험설계를 사용하는 것이 적합하다. ◎ ⊗

`07-02-11`
10 솔로몬 4집단비교 설계는 통제집단이 3개이고, 실험집단이 1개이다. ◎ ⊗

답 **01** ○ **02** ○ **03** × **04** ○ **05** ○ **06** ○ **07** × **08** ○ **09** ○ **10** ×

(해설) **03** 순수실험설계는 인위적인 통제와 조작을 하는 것이 현실적으로 어렵기 때문에 실제 연구에서는 유사실험설계를 더 많이 사용한다.
07 단순시계열 설계는 통제집단을 사용하지 않기 때문에 종속변수의 변화가 우연한 사건들의 영향을 받았을 가능성을 배제하지 못한다.
10 솔로몬 4집단비교 설계는 실험처치를 가하는 실험집단이 2개, 가하지 않는 통제집단이 2개이다.

합격족보 필수 키워드 10

keyword	조사설계의 타당도
sub keywords	내적 타당도, 내적 타당도 저해요인과 통제방법, 외적 타당도, 외적 타당도 저해요인과 통제방법
focus	타당도 저해요인과 관련된 문제는 매회 1문제 이상 반드시 출제되므로 꼼꼼하게 정리해둘 필요가 있다. 내적 타당도와 외적 타당도의 개념을 명확하게 구분할 줄 알아야 한다. 특히, 타당도 저해요인과 관련해서는 사례를 제시한 뒤, 해당 사례에서 타당도를 저해하는 요인이 무엇인지를 묻는 형태가 가장 많이 출제되고 있으므로 사례와 접목시켜 이해해야 한다.

21-02-07

조사설계의 내적 타당도와 외적 타당도에 관한 설명으로 옳은 것은?

① 어떤 변수가 다른 변수의 원인임을 정확하게 기술하는 것이 외적 타당도이다.
② 연구결과를 연구조건을 넘어서는 상황이나 모집단으로 일반화하는 정도가 내적 타당도이다.
③ 내적 타당도는 외적 타당도의 필요조건이지만 충분조건은 아니다.
④ 실험대상의 탈락이나 우연한 사건은 외적 타당도 저해요인이다.
⑤ 외적 타당도가 낮은 경우 내적 타당도 역시 낮다.

정답률 확인	① 5% ② 5% ③ 67% ④ 11% ⑤ 12%

답 ③

오답노트
① 어떤 변수가 다른 변수의 원인임을 정확하게 기술하는 것은 내적 타당도이다. 즉, 내적 타당도는 어떤 연구결과 각 변수 사이의 인과관계를 추론해 보았을 때, 어느 한 쪽의 변수가 다른 쪽 변수의 원인이 되는지를 확신할 수 있는 정도를 말한다.
② 연구결과를 연구조건을 넘어서는 상황이나 모집단으로 일반화하는 정도가 외적 타당도이다. 즉, 외적 타당도는 어떤 연구결과에 기술된 인과관계가 그 연구의 조건을 넘어서서 일반화될 수 있는 정도를 의미한다.
④ 실험대상의 탈락이나 우연한 사건은 내적 타당도 저해요인이다.
⑤ 외적 타당도가 낮더라도 내적 타당도는 높을 수 있다.

➕ 출제빈도

빈출 키워드 〈기출회독〉
038 3회독 시스템으로 합격을 완성하세요.

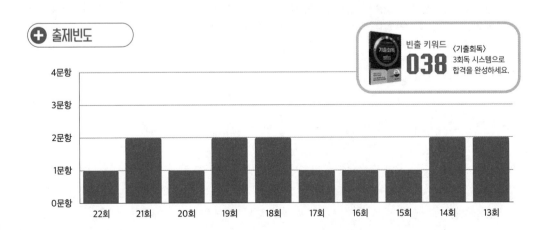

조사설계의 타당도

강의 QR코드

★ 최근 10년간 **15문항** 출제 ★

이론요약

조사설계의 타당도

[기본개념]
사회복지조사론

4장

- 내적 타당도: 어떤 연구결과 각 변수 사이의 인과관계를 추론해 보았을 때, 어느 한 쪽의 변수가 다른 쪽 변수의 **원인이 되는지를 확신할 수 있는 정도**를 말한다. 조사설계에서는 내적 타당도와 외적 타당도 가운데 우선적으로 내적 타당도를 높이는 것이 중요하며, 연구의 내적 타당도는 그 연구가 내적 타당도의 다양한 저해요인을 얼마나 잘 통제했는지 여부에 따라 정해진다.
- 외적 타당도: 어떤 연구결과에 기술된 인과관계가 그 연구의 조건을 넘어서서 **일반화될 수 있는 정도**를 의미한다. 내적 타당도의 핵심이 '인과관계'라면, 외적 타당도의 핵심은 '일반화'이다.

내적 타당도

▶ 내적 타당도 저해요인

- 역사(우연한 사건): **사전–사후 검사 사이에 발생하는 통제 불가능한 사건**이다.
- 성장(성숙, 시간적 경과): **연구 기간 중에 발생하는 개인의 신체적·심리적 성숙**을 말한다.
- 검사(측정, 테스트, 시험효과, 주시험효과): **사전검사가 사후검사에 영향을 미쳐** 변수 간 변화를 초래하는 것이다.
- 도구요인(도구, 도구화): 검사효과를 제거하기 위해 **사전–사후 검사 시 서로 다른 척도를 사용하거나 신뢰도가 낮은 척도를 사용할 경우** 전후 차이가 진정한 변화인지 알 수 없다.
- 통계적 회귀: **종속변수의 값이 지나치게 높거나 지나치게 낮은 사람들을 실험집단으로 선택했을 경우** 다음 검사에는 독립변수의 효과가 없더라도 높은 집단은 낮아지고 낮은 집단은 높아지는 현상을 말한다.
- 피험자의 상실(실험대상의 변동, 탈락, 소멸): 실험과정에서 일부 실험대상자가 이사, 사망, 질병, 싫증 등의 사유로 탈락하는 경우 조사대상의 표본 수가 줄어들면서 잘못된 실험결과가 될 수 있다.
- 선택과의 상호작용: 선택의 편의가 있을 때 잘못된 선택과 역사 또는 성장이 상호작용하여 문제를 일으키는 것이다.
- 인과관계 방향의 모호성: 독립변수와 종속변수 간에 어느 것이 원인인지 불확실해서 인과관계의 방향을 결정하기 어려운 경우가 있다.
- 확산/모방: 실험집단의 효과가 통제집단에 전파되어 두 집단 간의 차이가 약해져 비교가 어려워지는 경우를 말한다.
- 선정상의 편견(편향된 선별, 선택적 편의): 조사대상을 실험집단과 통제집단으로 나눌 때 종속변수에 영향을 미칠 수

있는 요인이 어느 한 집단으로 편향되는 경우이다.

▶ **내적 타당도를 높이는 방법**

• 무작위 할당: 연구대상자들을 실험집단과 통제집단에 유사한 속성으로 배치하는 방법이다.

• 배합/짝짓기: 연구주제에 영향을 미칠 것이라고 여겨지는 속성을 실험집단과 통제집단에 동일하도록 만드는 방법이다.

• 통계적 통제: 통제해야 할 변수들을 독립변수로 간주하여 실험설계에 포함시키고 실험을 실시한 후 결과를 분석함에 있어 통계적으로 그 영향을 통제하는 방법이다.

외적 타당도

▶ **외적 타당도 저해요인**

• 표본의 대표성: 연구결과를 실제 상황에 일반화할 수 있으려면 연구대상이 모집단을 대표해야 한다.

• 연구환경과 절차: 연구의 환경이나 절차들도 모집단의 일반적인 상황과 유사해야 한다.

• 실험조사에 대한 반응성: 조사대상자가 자신이 실험에 참여하고 있다는 것을 의식하지 않아야 한다.

▶ **외적 타당도를 높이는 방법**

• 표본의 대표성: 확률적 표집 또는 무작위 표집으로 대표성을 높일 수 있다.

• 가실험효과 통제: 조사상황을 피험자에게 알리지 않거나 가실험통제집단 설계를 사용한다.

다음 내용이 왜 틀렸는지를 확인해보자

18-02-12

01 사전점수가 매우 높은 집단을 선정하면 내적 타당도를 높일 수 있다.

> 사전점수가 매우 높은 집단을 선정하면 내적 타당도를 저해한다.

15-02-10

02 역사, 성숙, 표본의 대표성, 중도탈락은 조사설계의 내적 타당도 저해요인에 해당한다.

> 표본의 대표성은 조사설계의 외적 타당도 저해요인에 해당한다.

03 사전-사후검사 사이에 발생하는 통제 불가능한 사건으로서 조사기간이 길수록 도구효과의 영향을 받을 가능성은 커진다.

> 사전-사후 검사 사이에 발생하는 통제 불가능한 사건으로서 조사기간이 길수록 우연한 사건(history)의 영향을 받을 가능성은 커진다.

10-02-27

04 사전-사후검사에서 서로 다른 척도를 사용해서 발생하는 타당도 저해요인은 검사효과이다.

> 사전-사후검사에서 서로 다른 척도를 사용해서 발생하는 타당도 저해요인은 도구효과이다.

05 개입의 확산은 사전검사에서 극단적인 점수를 나타내어 사후검사에서는 독립변수의 효과와 무관하게 평균값으로 수렴하는 경향을 의미한다.

> 통계적 회귀는 사전검사에서 극단적인 점수를 나타내어 사후검사에서는 독립변수의 효과와 무관하게 평균값으로 수렴하는 경향을 의미한다.

06 내적 타당도를 높이기 위한 방법으로는 확률적 표집 또는 무작위 표집, 가실험 통제집단 설정 등이 있고, 외적 타당도를 높이기 위한 방법으로는 무작위 할당, 배합 혹은 짝짓기, 통계적 통제, 외생변수의 제거 등이 있다.

> 내적 타당도를 높이기 위한 방법으로는 무작위 할당, 배합 혹은 짝짓기, 통계적 통제, 외생변수의 제거 등이 있고, 외적 타당도를 높이기 위한 방법으로는 확률적 표집 또는 무작위 표집, 가실험 통제집단 설정 등이 있다.

빈칸에 들어갈 알맞은 말을 채워보자

19-02-07
01 (   )을/를 높이기 위해서는 확률표집방법으로 연구대상을 선정하거나 표본크기를 크게 하여야 한다.

14-02-02
02 동일한 프로그램의 효과성이 서울과 제주에서 같지 않은 것은 (   )의 문제이다.

03 내적 타당도의 핵심이 인과관계라면, 외적 타당도의 핵심은 (   )이다.

04 내적 타당도를 저해하는 외적 요인들을 통제하기 위해서는 연구대상자들을 실험집단 및 통제집단에 무작위로 배치하는 (   ) 방법을 사용해야 한다.

07-02-20
05 (   )은/는 피실험자들을 주요 변수에 따라 실험집단과 통제집단에 일일이 일치하도록 배치시키는 방법이다.

06 (   )은/는 동일한 측정도구를 사용하여 두 번 이상 테스트를 실시하는 경우 나타나는 현상을 의미한다.

07 극단적인 측정값을 보이는 대상자를 선정하면 (   )(이)라는 내적 타당도 저해요인이 발생할 가능성이 있다.

08 가실험효과가 발생하는 경우 실험조사에서는 나타났던 결과가 자연적인 상황에서는 나타나지 않을 가능성이 있기 때문에 (   )을/를 떨어뜨리는 요인으로 작용한다.

---

 01 외적 타당도 **02** 외적 타당도 **03** 일반화 **04** 무작위 할당 **05** 정밀배합 **06** 테스트효과/주시험효과/검사효과
07 통계적 회귀 **08** 외적 타당도

다음 내용이 옳은지 그른지 판단해보자

17-02-03

01 내적 타당도를 높이는 중요한 전략 중 하나는 연구를 반복적으로 실시하여 결과를 축적하는 것이다.

14-02-02

02 특정 프로그램의 효과를 확인하기 위해 연구의 외적 타당도를 확보해야 한다.

13-02-12

03 호손효과를 통제하기 위해서는 통제집단을 추가하여 조사결과의 진위여부를 파악할 필요가 있다.

04 내적 타당도를 높이기 위해 철저히 통제된 실험을 하게 되는 경우 내적 타당도는 높아지는 대신, 모집단의 일반적인 상황과는 다르기 때문에 외적 타당도가 떨어질 수 있다.

05 선택의 편의라는 요인과 역사요인 혹은 성숙요인이 상호작용을 일으키는 경우 외적 타당도를 저해할 수 있다.

06 내적 타당도를 높이기 위한 방법 중 하나인 배합은 연구주제에 영향을 미칠 것이라고 여겨지는 속성을 실험집단과 통제집단에 동일하도록 만드는 것이다.

07 초등학교 학생들에 대한 농구교실이 아동의 신장에 미치는 효과를 연구했다면 농구교실이 아동의 성장에 미치는 효과도 있지만 연구기간 동안 아동의 자연 성장, 즉, 내적 타당도 저해요인인 성숙의 결과일 수도 있다.

09-02-07

08 성숙효과는 연구기간 중에 발생하는 개인의 신체적·심리적 성숙을 의미한다.

09 조사대상을 확률적 표집 또는 무작위 표집으로 선정하는 방식으로 대표성을 높이면 외적 타당도를 높일 수 있다.

10 연구대상자들을 실험집단 및 통제집단에 무작위로 배치하여 내적 타당도 저해요인을 통제할 수 있다.

---

 01 × **02** × **03** ○ **04** ○ **05** × **06** ○ **07** ○ **08** ○ **09** ○ **10** ○

(해설) **01** 외적 타당도를 높이는 중요한 전략 중 하나는 연구를 반복적으로 실시하여 결과를 축적하는 것이다.
02 특정 프로그램의 효과를 확인하기 위해서는 연구의 내적 타당도를 확보해야 한다.
05 선택의 편의라는 요인과 역사요인 혹은 성숙요인이 상호작용을 일으키는 경우 내적 타당도를 저해할 수 있다.

	합격족보 필수 키워드	10년간 출제문항수	기출회독 No.
11	강점관점 및 역량강화모델	15	071
12	사례관리의 등장배경 및 주요 특징	15	077
13	서구 사회복지실천의 역사	14	066
14	다양한 면접 기술 및 유의할 점	14	084
15	실천현장의 분류	12	068

➕ 출제비중

『사회복지실천론』 필수 키워드 5개의 회차별 출제비중을 확인해보세요.

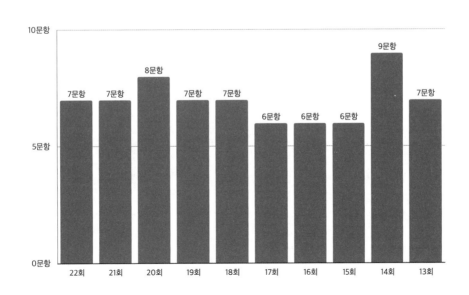

합격족보 필수 키워드 11

keyword	강점관점 및 역량강화모델
sub keywords	강점, 성장, 자기결정, 파트너십, 협동, 자원 사정, 대화단계, 발견단계, 발전단계
focus	강점관점의 주요 특징을 병리관점과 비교하며 정리해두어야 한다. 역량강화모델은 기본적으로 어떤 관점을 취하는지와 함께 강점관점을 기반으로 한 그 특징에 대해 파악해두어야 하며, 각 단계별 과업도 살펴보아야 한다.

21-03-11

다음에서 설명하고 있는 사회복지실천모델은?

- 비장애인이 대부분인 사회에서 장애인 클라이언트의 취약한 권리에 주목하였다.
- 사회복지사와 클라이언트 집단은 장애인의 권익을 옹호하는데 협력하였다.
- 대화, 발견, 발전의 단계를 통해 클라이언트 집단은 주도적으로 불평등한 사회제도를 개선하였다.

① 의료모델
② 임파워먼트모델
③ 사례관리모델
④ 생활모델
⑤ 문제해결모델

정답률 확인	① 1% ② 62% ③ 5% ④ 1% ⑤ 31%

답 ②

➕ 출제빈도

빈출 키워드
071
〈기출회독〉
3회독 시스템으로
합격을 완성하세요.

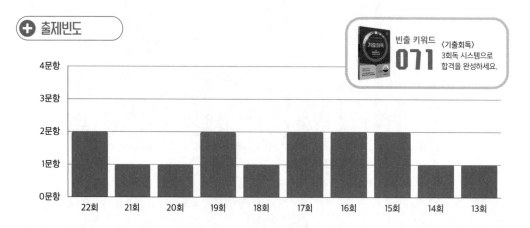

강점관점 및 역량강화모델

강의 QR코드

1회독	**2**회독	**3**회독
월 일	월 일	월 일

★ 최근 10년간 **15문항** 출제 ★

이론요약

강점관점

- 모든 인간은 성장하고 변화할 능력을 이미 내면에 가지고 있다고 보는 관점
- 문제를 <u>도전의 전환점</u> 혹은 <u>성장의 기회</u>로 봄
- 사회복지사와 클라이언트 간 <u>협력적 관계</u> 구축

[기본개념]
사회복지실천론

5장

▶ 병리관점 vs 강점관점

병리관점	강점관점
클라이언트의 병리성을 진단	현재 상황의 극복에 필요한 힘을 사정
병리적 문제의 치료 중심	재능, 자원, 강점 등 역량강화 중심
전문가의 지식, 기술, 판단에 따른 개입	자기결정권 존중, 협력관계 강조
과거, 무의식 분석	현재와 미래에 초점

임파워먼트모델(역량강화모델)의 특징 및 개입과정

▶ 개념 및 특징

- <u>생태체계관점</u>과 <u>강점관점</u>을 이론적 기반으로 함
- 클라이언트의 문제를 자원의 부족 내지는 자원을 이용할 수 있는 능력의 부족으로 보고 역량강화를 통해 스스로 삶을 통제할 수 있도록 하는 데 초점을 둠
- 이 모델에서 클라이언트는 수혜자가 아닌 소비자로 위치하며, **주체성과 자기결정권 등을 가짐**
- 역량강화는 개인, 대인관계, 구조적 차원(= 사회 · 정치적 차원) 등 모든 사회체계 수준에 적용 가능함

▶ 개입과정 및 과업

- **대화단계**: 파트너십의 형성, 현재 상황의 명확화, 방향 설정
- **발견단계**: 강점 확인, 자원의 역량사정, 해결방안 수립
- **발전단계**: 자원 활성화, 기회의 확대, 성공의 확인, 성과의 집대성

다음 내용이 **왜 틀렸는지**를 확인해보자

01 역량강화모델은 클라이언트를 <u>치료해야 할 대상</u>으로 본다.

> 클라이언트를 치료 대상으로 보는 것은 병리관점에 해당한다.
> 역량강화모델은 강점관점을 기반으로 하기 때문에 클라이언트를 치료 대상으로 보지는 않는다.

02 강점 관점은 <u>모든 인간은 성장하고 변화할 능력과 의지가 부족</u>하기 때문에 이러한 생각을 긍정적으로 전환시킴으로써 문제를 해결해나갈 수 있다고 전제한다.

> 강점 관점은 모든 인간은 성장하고 변화할 능력을 이미 내면에 가지고 있다고 보기 때문에 클라이언트 역시 자신의 문제를 해결할 수 있는 잠재력을 이미 갖고 있다고 본다.

`13-03-21`

03 역량강화모델에서 성공의 확인, 기회의 확대 등은 <u>발견단계</u>의 과업에 해당한다.

> 발전단계의 과업에 해당한다.

04 역량강화모델은 문제를 병리로 간주하는 <u>의료모델을 토대로 발전</u>하였다.

> 문제를 병리로 간주하는 의료모델에 대항하며 강점관점이 등장했고, 이러한 강점관점은 역량강화모델의 이론적 기반이 되었다.

`17-03-10`

05 강점관점에서 말하는 클라이언트의 강점은 용기와 낙관주의 같은 <u>개인 내적인 요소로 한정</u>된다.

> 강점은 용기와 낙관주의 같은 개인 내적인 요소뿐만 아니라 타고난 개성이나 재능, 후천적인 노력으로 얻은 자원이나 자산, 환경적 요소, 지지체계 등이 모두 포함된다.

`06-03-06`

06 강점관점에서는 <u>클라이언트의 진술보다 사회복지사의 전문적 판단</u>을 더 중요하게 여긴다.

> 강점관점에서는 클라이언트의 진술을 중요하게 여긴다.

다음 내용이 **옳은지 그른지** 판단해보자

14-03-06
01 강점관점을 기반으로 한 역량강화모델에서는 희망과 용기를 강조한다. ◎ⓧ

16-03-12
02 강점관점은 외상, 학대, 질병 등과 같은 힘겨운 일들을 도전과 기회로 고려한다. ◎ⓧ

19-03-08
03 강점관점은 클라이언트와 협동 작업이 이루어질 때 최선의 도움을 줄 수 있다는 실천원리를 강조한다. ◎ⓧ

17-03-10
04 강점관점에서 클라이언트의 삶의 전문가는 클라이언트이다. ◎ⓧ

18-03-18
05 역량강화의 개입과정: 대화단계 → 발전단계 → 발견단계 ◎ⓧ

06 역량강화모델에서 강점의 확인, 해결방안 수립 등은 발전단계의 과업에 해당한다. ◎ⓧ

13-03-21
07 임파워먼트모델의 발전단계에서 사회복지사는 현재 상황을 명확하게 이해함으로써 방향을 설정해야 한다. ◎ⓧ

08 역량강화모델은 클라이언트가 경험하는 문제와 관련된 역사적, 사회문화적, 정치적 이해관계에도 관심을 둔다. ◎ⓧ

09 임파워먼트모델에서는 클라이언트가 가진 개인적 능력과 자원이 부족하다고 보기 때문에 개인의 자기결정권을 인정하지 않는다. ◎ⓧ

18-03-18
10 임파워먼트모델은 클라이언트의 문제와 부적응에 대한 개입에 초점을 맞춘다. ◎ⓧ

(답) **01**○ **02**○ **03**○ **04**○ **05**✕ **06**✕ **07**✕ **08**○ **09**✕ **10**✕

(해설) **05** 역량강화의 개입과정: 대화단계 → 발견단계 → 발전단계
06 강점의 확인, 해결방안 수립 등은 발견단계의 과업이다.
07 대화단계에서 이루어져야 할 과제이다.
09 임파워먼트모델에서는 클라이언트의 가능성과 잠재력을 강조하며, 부족한 자원을 개입을 통해 보완함으로써 역량을 강화해야 한다고 보며, 개인의 자기결정권을 중요시한다.
10 임파워먼트모델은 클라이언트의 문제와 부적응을 치료하는 것에 초점을 두는 대신, 클라이언트가 가진 가능성과 강점에 초점을 둔다.

합격족보 필수 키워드 12

keyword	사례관리의 등장배경 및 주요 특징
sub keywords	탈시설화, 지방분권화, 클라이언트의 복합적 욕구, 서비스의 조정, 개별화, 포괄성, 지속성, 연계성
focus	사례관리의 등장배경부터 주요 특징, 목적, 원칙 등은 각각 단독으로 출제되기도 하고 종합적인 문제로 출제되기도 한다. 사례관리 자체가 워낙 출제율이 높기 때문에 이에 관한 내용에서만 두 문제씩 출제되기도 하므로 꼼꼼히 살펴봐야 한다.

(21-03-22)

사례관리 등장 배경에 관한 설명으로 옳지 않은 것은?

① 탈 시설화로 인해 많은 정신 장애인이 지역사회 내에서 생활하게 되었다.

② 지역사회 내 서비스 간 조정이 필요하게 되었다.

③ 복지비용 절감에 관심이 커지면서 저비용 고효율을 지향하게 되었다.

④ 인구 · 사회적 변화에 따라 다양하고, 복합적이며 만성적인 욕구를 가진 클라이언트가 증가하였다.

⑤ 사회복지서비스 공급주체가 지방정부에서 중앙정부로 변화하였다.

> **정답률 확인** ① 3% ② 1% ③ 6% ④ 1% ⑤ **89%**

답 ⑤

⑤ 사회복지서비스 전달체계가 중앙정부에서 지방정부로 이양되고 민영화가 진행됨에 따라 지역 내 다양한 서비스를 조정하고 연계할 수 있는 체계에 대한 필요성이 제기되었고 이러한 배경에서 사례관리가 등장하게 되었다.

➕ **출제빈도**

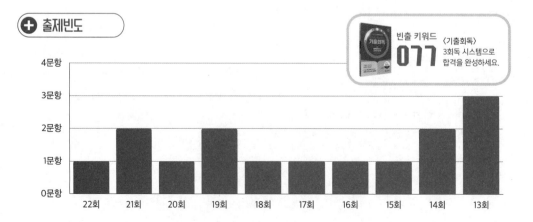

빈출 키워드
077
〈기출회독〉
3회독 시스템으로
합격을 완성하세요.

사례관리의 등장배경 및 주요 특징

강의 QR코드

1회독 > **2**회독 > **3**회독
월 일 | 월 일 | 월 일

★ 최근 10년간 **15문항** 출제 ★

이론요약

사례관리의 정의

- 대인서비스 실천분야에서 복합적 욕구를 지닌 클라이언트에게 포괄적, 통합적으로 개입하여 문제를 해결해나가려는 활동
- 공식적, 비공식적 지원과 활동의 네트워크를 조직 · 조정 · 유지하는 활동
- 개인의 기능 회복 및 증진을 위해 개인과 주변환경을 변화시키기 위한 개입활동

[기본개념]
사회복지실천론

6장

사례관리의 등장배경

- 탈시설화의 영향
- 지방분권화, 민영화에 따라 복잡하고 분산된 서비스의 조정기능 부재
- 만성적이고 복합적인 문제를 가진 클라이언트 증가
- 클라이언트와 그 가족에게 부과되는 과도한 책임
- 비용효과성에 대한 인식 증가(서비스 비용 억제)
- 기존 서비스의 단편성: 통합적이고 체계적인 서비스 제공에 대한 필요성
- 사회적 지원과 사회적 지원망의 중요성에 대한 인식 증가
- 지역사회보호의 필요성 증가 및 재가복지서비스의 활성화

사례관리의 주요 특징

- 개별사회사업과 지역사회복지의 혼합
  - 클라이언트의 욕구충족에 초점
  - 지역사회 차원의 네트워크 및 자원개발 강조
- 욕구 맞춤형 장기 서비스
  - 욕구에 맞는 맞춤형 서비스 제공
  - 대체로 3개월 이상의 서비스가 요구되는 클라이언트 대상
- 환경 속 인간 관점을 바탕으로 한 역량강화를 강조하며, 공식적 · 비공식적 자원 모두 활용
- 사례관리팀을 통한 전문적 서비스
- 다차원적 접근: 간접적 & 직접적, 미시적 & 거시적, 수평적 & 수직적

사례관리의 이론적 기초

생태체계이론, 강점관점, 역량강화모델, 사회적 지지망 이론 등

사례관리의 목적

- 보호의 연속성
  - 횡단적 차원의 연속성: 특정 시점에서 클라이언트의 다양한 욕구를 충족시키기 위해 포괄적 서비스를 제공한다.
  - 종단적 차원의 연속성: 장기간에 걸쳐 변화하는 개인의 욕구에 대해 반응적 서비스를 지속적으로 제공한다.
- 서비스의 통합성 확보
- 서비스에 대한 접근성 제고
- 사회적 책임성 보장

사례관리의 원칙

- **개별화**: 클라이언트 개개인과 그가 갖고 있는 욕구를 적절하게 개발하여 서비스 제공
- 서비스 제공의 **포괄성**: 클라이언트의 다양한 욕구가 모든 분야에 걸쳐 충족될 수 있도록 포괄적인 서비스 제공
- **클라이언트의 자율성** 극대화: 클라이언트가 선택할 자유를 최대화하고, 지나치게 보호하지 않으며, 클라이언트의 자기결정권을 보장
- 서비스 **지속성(연속성)**: 클라이언트의 욕구를 점검하여 일회적이거나 단편적인 서비스에 그치지 않고 지속적으로 서비스가 제공되게 함
- 서비스 **연계성**: 복잡하고 분리되어 있는 서비스 전달체계를 연결
- 서비스의 **접근성**: 클라이언트가 서비스를 이용하는 데 있어 장애가 되는 심리적 조건이나 물리적 요소 혹은 사회문화적·경제적 요소들을 최소화하여 서비스에 대한 접근성을 높임
- 서비스의 **체계성**: 서비스 간 중복을 줄이고 서비스의 비용을 효율적으로 관리하기 위해 서비스와 자원들 간에 조정이 필요함

정답훈련

다음 내용이 왜 틀렸는지를 확인해보자

15-03-18

01 사례관리는 **공공부문의 역할을 확대**하기 위한 목적에서 시작되었다.

> 민영화로 공공 사회복지 부문이 민간으로 이양되면서 민간에서는 분산된 서비스를 조정하고 연계할 장치에 대한 필요성이 제기되었고, 이러한 배경에서 사례관리가 주목받게 되었다.

19-03-20

02 장기보호에서 **단기개입 중심으로 전환**되며 사례관리가 등장하였다.

> 사례관리가 단기개입을 중심으로 하지는 않는다. 사례관리는 복합적인 문제, 다양한 욕구에 맞춤형 서비스를 제공하는 것에 초점이 있으며 이로 인해 장기적 차원으로 이루어진다.

---

03 사례관리는 지역사회 내에 흩어져 있는 전문적 원조활동을 연결하여 제공한다는 점에서 **비공식적 지지체계의 역할을 인식하지 못한다는 단점**이 있다.

> 사례관리는 공식적 지지체계뿐만 아니라 비공식적 지지체계도 적극적으로 활용한다.

---

04 사례관리는 복지서비스 제공의 지방분권화 정책과는 **관련이 없다**.

> 복지서비스가 지방분권화되면서 흩어진 서비스를 통합적으로 관리하고 제공해야 할 필요성이 제기되었다.

06-03-28

05 사례관리에는 자원을 연계하는 간접적 접근보다 **직접적 원조를 더 강조**한다.

> 사례관리에는 직접적 원조도 포함되지만 직접적 원조보다는 자원을 연계하는 간접적 접근을 더욱 중요시한다.

05-03-30

06 사례관리는 장기적 개입으로 **정신분석적 접근에 초점**을 맞춘다.

> 사례관리는 체계이론, 생태체계이론 등을 토대로 한 통합적인 접근이다.

다음 내용이 옳은지 그른지 판단해보자

12-03-19

01 사례관리는 서비스의 접근성 향상, 개인 및 환경의 변화를 위한 노력, 공식·비공식적 자원의 연계 및 조정 등을 특징으로 한다.

11-03-29

02 지역사회보호의 필요성이 증가한 것도 사례관리가 강조된 배경 중 하나이다.

03 사회복지가 민영화되는 과정에서 사례관리는 기관 간 경쟁심을 부추기는 부정적 현상을 낳기도 했다.

13-03-25

04 사례관리는 공적 책임을 강화하기 위해 비공식적 지지망의 활용을 최소화한다.

05 사례관리는 서비스에 대한 클라이언트의 의존성 강화에 초점을 두지는 않는다.

07-03-21

06 사회복지사가 클라이언트의 욕구를 사정하고 계획하는 데 있어서 다양한 서비스 영역을 검토하여 필요한 도움이 누락되지 않도록 한 것은 지속성의 원칙에 해당한다.

07 사례관리는 서비스 제공에 있어 통합성을 높일 수 있는 전략이기는 하지만 접근성을 높이기 위한 전략은 아니다.

13-03-23

08 사례관리는 클라이언트의 다양한 욕구가 여러 분야에서 충족될 수 있도록 포괄성의 원칙을 따라야 한다.

15-03-18

09 사례관리는 클라이언트 중심 서비스로 종결이 어려운 장기적 욕구의 대상자에게 적절하다.

답 01○ 02○ 03× 04× 05○ 06× 07× 08○ 09○

해설 **03** 사례관리는 타 기관의 서비스를 포괄적으로 제공하기 위해 기관 간 연계 및 조정을 기반으로 한다. 기관 간 경쟁심을 부추기는 현상과 연결되지는 않는다.
04 사례관리는 공적 책임의 강화를 목적으로 하지도 않으며, 다양한 공식적·비공식적 자원을 적극적으로 활용한다.
06 포괄성의 원칙에 해당한다.
07 사례관리는 클라이언트가 여러 기관을 찾지 않고도 필요한 서비스를 받을 수 있는 방법이라는 점에서 통합성뿐만 아니라 접근성을 제고할 수 있는 방법이다.

합격족보 필수 키워드 13

keyword	서구 사회복지실천의 역사
sub keywords	자선조직협회, 인보관운동, 리치몬드의 사회진단, 밀포드 회의, 진단주의, 기능주의, 3대 방법론 분화, 통합적 접근 등장
focus	자선조직협회와 인보관운동을 시작으로 3대 방법론 분화와 통합적 접근으로 이어지는 사회복지실천의 발달흐름을 정리해두자. 진단주의와 기능주의의 차이점을 확인하는 문제도 간헐적으로 출제되곤 한다.

`21-03-08`

자선조직협회(COS) 활동에 관한 설명으로 옳지 않은 것은?

① 민간 사회복지기관의 활동을 체계적으로 조정하기 위해 등장하였다.
② 적자생존에 기반한 사회진화론을 구빈의 이론적 기반으로 삼았다.
③ 빈민지역에 거주하며 지역사회 문제에 대한 집합적이고 개혁적인 해결을 강조하였다.
④ 과학적이고 적절한 자선활동을 수행하기 위해 클라이언트 등록체계를 실시하였다.
⑤ 자선조직협회 활동은 개별사회사업의 초석이 되었다.

정답률 확인   ① 3% ② 5% ③ **84%** ④ 6% ⑤ 2%

답 ③

③ 빈민지역에 거주하며 지역사회 문제에 대한 집합적이고 개혁적인 해결을 강조한 것은 인보관운동의 특징이다.

➕ 출제빈도

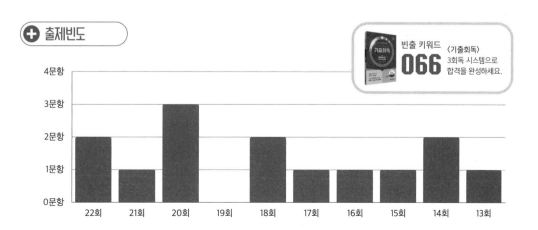

빈출 키워드
066 〈기출회독〉
3회독 시스템으로
합격을 완성하세요.

서구 사회복지실천의 역사

강의 QR코드

1회독	>	**2**회독	>	**3**회독
월 일		월 일		월 일

★ 최근 10년간 **14문항** 출제 ★

이론요약

태동기

▶ 자선조직협회

[기본개념]
사회복지실천론

3장

- 영국: 1869년 런던, 미국: 1877년 뉴욕
- 빈곤을 개인의 문제로 파악
- 가치 있는 빈민과 가치 없는 빈민을 구분하여 선별적 구호활동을 진행
- 기관 간 서비스 조정을 통해 자선의 오남용 및 의존문화를 근절하는 데에 초점
- 사회진화론, 적자생존의 논리
- 기독교적 도덕성 강조
- 중산층 부인이 중심이 된 우애방문원의 가정방문
- 지역사회복지, 사회복지조사, 개별사회사업의 발전에 영향을 줌

▶ 인보관운동

- 영국: 1884년 런던 토인비홀, 미국: 1886년 뉴욕 근린길드(코이트), 1889년 시카고 헐하우스(제인 아담스)
- 빈곤을 사회문제의 산물로 인식
- 빈민지역에 함께 거주
- 교육시설, 문화 프로그램 등 다양한 서비스를 직접 개발·제공
- 빈곤문제를 비롯한 노동착취 문제, 주택 문제, 공공위생 문제 등과 관련된 제도적 개혁을 추구
- 인보관운동의 3R: Residence(거주), Research(연구조사), Reform(개혁)
- 연구와 조사를 바탕으로 사회제도를 개혁해야 하며, 함께 살면서 같이 생활하지 않으면 빈민을 이해하지 못한다는 전제
- 지역사회복지, 집단사회사업의 발전에 영향을 줌

전문직 확립기(~1920)

- 교육 및 훈련제도 채택: 우애방문원에 대한 교육 시작, 플렉스너 비판 이후 17개의 전문사회복지학교 설립
- 보수체계 정립: 무급 자원봉사자인 우애방문원에게 보수 지급
- 사회복지전문직협회 설립
- 메리 리치몬드의 『사회진단』 발간(1917년)을 시작으로 사회복지실천 기초이론 구축

전문직 분화기(~1950)

▶ **사회복지실천 3대 방법론 확립**

- 개별사회사업
- 집단사회사업
- 지역사회조직

▶ **진단주의와 기능주의의 대립**

- 진단주의
  - 프로이트의 **정신분석학을 기반**으로 함
  - 인간은 무의식의 힘에 좌우된다는 기계적·결정론적 관점
  - **병리적 관점**으로 사회복지사가 치료의 중심이 됨
  - **과거 통찰 중심**
- 기능주의
  - 1930년대 **진단주의에 반대**하며 등장
  - 인간에 대한 창의적·의지적·낙관론적 관점
  - **인간의 성장 가능성 강조**
  - 사회복지사는 원조자이며, **변화의 중심과 책임은 클라이언트에게 있음**
  - '**지금-여기**'라는 현재 상황의 현실에 초점
  - 긴급한 문제에 대한 시간제한적 원조

통합기(1950~1970)

※ 1929년 밀포드 회의: 사회복지실천의 공통 요소 정리

- 기존의 전통적 3대 방법론의 한계 대두
- 문제해결모델, 4체계모델, 6체계모델, 단일화모델 등

다양화·확장기(1970년대 이후)

- 1970년대에 들어서면서 다양한 사회복지실천모델에 대한 연구가 활발해짐
- 빈곤뿐 아니라 비행, 장애, 보건, 정신건강 등 다양한 문제에 대한 관심으로 확장
- 병리보다 강점에 초점을 두며 개입전략의 다양성을 강조
- 과제중심모델, 강점관점, 역량강화모델 등의 등장

다음 내용이 **왜 틀렸는지**를 확인해보자

`08-03-06`

01 인보관운동은 <u>수혜자격 심사</u>를 통해 빈민을 지원했다.

> 수혜자격에 대한 심사를 진행한 것은 자선조직협회의 활동에 해당한다.

`16-03-01`

02 <u>기능주의</u>는 과거의 심리사회적 문제가 현재의 기능에 영향을 미친다고 본다.

> 기능주의가 아닌 진단주의에 해당한다.

---

03 우애방문원들의 활동은 <u>빈민 스스로 문제해결의 힘을 갖게 하는 데에 목표</u>를 두고 있었다.

> 우애방문원은 빈민구제에 있어 도덕적 잣대를 적용하여 빈민을 통제하고자 하였다. 우애방문원은 빈민가정을 방문하며 필요한 생활교육을 진행하기도 했지만 이는 근본적으로 그들의 나태함으로 인해 빈곤에서 벗어나지 못하고 있다는 전제를 갖고 있었으며, 문제해결의 힘을 갖게 하기 위한 교육의 의미는 아니었다.

`08-03-07`

04 사회복지 전문직의 분화기에는 진단주의 학파와 기능주의 학파 간 <u>갈등이 해소되었다.</u>

> 사회복지 전문직의 분화기에는 진단주의 학파와 기능주의 학파 간 갈등이 일었다.

`12-03-18`

05 진단주의 학파는 <u>미국의 대공황 이후 등장</u>하였다.

> 진단주의 학파는 1920년대를 전후로 정신분석학의 영향을 받아 발달하였고, 미국의 대공황을 거치면서 1930년대에 기능주의 학파가 등장하였다.

`15-03-01`

06 자선조직협회는 <u>연구와 조사를 통해 사회제도를 개혁해야 한다</u>는 기본개념을 가졌다.

> 연구와 조사를 통해 사회제도를 개혁해야 한다는 기본개념을 가진 것은 인보관 운동이다.

빈칸에 들어갈 **알맞은 말**을 채워보자

01 `02-03-15`
1917년에 발간된 메리 리치몬드의 (   )은/는 사회복지실천에 관한 이론과 방법을 체계화시킨 최초의 책이다.

02 `07-03-01`
1929년 (   )회의에서는 개별사회복지실천 방법론을 기본으로 하여 8가지 사회복지실천의 공통요소를 정리하였다.

03 `16-03-01`
(①   )주의는 과거의 심리사회적 문제가 현재의 기능에 영향을 미친다고 보았으며, 이에 반해 (②   )주의는 인간의 성장가능성과 자유의지를 강조한다.

04 `01-03-04`
세계 최초의 인보관은 1884년에 설립된 영국 런던의 (   )이다.

05 `14-03-15`
자선조직협회는 (①   )사회사업의 발달에, 인보관운동은 (②   )사회사업의 발달에 영향을 미쳤다.

06 자선조직협회는 (   )의 가정방문 활동을 통해 빈곤자들이 빈곤 상태에서 벗어날 수 있도록 원조하였다.

07 자선조직협회와 달리 (   )은/는 사회환경의 중요성과 사회개혁의 필요성을 강조하며 교육 활동을 진행하였다.

08 `11-03-13`
인보관운동의 3R: 거주(Residence), 연구조사(Research), (   )

09 사회복지실천의 발달 과정에서 개별사회사업, 집단사회사업, 지역사회조직론 등 3대 방법론이 확립된 것은 (   )에 해당한다.

답 **01** 사회진단 **02** 밀포드 **03** ① 진단 ② 기능 **04** 토인비홀 **05** ① 개별 ② 집단 **06** 우애방문원 **07** 인보관운동
08 개혁(Reform) **09** 전문직 분화기

다음 내용이 옳은지 그른지 판단해보자

02-03-15
01 1950년대에는 사회복지실천방법을 통합하려는 움직임이 활발해졌다. ◎ⓧ

02 문제해결모델, 4체계모델, 6체계모델, 단일화모델 등은 사회복지실천의 통합적 방법론으로서 제기 된 모델들이다. ◎ⓧ

08-03-07
03 사회복지 전문직의 분화기에는 진단주의 학파와 기능주의 학파 간 갈등이 해소되었다. ◎ⓧ

08-03-06
04 자선조직협회는 수혜자격에 대한 심사를 진행하여 자격 있는 빈민에게 서비스를 제공했다. ◎ⓧ

05 플렉스너는 리치몬드의 『사회진단』을 비판하며 사회복지직은 전문성이 결여되어 있다고 지적했다. ◎ⓧ

06 우애방문원은 지식인층으로 구성되어 빈곤층의 사회문제에 대한 의식화 교육에 힘썼다. ◎ⓧ

07 미국 최초의 인보관은 제인 아담스가 설립한 '헐하우스'이다. ◎ⓧ

12-03-18
08 진단주의 학파는 과거를, 기능주의 학파는 현재를 중시한다. ◎ⓧ

20-03-03
09 자선조직협회의 우애방문원은 사회개혁을 강조하였다. ◎ⓧ

20-03-02
10 기능주의학파는 인간과 환경의 관계를 분석하는 데 초점을 두었다. ◎ⓧ

(답) **01** ○ **02** ○ **03** ✕ **04** ○ **05** ✕ **06** ✕ **07** ✕ **08** ○ **09** ✕ **10** ○

(해설) **03** 사회복지 전문직의 분화기에는 진단주의 학파와 기능주의 학파 간 갈등이 일었다.
05 플렉스너의 사회복지직 전문성에 대한 비판은 1915년이며, 이에 대한 대응으로 리치몬드의 사회진단이 1917년 출간되었다.
06 우애방문원은 중산층 이상의 부인들이 중심으로 구성되어 빈곤가정을 방문하면서 생활에 관한 상담, 교육, 교화 등을 진행하였다. 사회문제에 대한 의식화 교육을 진행하지는 않았다.
07 미국 최초의 인보관은 1886년에 코이트가 설립한 뉴욕의 근린길드이다.
09 사회개혁은 인보관운동의 특징이다.

합격족보 필수 키워드 14

keyword	다양한 면접 기술 및 유의할 점
sub keywords	질문(개방형 질문, 폐쇄형 질문, 폭탄형 질문, 유도형 질문, 왜 질문), 명료화, 해석, 재명명, 직면, 요약, 환기 등
focus	다양한 면접 기술에 대해 출제되고 있다. 다양한 기술들의 특징을 비교해보도록 한 문제에 출제되기도 하며, 각각의 기술이 단독으로 출제되기도 한다. 특히 질문 유형은 각각의 특징을 확인하는 문제로도 출제되지만 사례와 연결하는 문제로도 출제된다. 면접을 위한 장소 및 분위기 연출, 면접자의 태도 등의 내용과 함께 출제되기도 한다.

21-03-04

사회복지실천 면접의 질문기술에 관한 내용으로 옳은 것은?

① 클라이언트가 방어적인 태도를 취할 수 있기에 '왜'라는 질문은 피한다.
② 클라이언트가 자유롭게 대답할 수 있도록 폐쇄형 질문을 활용한다.
③ 사회복지사가 의도하는 특정방향으로 이끌기 위해 유도형 질문을 사용한다.
④ 클라이언트에게 이중 또는 삼중 질문을 한다.
⑤ 클라이언트가 개인적으로 궁금해 하는 사적인 질문은 거짓으로 답한다.

정답률 확인	① 92% ② 2% ③ 3% ④ 2% ⑤ 1%

답 ①

오답노트

② 클라이언트가 자유롭게 대답할 수 있도록 하는 질문은 개방형 질문이다.
③ 사회복지사가 의도하는 특정방향으로 이끄는 유도형 질문은 피해야 한다.
④ 클라이언트에게 이중 또는 삼중 질문을 하는 폭탄형(중첩형) 질문은 피해야 한다.
⑤ 클라이언트가 개인적으로 궁금해 하는 사적인 질문은 진솔하게 답하되 간략히 답하여 면접의 초점이 클라이언트에게 유지될 수 있도록 해야 한다.

➕ 출제빈도

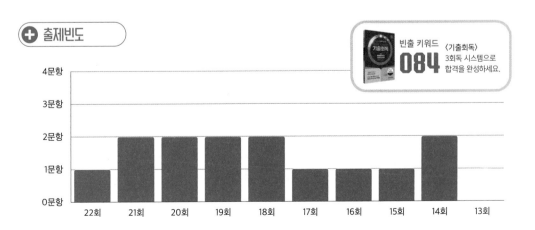

빈출 키워드
084
〈기출회독〉
3회독 시스템으로
합격을 완성하세요.

다양한 면접 기술 및 유의할 점

강의 QR코드

1회독	**2**회독	**3**회독
월 일	월 일	월 일

★ 최근 10년간 **14문항** 출제 ★

이론요약

[기본개념]
사회복지실천론

8장

관찰
• 사회복지실천의 모든 과정 동안 사용하는 기술이다.
• 클라이언트의 말과 행동에 주의를 기울여 클라이언트가 보이는 감정의 차이를 살펴봄으로써 클라이언트를 이해할 수 있다.

경청
• 클라이언트가 무엇을 표현하는지, 감정과 사고는 어떤 것인지를 이해하고 파악하면서 듣는 것을 말한다.
• 클라이언트의 이야기가 길어진다고 해서 너무 자주 끼어드는 것은 좋지 않다.

질문
• 클라이언트로부터 필요한 정보를 얻기 위해 사용하는 기술로 클라이언트의 대화 속도에 맞추어 질문해야 한다.
• 질문은 클라이언트로 하여금 추궁받는다는 느낌이나 공격받는다는 느낌이 들지 않도록 해야 한다.

※ 질문 유형: 폭탄형 질문, 유도형 질문, 왜? 질문 등은 피해야 한다.
  – **개방형 질문**: 원하는 답변을 자유롭게 할 수 있도록 하는 질문
  – **폐쇄형 질문**: 단답형 답변 혹은 '예', '아니요' 대답만 요구하는 질문으로, 사실관계의 확인이 필요할 때 주로 사용
  – **폭탄형(중첩형) 질문**: 질문에 여러 내용이 동시에 담겨 답변하기가 혼란스러울 수 있음
  – **유도형 질문**: 사회복지사가 듣고 싶은 답변을 하도록 이끌기 때문에 답변이 거짓으로 이루어질 수 있음
  – **왜? 질문**: 이유를 따지는 것 같은 느낌이 들어 방어적 태도를 갖게 될 수 있음

기타
• **명료화**: 사회복지사가 클라이언트의 이야기를 제대로 이해했는지를 확인하기 위해 사용한다. 클라이언트의 이야기가 중구난방이거나 모호할 때에 그 내용을 분명하게 정리하기 위해서 사용한다.
• **초점화**: 클라이언트가 두서없이 말을 장황하게 하거나 어떤 주제를 회피하고자 할 때, 혹은 클라이언트의 표현이 산만하고 혼란스러울 때 원래 주제에 초점을 맞춘다.
• **직면하기**: 클라이언트의 말과 행위 사이의 불일치, 표현한 가치와 실행 사이의 모순을 인식할 수 있도록 이끈다.

- 도전하기: 클라이언트가 문제를 문제로 인식하지 않을 때나 문제를 왜곡할 때 등에 회피하지 않고 직시할 수 있게 한다.
- 해석하기: 클라이언트의 이야기를 분석하여 관련된 이론, 전문가적 경험 등에 따라 상황의 가설을 세우고 접근방법을 제안하기도 하며, 클라이언트의 행동 등에 대한 문제 요인을 알려주기도 한다.
- 환언하기: 클라이언트가 한 이야기의 내용을 사회복지사가 다른 표현으로 바꾸어 진술하는 것이다.
- 환기하기: 클라이언트가 의식하지 못한 분노, 증오, 슬픔, 불안 등을 자유롭게 드러낼 수 있게 이끈다.
- **지지하기**
  - 재보증(안심): 클라이언트의 능력에 대해 사회복지사가 신뢰를 표현함으로써 클라이언트가 보이는 불안을 제거하고 위안을 준다.
  - 격려: 클라이언트가 자신감이 없거나 자존감이 낮아 어떤 행동을 주저할 때 그 행동을 해낼 수 있도록 하는 것이다.

정답훈련

다음 내용이 **왜 틀렸는지**를 확인해보자

`10-03-28`

01 면접에서 사회복지사는 클라이언트가 하고 싶어 하는 이야기는 **시간에 관계없이** 경청해야 한다.

> 면접은 시간제한을 두고 주어진 시간 내에 목적을 달성할 수 있도록 초점을 맞추어 진행하는 것이 필요하다.

`10-03-28`

02 면접에서 클라이언트가 상반된 이야기를 하더라도 관계 형성을 위해 **그대로 진행**한다.

> 클라이언트가 상반된 이야기를 할 때에는 클라이언트가 자신의 모순을 인식할 수 있도록 돕거나 클라이언트의 진의를 파악할 수 있도록 해야 한다.

---

03 면접에 있어 **폐쇄형 질문**, 폭탄형 질문, 왜 질문 등의 질문 유형은 피해야 한다.

> 폐쇄형 질문은 사실 관계를 간단히 확인할 때에 사용할 수 있는 질문 유형으로 피해야 할 질문 유형은 아니다.

`14-03-09`

04 클라이언트가 지나치게 말을 많이 하는 경우, **폐쇄형 질문만을 사용하여 초점을 모으는 것이 필요하다**.

> 클라이언트가 두서없이 말을 장황하게 하거나 주제에서 벗어날 때는 초점화 기술을 사용한다.

`20-03-20`

05 **폐쇄형 질문**은 클라이언트의 상세한 설명과 느낌을 듣기 위해 사용한다.

> 클라이언트의 상세한 설명과 느낌을 듣기 위해서는 개방형 질문을 한다.

---

06 직면 기술은 클라이언트의 모순을 짚어주는 기술로 사회복지사와 클라이언트 간 **관계형성의 초기에 사용하면 신뢰형성에 도움이 된다.**

> 직면 기술의 경우 잘못 사용하면 클라이언트가 공격당한다는 느낌을 받게 되거나 위축될 수도 있기 때문에 관계의 초기에 무분별하게 사용하는 것은 주의해야 한다.

빈칸에 들어갈 알맞은 말을 채워보자

01 (　　　　　　) 기법은 클라이언트의 진술에 일관성이 없거나 모호한 경우에 분명하고 구체적인 내용을 파악하기 위한 방법이다.

02 (　　　　　　) 기법은 클라이언트가 말하는 내용이 원래 주제에서 크게 벗어나는 경우 원래 주제를 다시 인식시켜 면접을 효율적으로 진행하기 위한 방법이다.

14-03-10
03 "결혼하셨습니까?"라는 질문 유형은 (　　　　　　)형 질문에 해당한다.

09-03-21
04 "폭력을 당하신 부위는 어디였고, 그때 옆에 누가 계셨나요?"라는 질문은 (　　　　　　) 질문 유형에 해당한다.

09-03-21
05 "아드님과 평소에 관계가 좋지 않으셨죠?"라는 질문은 (　　　　　　) 질문 유형에 해당한다.

04-03-29
06 (　　　　　　) 기술은 클라이언트가 자신에 대한 솔직한 심정을 피하기 위해 왜곡된 행동을 보일 때에 실시하여 클라이언트가 보이는 모순을 인식할 수 있도록 돕는다.

07 (　　　　　　) 기술은 클라이언트의 진술내용에 대해 사회복지사가 자신의 표현으로 바꾸어 말함으로써 진술내용의 의미를 제대로 파악하고 있는지 확인하는 것이다.

08 (　　　　　　) 기술은 면접의 전 과정에서 기본이 되는 기술로, 클라이언트의 표정이나 몸짓 같은 비언어적 표현에 주의를 기울여야 함을 강조한다.

18-03-24
09 "그 상황에서 선생님의 기분은 어떠하셨나요?"라는 질문은 (　　　　　　)형 질문에 해당한다.

답 **01** 명확화(명료화) **02** 초점화 **03** 폐쇄 **04** 중첩형(폭탄형, 복합) **05** 유도형 **06** 직면 **07** 환언 **08** 관찰 **09** 개방

합격족보 필수 키워드 15

keyword	실천현장의 분류
sub keywords	생활시설, 이용시설, 공공기관, 민간기관, 1차현장, 2차현장
focus	실제 시설들을 생활시설과 이용시설 혹은 1차 현장과 2차 현장으로 구분할 수 있는지를 확인하는 문제들이 출제되고 있다. 문제의 선택지에 어떤 시설들이 구성되었는지에 따라 정답률이 차이를 보이고 있기 때문에 다양한 시설들의 기능과 성격을 파악해두는 것이 필요하다.

【21-03-13】

사회복지 실천현장과 분류의 연결로 옳지 않은 것은?

① 사회복지관 – 1차 현장
② 종합병원 – 2차 현장
③ 발달장애인지원센터 – 이용시설
④ 노인보호전문기관 – 생활시설
⑤ 사회복지공동모금회 – 비영리기관

정답률 확인 ① 1% ② 7% ③ 8% ④ **64%** ⑤ 20%

답 ④

④ 노인보호전문기관은 노인복지법에 따라 국가 및 지방자치단체가 노인학대 관련 문제에 관한 지역 간 연계체계를 구축하고 노인학대를 예방하기 위해 설치·운영하는 기관이다. 노인학대 신고전화 운영 및 사례접수, 현장조사, 상담 및 사례관리가 주된 사업이기 때문에 이용시설에 해당한다.

➕ 출제빈도

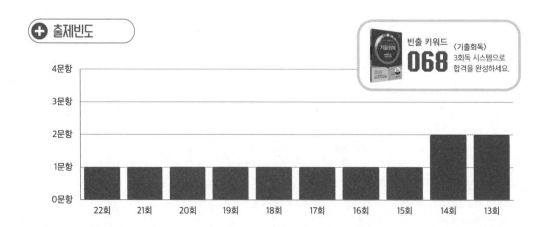

빈출 키워드 〈기출회독〉
068 3회독 시스템으로 합격을 완성하세요.

실천현장의 분류

강의 QR코드

1회독	**2**회독	**3**회독
월 일	월 일	월 일

★ 최근 10년간 **12문항** 출제 ★

이론요약

기관의 기능에 따른 분류

▶ **1차 현장**
- 사회복지서비스 제공이 기관의 주된 기능
- 지역사회복지관, 노인복지관, 지역아동센터, 자활지원센터 등

▶ **2차 현장**
- 기관의 일차적인 기능은 따로 있으며, 필요에 의해 사회복지서비스를 제공하는 것
- 의료기관, 교정시설, 학교사회복지, 동주민센터, 어린이집(보육시설) 등

주거서비스 제공 여부

▶ **생활시설**
- 주거서비스를 포함한 사회복지서비스를 제공하는 기관
- 장애인거주시설, 아동양육시설, 청소년쉼터, 치매요양센터, 그룹홈

▶ **이용시설**
- 주거서비스를 제공하지 않음
- 사회복지관, 장애인복지관, 청소년상담센터, 주간보호센터

기관 설립주체 및 재원조달방식

▶ **공공기관**
- 정부 또는 정부 지원에 의해 운영되는 기관
- 행정체계와 집행체계로 나뉨

▶ **민간기관**
- 사회복지 관련 사업을 목적으로 하는 기관
- 기부금이나 후원금·재단 전입금, 기타 서비스 이용료를 재원으로 함
- 사회복지법인이나 재단법인, 사단법인, 종교단체, 시민단체 등

[기본개념]
사회복지실천론

4장

서비스 제공방식

- 직접서비스기관: 지역사회복지관, 아동양육시설, 지역자활센터 등 클라이언트에게 **사회복지서비스를 직접 제공**하는 기관
- 간접서비스기관: 자원봉사센터, 사회복지공동모금회, 사회복지협의회 등 클라이언트에게 **서비스를 직접 제공하지 않지만** 사회복지서비스와 관련된 기관

정답훈련

다음 내용이 왜 틀렸는지를 확인해보자

01 공공시설은 1차 현장, 민간시설은 2차 현장으로 구분한다.

> 1차 현장, 2차 현장의 구분은 기관의 기능에 따른 구분이다.

`04-03-27`
02 가정폭력피해자보호시설(쉼터)은 **이용시설**에 해당한다.

> 가정폭력피해자보호시설(쉼터)은 주거 서비스를 제공하기 때문에, 즉 클라이언트가 시설에 입소하여 서비스를 받기 때문에 생활시설에 해당한다.

`12-03-12`
03 정신건강복지센터는 **1차 현장이며 이용시설**이다.

> 정신건강복지센터는 2차 현장이며 이용시설이다.

04 재가노인복지시설은 이용시설이며, **노인주간보호센터는 생활시설**이다.

> 노인주간보호센터는 이용시설로 재가노인복지시설 중 주간서비스를 제공하는 시설이다. 부득이한 사유로 가족이 보호할 수 없는 낮 시간 동안 시설에서 제공하는 서비스를 받을 수 있다.

05 사회복지관은 1차 현장이지만, 노인복지관, 장애인복지관, 아동복지관 등은 **2차 현장**에 해당한다.

> 노인복지관, 장애인복지관, 아동복지관 등은 대상에 따라 특화된 복지관일 뿐 모두 1차 현장에 해당한다.

06 사회복지공동모금회, 자원봉사센터, **지역자활센터** 등은 간접서비스기관이다.

> 지역자활센터는 기초생활 수급자 및 차상위계층, 저소득층 주민들에게 직업훈련, 자활교육, 직업알선 등의 서비스를 지원하는 직접서비스기관이다.

빈칸에 들어갈 알맞은 말을 채워보자

01 학교, 보호관찰소, 의료기관 등 기관의 일차적인 기능은 따로 있으며, 필요에 의해 사회복지서비스를 제공하는 기관을 (　　　　　)차 현장이라고 한다.

02 사회복지관이나 지역아동센터처럼 주거서비스를 제공하지 않는 시설을 (　　　　　)시설이라고 한다.

03 (　　　　　)시설은 주거서비스를 포함한 사회복지서비스를 제공하는 시설을 말한다.

12-03-12

04 청소년쉼터는 (① 　　　　　)차 현장이며 (② 　　　　　)시설이다.

05 아동양육시설은 (① 　　　　　)차 현장이며, 영유아 어린이집은 (② 　　　　　)차 현장이다.

09-03-02

06 노인복지관은 재가노인서비스를 제공하는 (　　　　　)시설이다.

07 이용자에게 사회서비스를 직접 제공하는 기관이 직접 서비스 기관이라면, 사회복지공동모금회나 자원봉사센터와 같이 서비스를 직접 제공하지 않으면서도 사회복지의 실현을 위해 운영되는 기관을 (　　　　　) 서비스 기관이라고 한다.

17-03-02

08 기관의 설립주체에 따라 구분할 때 지역사회보장협의체는 공공기관이며, 한국사회복지사협회는 (　　　　　) 기관이다.

18-03-04

09 장애인복지관, 노인복지관, 지역아동센터는 (① 　　　　　)차 현장이면서 (② 　　　　　)시설이다.

03-03-08

10 모자가족복지시설은 (① 　　　　　)차 현장이고, 보건소는 (② 　　　　　)차 현장이다.

답 **01** 2 **02** 이용 **03** 생활 **04** ①1②생활 **05** ①1②2 **06** 이용 **07** 간접 **08** 민간 **09** ①1②이용 **10** ①1②2

4영역　사회복지실천기술론

	합격족보 필수 키워드	10년간 출제문항수	기출회독 No.
16	가족 관련 개념 및 특성	15	108
17	해결중심 가족치료	14	115
18	위기개입모델	13	107
19	인지행동모델의 개입기법	11	102
20	집단 준비단계(계획단계)	10	121

➕ 출제비중

『**사회복지실천기술론**』 필수 키워드 5개의 회차별 출제비중을 확인해보세요.

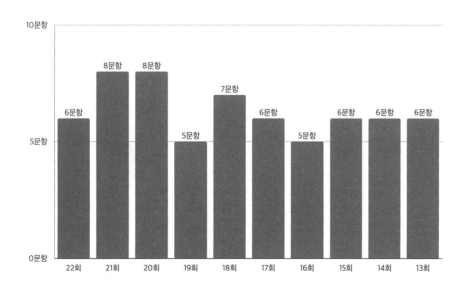

합격족보 필수 키워드 16

keyword	가족 관련 개념 및 특성
sub keywords	가족체계, 역동성, 가족항상성, 경계, 하위체계, 순환적 인과성, 환류, 비총합성
focus	가족이 체계로서 갖는 특징과 다양한 개념들에 대해 정리해두어야 하며, 현대 가족의 특징도 같이 살펴보자. 각각의 문제로 출제되기도 하지만 한 문제에서 가족의 특징, 체계적 개념, 현대 가족의 변화 양상 등이 한꺼번에 다뤄지기도 한다.

21-04-12

가족개입을 위한 전제조건에 관한 설명으로 옳지 않은 것은?

① 한 사람의 문제는 가족성원 모두에게 영향을 미친다.
② 한 가족성원의 개입노력은 가족 전체에 영향을 준다.
③ 가족성원의 행동은 순환적 인과성의 특성을 갖는다.
④ 가족문제의 원인은 단선적 관점으로 파악한다.
⑤ 한 가족성원이 보이는 증상은 가족의 문제를 대신해서 호소하는 것으로 본다.

정답률 확인	① 1% ② 1% ③ 2% ④ **91%** ⑤ 5%

답 ④
가족 간의 상호작용으로 인해 원인이 결과를 만들어내지만 그 결과가 또 다른 원인이 되는 연쇄적인 순화관계를 설명하는 것이 순환적 인과성이다. 이러한 순환적 인과성으로 인해 문제의 원인보다 문제가 유지되는 가족 간의 상호작용에 초점을 두는 것이 필요하다.

➕ **출제빈도**

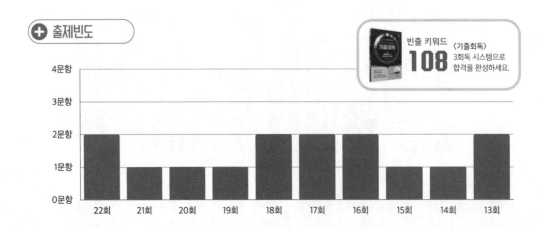

빈출 키워드 〈기출회독〉
108
3회독 시스템으로
합격을 완성하세요.

기출회독
108

가족 관련 개념 및 특성

강의 QR코드

1회독   월   일   **2**회독   월   일   **3**회독   월   일

★ 최근 10년간 **15문항** 출제 ★

이론요약

체계로서의 가족

[기본개념]
사회복지실천기술론

7장

- 가족은 가족구성원 개개인으로 구성된 전체이며, 지역사회를 구성하고 이에 적응하는 부분으로서의 체계(system)이며 가족은 사회체계의 한 유형이다.
- **전체로서의 가족은 각 부분의 합 이상이다.**(비총합성의 원리)
- 가족은 큰 사회의 하위체계이다. 동시에 가족 내에 많은 하위체계들이 존재한다. 이러한 체계들은 상호작용하면서 에너지를 교환한다.
- **가족은 규칙에 따라 움직인다.**
- **가족 내 한 구성원의 변화는 모든 가족성원에게 영향을 미친다.**

가족체계의 역동성

- 가족구성원 모두는 가족 내에서 다른 가족원에게 일어나는 일의 영향을 받는다.
- 가족구성원 각자와 전체로서의 가족은 가족을 둘러싼 다른 많은 환경체계의 영향을 받는다.

가족체계와 관련된 주요 개념

▶ 가족항상성

- 가족이 구조와 기능에 있어 균형을 유지하려는 속성
- 가족은 위기상황 이후에 원래의 기능으로 되돌아가려는 경향을 보일 수 있음 → 사회복지사는 가족의 새로운 균형상태를 원조

▶ 가족 내부경계

- **경직된 경계**: 가족 간의 경계가 단절되어 필요한 상호작용과 의사소통이 이루어지지 않음
- **명확한 경계**: 유연하고 융통성 있는 경계로 적절히 상호작용하면서 개인의 자율성을 인정함
- **혼돈된 경계**: 가족 간의 경계가 지나치게 밀착되어 개개인의 자율성과 독립성이 결여됨

▶ 가족 외부경계

- **폐쇄형**: 외부와의 경계가 엄격하게 제한되어 외부와 상호작용하지 않음
- **개방형**: 가족규칙의 범위 내에서 외부와 유동적으로 상호작용함
- **방임형**: 외부와의 경계가 모호하여 상호작용에 제한이 없으며, 가족 경계선의 방어가 없음

▶ 하위체계

- 부부 하위체계, 부모 하위체계, 부모─자녀 하위체계, 형제자매 하위체계 등
- 건강한 가족은 하위체계 간 경계가 혼돈되지 않고 분명함

▶ 순환적 인과성

- 모든 행위는 다른 행위의 한 원인이 되면서 동시에 결과가 됨
- 문제의 원인이나 근원보다는 **문제를 유지하는 가족의 상호작용에 초점**을 둠
- **"무엇"을 하느냐에 초점**: 문제의 원인(왜?)보다는 문제를 유지시키는 가족의 상호작용(무엇을)에 초점을 둠

▶ 환류고리

가족은 의사소통과 환류를 통해 현재의 평형상태를 유지하려고 함

- 정적 환류: 한 성원이 새로운 행동을 했을 때 정적 환류는 그 변화행동을 확대, 강화시킴
- 부적 환류: 한 성원이 새로운 행동을 했을 때 부적 환류는 그 변화행동을 저지, 중단시킴

가족의 구조 및 기능상의 변화

- 다양한 형태의 가족 유형 증가: 전통적 확대가족이 분화되면서 수정확대가족, 핵가족, 노인가족 등이 증가하고 있으며, 이혼율 증가와 함께 한부모가족, 재혼가족도 증가하고 있다. 국제결혼 증가에 따라 다문화가족도 증가하고 있다.
- 가족구조의 단순화 및 가족규모의 축소
- 가족생활주기의 변화
- 전통적 기능의 축소
- 기혼여성의 사회활동 참여 증가에 따른 가사노동 분업

정답훈련

다음 내용이 왜 틀렸는지를 확인해보자

01 가족 대상 실천은 가족원 중 **문제의 원인 제공자를 확인**하는 것이 주요 목표이다.

> 가족의 문제는 순환적 인과관계가 있으므로 문제의 원인을 찾는 것보다 문제가 유지되는 가족의 상호작용에 초점을 둔다.

`13-04-09`

02 가족 내에서 가족원들은 저마다 공식적, 비공식적 **역할들이 고정되어 있다.**

> 가족원들은 가족 내에서 저마다의 역할을 수행하게 되는데 이는 생애 사건, 가족생활주기 등 다양한 영향을 받으며 변화한다.

`21-04-12`

03 가족개입에 있어 가족문제의 원인은 **단선적 관점**으로 파악해야 한다.

> 가족문제의 원인은 순환적 관점으로 파악해야 한다.

`11-04-28`

04 가족응집력이 높을수록 가족구성원들의 **독립성과 자율성이 커진다.**

> 가족응집력이 지나치게 높으면 가족구성원 간 밀착관계가 형성되어 독립성과 자율성이 결여될 수 있다.

`15-04-02`

05 부모−자녀 관계는 **밀착된 경계를 가진 관계일수록 기능적**이다.

> 지나친 밀착 관계에서는 독립심과 자율성이 결여될 수 있다는 점에서 역기능적이다.

`16-04-05`

06 순환적 인과성은 가족체계 내 문제가 **세대 간 전이를 통해 나타남**을 의미한다.

> 순환적 인과성은 세대 간 전이의 개념은 아니다. 현재 가족원 사이에서 상호영향을 줌으로써 문제가 지속되는 현상을 일컫는 개념이다.

다음 내용이 옳은지 그른지 판단해보자

01 현대사회의 가족복지정책은 전통적인 가족 기능을 유지하고 강화하는 데에 중점을 두고 있다. ⊙ⓧ

`07-04-06`
02 독신가족, 동거가족, 다문화가족 등 다양한 가족의 형태가 증가하고 있다. ⊙ⓧ

03 현대사회에서 다양한 가족 형태가 나타나고 있지만 그렇다고 해서 가족생활주기가 바뀌는 것은 아니다. ⊙ⓧ

`12-04-20`
04 현대사회에서는 자녀의 결혼시기가 늦어짐에 따라 빈둥지 시기도 늦춰지고 있다. ⊙ⓧ

`12-04-20`
05 현대사회에서는 단독가구 및 무자녀가구가 증가하면서 비전통적인 가족 유형이 늘고 있다. ⊙ⓧ

`10-04-01`
06 과거에 가족이 수행했던 기능이 상당 부분 사회로 이양되었다. ⊙ⓧ

07 여성들의 경제활동참가율 증가가 가족의 구조 및 기능 변화에 영향을 미친 것은 아니다. ⊙ⓧ

`17-04-10`
08 1차 수준 사이버네틱스는 전문가가 가족 내부의 의사소통과 제어과정을 객관적으로 발견할 수 있다는 개념이다. ⊙ⓧ

`17-04-10`
09 환류고리를 통해 가족규범이 유지되거나 변화되는 과정을 설명할 수 있다. ⊙ⓧ

`10-04-13`
10 가족체계의 순환적 인과성 개념은 가족 문제의 원인을 단편적으로 파악하여 개입을 용이하게 한다. ⊙ⓧ

(답) 01✕ 02○ 03✕ 04○ 05○ 06○ 07✕ 08○ 09○ 10✕

(해설) **01** 현대사회의 가족복지정책은 약화된 가족의 기능을 보완하고 지원하기 위한 방향으로 진행되고 있다.
03 가족생활주기는 가족 형태에 따라 다르게 나타난다.
07 여성들의 경제활동참가율 증가로 맞벌이 가구가 증가하게 되면서 가족의 구조 및 기능 변화에도 영향을 주었다.
10 순환적 인과성은 모든 행위는 다른 행위의 한 가지 원인이 되면서 동시에 결과가 된다고 보는 것이다. 이 개념을 가족문제에 적용하면 문제의 원인과 결과를 단편적으로 파악하는 것이 아니라 가족의 상호작용을 통해 문제가 유지되는 양상에 초점을 두고 개입하게 되는 것이다.

합격족보 필수 키워드 17

keyword	해결중심 가족치료
sub keywords	탈이론, 비규범, 현재와 미래 강조, 질문 유형, 예외질문, 기적질문, 척도질문, 대처질문, 관계성질문
focus	해결중심 단기가족치료모델은 주로 이 모델의 특징을 파악하는 문제가 출제되었는데, 사회구성주의에 기반한 탈이론적이고 비규범적 모델이라는 특징은 특히나 자주 등장했다. 다양한 질문 유형을 사례와 함께 연결해보는 문제도 출제율이 높다.

21-04-03
해결중심모델에 관한 설명으로 옳은 것은?

① 클라이언트에게 대처행동을 가르치고 훈련함으로써 부적응을 해소하도록 한다.
② 탈이론적이고 비규범적이며 클라이언트의 견해를 존중한다.
③ 문제의 원인을 클라이언트의 심리 내적 요인에서 찾는다.
④ 클라이언트의 문제를 자원 혹은 기술 부족으로 본다.
⑤ 문제와 관련이 있는 환경과 자원을 사정하고 개입 방안을 강조한다.

정답률 확인 ① 20% ② 43% ③ 7% ④ 11% ⑤ 19%

답 ②
해결중심모델은 문제가 무엇인지, 혹은 문제의 원인이 무엇인지를 밝힐 필요는 없다고 본다. 클라이언트의 자원과 기술을 발견하여 치료에 활용하고 클라이언트가 스스로 문제해결 방안을 찾을 수 있도록 돕는다. 클라이언트의 이야기에서 문제 해결의 실마리를 찾으며 이를 과제로 연결해 제안하는 방식으로 진행된다.

➕ 출제빈도

빈출 키워드
115 〈기출회독〉
3회독 시스템으로
합격을 완성하세요.

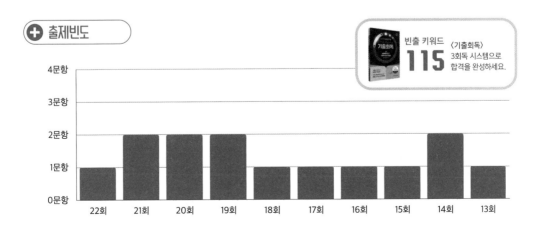

해결중심 가족치료

강의 QR코드

1회독 > **2**회독 > **3**회독
월 일 │ 월 일 │ 월 일

★ 최근 10년간 **14문항** 출제 ★

이론요약

주요 원칙 및 특징

- **탈이론적, 비규범적 모델**
- 클라이언트의 견해 존중, **협력관계** 강조
- 가족이 원하는 해결에 초점을 둔 **단기개입**
- 미래지향적 모델: 과거가 아닌 **현재와 미래에 초점**
- 클라이언트에 대한 **'알지 못함'**의 자세 강조
- 건강한 것에 초점: **장애나 결함 등은 되도록 다루지 않음**
- **'반복적으로 잘못 다룬 것'**을 문제로 봄
- **파문 효과**를 통해 가족문제가 해결될 수 있다고 봄
- 클라이언트의 강점, 자원, 기술, 개성 등을 발견하여 치료에 활용
- 변화를 해결책으로 활용: **변화는 불가피한 것**
- 클라이언트는 이미 해결책을 갖고 있음: 성공 경험, 예외 상황 등을 해결책으로 활용
- 사회복지사는 방문형 클라이언트, 불평형 클라이언트가 고객형 클라이언트로 전환될 수 있도록 해야 함
- 치료목표는 달성할 수 있는 작은 것부터 세워나가며, 그 방법도 단순하고 간단한 것에서부터 시작
- 단기간에 경제적인 해결을 추구하기 때문에 **임시대응적이라는 비판**도 있음

[기본개념]
사회복지실천기술론

9장

중심철학

- 내담자가 문제 삼지 않는 것은 건드리지 말라.
- 일단 무엇이 효과가 있는지를 알면 그것을 더 많이 하라.
- 그것이 효과가 없다면 다시는 그것을 하지 말고 다른 것을 행하라.

개입목표와 원조방향

- 개입목표는 도움을 받으러 온 가족으로 하여금 그들 자신의 생활을 보다 만족스럽게 하기 위해서 **현재하고 있는 것과는 다른 것을 하거나 생각해내도록** 하여 현재 가족이 가지고 있는 문제를 해결하는 것이다.
- 사회복지사는 직접적으로 무엇을 하라고 지시하고 가르치기보다는 **가족들 스스로 문제해결의 방안을 찾아내고 사용할 수 있도록 원조**한다.

목표설정의 원칙

- 클라이언트에게 중요한 것
- 쉽게 성취할 수 있는 작은 것
- 구체적이고 명확하고 **행동적인 것**
- 문제를 없애는 것이 아닌 **조금 더 나아지는 것**
- 지금-여기에서 시작. 즉 **현재 단계에서 필요한 것**
- 실현가능하고 성취가능한 것
- **목표를 수행하기 위한 노력 그 자체가 성공의 시작**

대표적인 질문 기법

- **치료면담 전 변화에 대한 질문**: 면담 예약 후 당일 사이의 변화 확인 → 변화를 스스로 파악할 수 있게 함
- **예외질문**: 실패경험이 아닌 **성공경험을 확인**하기 위해 실시 → 성공경험을 확장하도록 해야 함
- **대처질문(극복질문)**: 상황이 더 나빠지지 않게 했던 클라이언트의 **노력을 확인**하는 질문 → **강점과 자원** 파악
- **기적질문**: **문제가 해결된 상태를 상상**하게 하는 질문 → 상상을 현실로 연결할 수 있게 해야 함
- **척도질문**: **구체적인 숫자**로 문제의 심각도, 변화의지 등을 표현하게 함 → 과거가 아닌 현재와 미래에 초점을 둘 수 있게 해야 함
- **관계성 질문**: 클라이언트와 **중요한 관계에 있는 사람(부모, 친구 등)의 시각**에서 클라이언트의 문제를 보게 하는 질문 → 새로운 가능성을 탐색할 수 있게 함

빈칸에 들어갈 알맞은 말을 채워보자

※ 각각에 해당하는 해결중심모델의 질문 유형은?

`12-04-02`

01 "어려운 상황 속에서도 더 나빠지지 않고 견뎌낼 수 있었던 것은 무엇 때문이라고 생각하십니까?"
– (   )질문

`07-04-20`

02 남편이 매일 술을 마신다고 상담해 온 클라이언트에게 "남편이 술을 마시지 않는 때는 언제인가요?"
– (   )질문

`10-04-11`

03 "이처럼 어려운 상황에서도 어떻게 지금까지 견디어 올 수 있었나요?" – (   )질문

`10-04-11`

04 "처음 상담에 오셨을 때가 0점이고 개입목표가 달성된 상태를 10점이라고 한다면, 지금 당신의 상태는 몇 점입니까?" – (   )질문

`10-04-11`

05 "문제가 해결된다면 이를 어떻게 알 수 있나요?" – (   )질문

`14-04-06`

06 "당신 아버지께서는 문제가 해결된 상황에 대해 어떤 말씀을 하실까요?" – (   )질문

`05-04-20`

07 "어느 날 밤, 당신이 자고 있을 동안 기적이 일어나 꿈꾸던 대로 결혼생활이 완벽해졌습니다. 아침에 일어났을 때 결혼생활은 어떻게 달라졌을까요?" – (   )질문

`09-04-09`

08 "아버지가 술만 마시면 심하게 때리고, 그게 너무 고통스럽고 견디기 어려워 그 수준이 10점인 날들의 연속이라고 했지? 그런데 혹시 때리지 않는 날도 있니?" – (   )질문

답 **01** 대처(극복) **02** 예외 **03** 대처 **04** 척도 **05** 기적 **06** 관계성 **07** 기적 **08** 예외

다음 내용이 옳은지 그른지 판단해보자

01 해결중심모델은 단기개입을 추구한다. ◎ ⊗

02 해결중심모델은 이론적 바탕을 강조한다. ◎ ⊗

`15-04-05`
03 해결중심모델에서는 변화는 항상 일어나며 불가피한 것으로 간주한다. ◎ ⊗

04 해결중심모델은 해결방안을 발견하고 구축하는 개입과정에서 클라이언트의 협력을 중시한다. ◎ ⊗

05 해결중심모델에서는 목표를 크게 잡아 성공에 따른 성취감을 극대화하는 데에 초점을 둔다. ◎ ⊗

`16-04-14`
06 해결중심모델에서는 목표를 문제해결의 시작으로 간주한다. ◎ ⊗

`15-04-05`
07 해결중심모델은 문제의 원인 규명에 초점을 둔다. ◎ ⊗

08 해결중심모델은 지금 현재에 필요한 것, 할 수 있는 것을 강조한다. ◎ ⊗

`10-04-10`
09 해결중심모델은 클라이언트의 자원, 성공경험에 초점을 두며, 사회복지사의 자문가 역할이 강조된다. ◎ ⊗

`19-04-12`
10 "잠이 안 와서 힘들다고 하셨는데, 잠을 잘 잤다고 느낄 때는 언제일까요?"라는 질문은 기적질문에 해당한다. ◎ ⊗

`19-04-12`
11 "그 어려운 상황 속에서도 견딜 수 있었던 것은 무엇이라 생각합니까?"라는 질문은 예외질문에 해당한다. ◎ ⊗

답 01 ○ 02 × 03 ○ 04 ○ 05 × 06 ○ 07 × 08 ○ 09 ○ 10 × 11 ×

해설 02 해결중심모델은 탈이론적인 특징을 갖는다.
05 해결중심모델에서는 쉽게 성취할 수 있는 작은 것부터 목표로 잡는다.
07 해결중심모델은 과거보다는 현재와 미래를 강조하기 때문에 문제의 원인 규명에 초점을 두는 것이 아니라 현재 불편한 점이 무엇인지에 초점을 두어 해결책을 발견하고 변화를 이끌어 현재와 미래에 적응하도록 돕는다.
10 예외질문에 해당한다.
11 대처질문에 해당한다.

합격족보 필수 키워드 18

keyword	위기개입모델
sub keywords	신속한 개입, 제한된 목표, 위기반응단계, 사회적 위험, 취약단계, 위기촉진요인, 실제위기단계, 재통합단계
focus	위기개입의 주요 특징 및 목표, 위기반응단계 등 다양한 내용이 두루두루 출제되어 왔다. 위기가 일어난 사건 자체의 해결에 초점이 있는 것이 아니라 위기를 받아들이는 클라이언트의 반응에 초점을 둔다는 점은 꼭 기억해두자.

21-04-02

위기개입모델에 관한 설명으로 옳지 않은 것은?

① 클라이언트에게 실용적 정보를 제공하고 지지체계를 개발하도록 한다.

② 단기개입 서비스를 제공한다.

③ 구체적이고 관찰 가능한 문제에 초점을 둔다.

④ 위기 발달은 촉발요인이 발생한 후에 취약단계로 넘어간다.

⑤ 사회복지사는 다른 개입모델에 비해 적극적이고 직접적인 역할을 수행한다.

정답률 확인 ① 24% ② 4% ③ 17% ④ 52% ⑤ 3%

답 ④

④ 위기발달단계: 사회적 위험 → 취약 → 위기촉진요인 발생 → 실제 위기 → 재통합

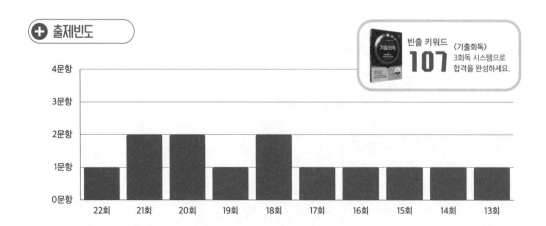

➕ 출제빈도

빈출 키워드 〈기출회독〉
107
3회독 시스템으로
합격을 완성하세요.

	22회	21회	20회	19회	18회	17회	16회	15회	14회	13회
문항	1문항	2문항	2문항	1문항	2문항	1문항	1문항	1문항	1문항	1문항

기출회독

107

위기개입모델

강의 QR코드

1회독 > **2**회독 > **3**회독

| 월 일 | 월 일 | 월 일 |

★ 최근 10년간 **13문항** 출제 ★

이론요약

위기의 개념 및 특징

[기본개념]
사회복지실천기술론

6장

- 위협적 혹은 외상적 위험사건을 경험함으로써 취약해져 지금까지의 대처전략으로는 스트레스나 외상에 대처하거나 경감할 수 없는 불균형의 상태가 되는 것
- 단순한 원인과 결과로 설명하기 어려운 복잡한 증상
- **위험은 도움을 요청하는 과정을 통해 기회가 될 수 있음**
- 위기에 처했던 사람이 다시 위기를 경험할 수 있음
- **같은 상황을 경험하더라도 위기로 느끼는 사람과 그렇지 않은 사람이 있으며, 성공적으로 극복하는 사람과 그렇지 않은 사람도 있음**

위기의 유형

- 발달적 위기: 개인의 생애주기 혹은 가족생활주기에 따라 발생하는 위기
- 상황적 위기: 사고, 자연재해 등 예견할 수 없는 갑작스러운 위기
- 실존적 위기: 삶의 목적, 가치, 자유, 책임, 독립 등과 같은 삶의 이슈와 관련되어 발생하는 갈등과 불안

위기개입모델의 기본 원리

- **신속한 개입**: 위기개입은 단기간, 시간제한적, 즉각적 개입을 특징으로 한다. 대체로 6주 이내의 해결을 꾀한다.
- 행동기술: 사회복지사의 역할은 행동기술에 초점을 둔다.
- **제한된 목표**: 위기 이전의 상태로 돌아갈 수 있도록 하는 것에 제한적인 목표를 둔다.
- 희망과 기대
- 지지 및 정보제공
- 문제 파악 및 해결에 초점
- 클라이언트의 자신감 회복 및 자립

골란의 위기발달단계

- **사회적 위험 → 취약단계 → 위기촉진요인 발생 → 실제 위기단계 → 재통합**
- **개입은 '실제 위기단계'에서** 이루어짐

라포포트(L. Rapoport)가 제시한 위기개입 목표

▶ **1단계 목표(기본 목표)**

· 위기로 인한 증상 제거

· 위기 이전의 기능 수준으로 회복

· 불균형 상태로 만든 촉발사건 이해

· 클라이언트나 가족이 사용하거나 지역사회 자원 중 **이용할 수 있는 치료방법 모색**

▶ **2단계 목표(추가 목표)**

· 현재의 스트레스를 과거의 생애 경험이나 갈등과 연결

· 새로운 인식, 사고, 정서양식을 개발하고 위기상황 이후에도 사용할 수 있는 새로운 적응적 대처기제 개발

정답훈련

다음 내용이 왜 틀렸는지를 확인해보자

01 위기개입모델은 같은 상황에서 <u>모든 사람이 똑같은 정도의 위기감을 느낀다</u>는 것을 전제로 한다.

> 위기개입모델에서는 같은 상황이라 하더라도 사람마다 위기감을 느끼는 정도는 다르게 나타날 수 있다고 본다.

02 `05-04-05` 위기발달단계: **사회적 위험 → 실제 위기단계 → 위기촉진요인 발생 → 취약단계 → 재통합**

> 위기발달단계: 사회적 위험 → 취약단계 → 위기촉진요인 발생 → 실제 위기단계 → 재통합

03 위기발달단계에서 실제 사회복지사의 <u>위기개입이 필요한 단계는 사회적 위험이 발생한 순간</u>이다.

> 실제 사회복지사의 위기개입이 이루어지는 단계는 '실제 위기단계'이다.

04 `15-04-13` 위기개입모델에서는 사건에 대한 주관적인 인식보다 **사건 자체를 중요시**한다.

> 위기개입모델에서는 사건에 대한 주관적 인식에 주목한다.

05 인간의 성장·발달 과정에서 경험하는 사건들, 즉 **발달단계에 따라 겪게 되는 위협은 위기라고 보지 않는다.**

> 청소년기의 방황, 은퇴, 빈둥지증후군 등과 같이 발달단계에 따라 경험하게 되는 위기도 포함된다.

06 `08-04-08` 자살의 위험성이 있는 클라이언트에 개입할 때에는 **자살에 대한 직접적인 언급은 삼가야 한다.**

> 자살을 생각한 이유나 상황에 대해 이야기하여 그 심각성에 따라 개입이 달라질 수 있다.

07 `19-04-10` 위기개입모델은 문제의 원인을 이해하기 위해 **클라이언트의 과거 탐색에 초점**을 둔다.

> 위기개입모델은 과거 탐색과 같이 장기적으로 진행되는 개입에 초점을 두지는 않는다.

다음 내용이 옳은지 그른지 판단해보자

01 위기개입에서는 문제의 해결뿐만 아니라 클라이언트의 자신감을 회복시키고, 희망을 고취시키는 것도 중요하다. ◎⊗

02 스트레스를 유발하는 사건이나 위험 상황이 발생하였다고 해서 모두 개입이 필요한 위기인 것은 아니다. ◎⊗

03 위기개입에서는 클라이언트의 성격 유형을 파악하는 것이 선행되어야 한다. ◎⊗

`20-04-16`
04 위기개입모델은 위기에 의한 병리적 반응과 영구적 손상의 치료에 초점을 둔다. ◎⊗

05 위기로 인해 나타나는 불안은 긍정적 변화의 추진력이 될 수도 있다. ◎⊗

06 위기개입의 가장 큰 목표는 위기를 발생시킨 상황이나 사건을 종료시키는 것에 있다. ◎⊗

`11-04-03`
07 위기개입에서는 특정 문제에 초점을 두고 제한된 목표에 대한 신속한 개입을 추구한다. ◎⊗

08 위기개입모델에서 정의하는 위기는 자연재해나 교통사고 등과 같이 클라이언트가 피할 수 없이 갑작스럽게 일어난 사건, 사고 등으로 한정된다. ◎⊗

09 라포포트(L. Rapoport)가 제시한 위기개입 목표 중 위기로 인한 증상 제거는 추가 목표에 해당한다. ◎⊗

답 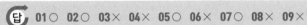 01○ 02○ 03× 04× 05○ 06× 07○ 08× 09×

해설 **03** 위기개입은 단기간에 위기 이전 수준으로의 기능 회복을 돕는 것이 주요 목적이기 때문에 성격 유형을 파악하는 것이 선행되어야 하는 것은 아니다.
04 위기개입은 즉각적, 단기적 개입을 추구하기 때문에 위기요인의 발생이 심각한 병리 상태로 이어지지 않도록 방지하고 위기 이전 상태를 회복하도록 하는 것에 초점을 둔다.
06 위기가 발생된 상황이나 사건은 인위적으로 종료시킬 수 있는 것은 아니다. 따라서 위기개입의 목표는 클라이언트가 위기발생 이전과 같이 기능할 수 있도록 하는 데에 초점을 두게 된다.
08 위기개입모델에서는 사건, 사고뿐만 아니라 생애주기에 따라 경험하게 되는 상황이나 개인의 삶의 이슈와 관련되어 느끼게 되는 심리적 요인들도 위기로 본다.
09 위기로 인한 증상 제거는 1단계 목표, 즉 기본 목표에 해당한다.

합격족보 필수 키워드 19

keyword	인지행동모델의 개입기법
sub keywords	합리적 정서치료, 인지적 오류, 문제해결치료, 인지재구조화, 체계적 둔감법, 모델링, 사회기술훈련
focus	인지행동모델에서 어떤 기법들을 사용하는지를 단순히 확인하는 문제도 출제되지만, 엘리스, 벡 등이 제시한 개념들이 자세히 출제되기도 한다. 인지적 오류, ABCDE모델, 사회기술훈련, 체계적 둔감법, 모델링 등은 꽤 상세히 출제되기도 했다.

(21-04-04)

인지적 오류(왜곡)에 관한 예로 옳지 않은 것은?

① 임의적 추론: 내가 뚱뚱해서 지나가는 사람들이 나만 쳐다봐.

② 개인화: 그때 내가 전화만 받았다면 동생이 사고를 당하지 않았을 텐데. 나 때문이야.

③ 이분법적 사고: 이 일을 완벽하게 하지 못하면 실패한 것이야.

④ 과잉일반화: 시험보는 날인데 아침에 미역국을 먹었으니 나는 떨어질거야.

⑤ 선택적 요약: 지난번 과제에서 나쁜 점수를 받았어. 이건 내가 꼴찌라는 것을 의미해.

정답률 확인   ① 8% ② 17% ③ 8% ④ 38% ⑤ 29%

답 ④

④ 미역국이 시험 결과에 대한 적절한 증거가 아니라는 점에서 임의적 추론에 해당한다. 임의적 추론은 이처럼 제시된 증거가 결과를 도출하기에 부적절한 것을 말한다.

과잉일반화는 한두 번 있었던 사건을 유사한 모든 사건에 동일하게 적용하는 것으로, 면접에 한 번 떨어진 사람이 '나는 어느 회사에서 면접을 보든 항상 떨어질꺼야'라는 싹쓸이식 부정적 결론을 내리는 것을 말한다.

➕ 출제빈도

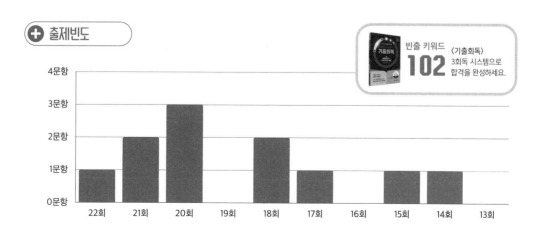

빈출 키워드
102
〈기출회독〉
3회독 시스템으로
합격을 완성하세요.

인지행동모델의 개입기법

강의 QR코드

★ 최근 10년간 **11문항** 출제 ★

이론요약

엘리스의 합리적 정서치료

[기본개념]
사회복지실천기술론

4장

- 정신분석이 과거의 경험을 토대로 문제를 해결하는 것에 반대하며 **현재의 상황에서 해결책을 발견**할 수 있다고 봄
- 클라이언트가 갖는 **비합리적 신념에 초점을 두어 인지를 재구조화**하고자 함
- 개입과정(ABCDE 모델)
  - A(Accident, 실재하는 사건): 인간의 정서를 유발하는 어떤 사건이나 현상 또는 행위
  - B(Belief, 신념체계): A에 대해서 가지고 있는 신념, 생각
  - C(Consequence, 정서적·행동적 결과): 개인의 믿음, 인식 등으로 인해 초래된 감정이나 행동
  - D(Dispute, 논의, 논박): 치료의 논박과정. 논리성, 현실성, 효용성 등의 차원에서 클라이언트가 가진 비합리적 신념에 대해 논박하는 질문을 제시
  - E(Effect, 효과): D를 통하여 합리적인 신념으로 재구조화된 이후에 갖게 되는 태도와 감정의 결과. 논박에 따른 인지적, 정서적, 행동적 효과

벡의 인지치료

- **인지적 측면의 왜곡을 수정**함으로써 클라이언트가 가진 심리사회적 문제를 해결할 수 있다고 봄
- **클라이언트의 자동적 사고를 수정**하여 정서나 행동을 변화시키는 데에 역점을 둠
- 인지적 왜곡(오류)의 유형
  - **임의적 유추**: 충분하고 적절한 증거가 없는데도 결론에 도달하는 것
  - **선택적 요약**: 상황에 대한 현저한 특성을 무시하고 맥락에서 벗어난 세부내용에 초점을 두는 것
  - **과잉일반화**: 단일 사건에 기초하여 극단적인 신념을 가지고 그것들과 유사하지 않은 사건들이나 장면에 부적절하게 적용
  - **극대화와 극소화**: 사건의 의미나 크기를 왜곡하는 것
  - **개인화**: 관련된 적절한 원인없이 부정적 사건이나 상황을 개인에게 연결시키는 것
  - **이분법적 사고**: 실패나 성공 등 극단적인 흑과 백으로 구분하려는 경향

즈릴라와 골드프라이드의 문제해결치료

- 일상생활에서 직면하는 문제상황에 대처해나갈 수 있도록 기술을 훈련시킴
- 문제를 도전으로 봄
- 자기통제훈련의 한 형태
- 문제해결 5단계
  - 1단계: 문제지향(문제인식)
  - 2단계: 문제정의(문제규정)와 형성
  - 3단계: 가능한 대안의 모색
  - 4단계: 의사결정
  - 5단계: 문제해결책의 실행과 검증

기타 인지행동 개입기법

인지재구조화	역기능적 사고와 관념을 현실적 사고와 관념으로 대치할 수 있도록 원조
경험적 학습	클라이언트에게 자기 자신의 인지적 오류에 부합하지 않는 특정한 행동을 하도록 함으로써 클라이언트가 자신의 인지적 오류를 발견하고 수정하도록 함
체계적 둔감화	덜 위협적인 상황에서 가장 위협적인 상황으로 순서대로 제시하면서 불안을 일으키는 자극들을 반복적으로 이완 상태와 짝짓는 기법
모델링	다른 사람의 행동을 관찰하여 학습하는 것으로, 클라이언트는 시행착오를 겪지 않으면서 새로운 행동을 학습할 수 있음
이완훈련	근육의 수축·이완, 호흡법, 심상법 등을 통해 스트레스 상황에서 겪는 긴장감, 불안감, 우울, 분노 등의 감정에 대처할 수 있도록 함
시연	클라이언트가 어떤 행동을 현실 세계에서 실행하기에 앞서 사회복지사 앞에서 미리 연습
자기지시기술	클라이언트가 변화시키기 원하는 행동에 대한 실천지침을 작성하여 스스로 실행해보도록 함
내적 의사소통의 명료화	클라이언트가 독백하는 과정에 사회복지사가 그때그때 피드백을 함으로써 클라이언트는 자신이 가지고 있는 인지적 오류나 비합리적 신념을 이해하고 통찰하게 되어 인지적 변화가 일어날 수 있음
설명	클라이언트에게 감정이 어떻게 행동에 영향을 미치는지에 대해서 엘리스의 ABC모델을 적용하여 설명
기록과제	클라이언트에게 자신의 문제에 엘리스의 ABC모델을 적용하여 기록해볼 수 있도록 과제 부여
역설적 의도	클라이언트가 염려하는 특정 행동을 더욱 강화하도록 지시하여 그 행동에 관한 인지적 오류를 감소시키고 조절력을 증가시키는 전략
역동적·실존적 사고 반영	• 역동적 사고 반영: 문제 상황을 객관적, 경험적, 이론적 차원에서의 역동적 사고를 통해 해결 • 실존적 사고 반영: 개인의 삶의 의미와 잠재적 의미에 초점을 두어 인지구조를 재구조화
사회기술훈련	원만한 대인관계 및 사회적 관계를 맺기 어려운 사람들을 대상으로 함. 주로 집단활동으로 실시. 다양한 행동주의적 기법을 활용

다음 내용이 **왜 틀렸는지**를 확인해보자

`06-04-01`

01 인지행동모델의 개입기법 중 역할연기, <u>소크라테스식 문답법</u>, 모델링 등은 행동적 전략이다.

> 역할연기, 모델링은 행동적 전략에 해당하며, 소크라테스식 문답법은 인지적 전략이다.

`07-04-15`

02 자유연상은 강박적 사고로 인해 불안감을 호소하는 클라이언트에게 적용가능한 **인지행동기법**이다.

> 자유연상은 정신역동모델의 치료기법이다.

---

03 즈릴라와 골드프라이드가 제시한 문제해결치료모델은 **클라이언트가 스스로 치료할 수 없기 때문에 사회복지** <u>사가 치료자로서 기능해야 함</u>을 강조한다.

> 클라이언트가 스스로 치료자로서 기능할 수 있도록 하는 훈련을 강조한다.

---

04 엘리스는 인간의 정서적, 행동적 결과에 영향을 미치는 원인으로서 사건에 대한 관점이나 시각보다 **사건이나 사** **실 그 자체를 살펴봐야 한다**고 보았다.

> 특정 사건이나 사실 그 자체가 아닌 그것을 바라보는 시각, 신념체계를 중요시한다.

`12-04-04`

05 "내가 신고만 빨리 했어도 지하철 화재로 사람들이 죽지 않았을 텐데."라는 생각은 인지적 왜곡의 유형 중 <u>임의</u> <u>적 추론</u>에 해당한다.

> 개인화에 해당한다.

`09-04-02`

06 형제가 많은 집에서 유독 사랑을 독차지하며 자란 클라이언트가 "다른 사람들이 나를 대접해주지 않으면 참을 수 없다"고 하는 것은 <u>벡의 인지적 오류 중 과잉일반화에 해당</u>한다.

> 엘리스가 제시한 비합리적 신념 중 인정의 욕구에 해당한다.

다음 내용이 옳은지 그른지 판단해보자

09-04-13
01 모델링을 통해 클라이언트의 시행착오를 줄이고 성공경험을 촉진할 수 있다. ◎ ⊗

02 인지행동모델은 인지재구조화를 통해 잘못된 신념체계를 수정한다. ◎ ⊗

03-04-06
03 인지적 왜곡 중 선택적 요약은 사건의 의미나 크기를 왜곡하는 것을 말한다. ◎ ⊗

11-04-08
04 경험적 학습은 왜곡된 인지에 도전하여 변화를 유도하는 것으로 인지적 불일치 원리를 적용한다. ◎ ⊗

05 체계적 둔감법은 클라이언트가 가장 위협적이라고 느끼는 극한의 상황을 먼저 제시하여 불안 상황에 둔감해지도록 하는 방법이다. ◎ ⊗

11-04-23
06 사회기술훈련에서는 난이도가 높은 과제로부터 쉬운 과제를 주는 조성화의 원칙을 준수해야 한다. ◎ ⊗

10-04-16
07 사회기술훈련을 위해 강화, 모델링, 과제부여, 역할연습 등을 실시할 수 있다. ◎ ⊗

08 우울증, 불안증 같은 정신적 문제를 호소하는 클라이언트에게 사회기술훈련은 적절하지 않다. ◎ ⊗

12-04-04
09 "선생님은 나를 미워하니까 성적도 나쁘게 줄 거야."는 인지 왜곡 중 임의적 추론에 해당한다. ◎ ⊗

15-04-10
10 체계적 탈감법은 특정 행동에 대한 불안을 유발하는 행동을 하도록 지시하는 것이다. ◎ ⊗

11 벡의 인지치료는 사람들의 감정이나 행동을 결정하는 것은 사건 자체가 아니라 그 사건을 해석하는 방식에 따른다는 인지매개가설에 따라 전개된다. ◎ ⊗

12 엘리스의 모델에서 비합리적 신념에 대한 논박(D)에 따른 효과(E) 중 인지적 효과는 클라이언트가 어떤 상황에 대한 적절한 느낌을 갖게 된다는 것이다. ◎ ⊗

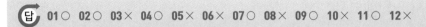

답 01 ◯ 02 ◯ 03 × 04 ◯ 05 × 06 × 07 ◯ 08 × 09 ◯ 10 × 11 ◯ 12 ×

해설 **03** 사건의 의미나 크기를 왜곡하는 것은 극대화 및 극소화에 해당한다. 선택적 요약은 어떤 상황의 전체적인 맥락을 보지 않고 특정 세부내용에만 초점을 두어 왜곡하는 것을 말한다.

05 체계적 둔감법은 덜 위협적으로 느끼는 상황에서 점차적으로 더 위협적으로 느끼는 상황으로 순서대로 제시하여 그 상황에 대한 불안을 완화시키는 방법이다.

06 쉬운 과제부터 부여하여 점차 어려운 과제를 제시하고 복잡한 기술을 세분화하여 시행한다.

08 사회기술훈련은 공격적인 사람들, 자기중심적인 사람들 등 대인관계에 어려움이 있는 사람들의 사회기술 향상을 위해 실시하게 된다. 우울증, 불안증 같은 정신적 문제를 호소하는 클라이언트들에게도 가능하다.

10 체계적 탈감법은 클라이언트에게 가장 덜 위협적인 상황에서 가장 위협적인 상황까지 상황을 순서대로 제시하면서, 불안자극과 불안반응 간의 연결이 없어질 때까지 불안을 일으키는 자극들을 반복적으로 이완상태와 짝지어 실시하는 기법이다.

12 인지적 효과가 아닌 정서적 효과에 해당한다. 인지적 효과는 합리적 신념을 갖게 된다는 것이다. 이를 테면, 시험에 떨어졌을 때 '나는 뭘 해도 안 되는 인간이야'라는 비합리적 신념이 합리적 신념으로 재구조화되면 '이 시험에 떨어져서 속상하긴 하지만 그게 뭘 해도 안 된다는 건 아니야'라는 인지적 변화가 이루어질 수 있다는 것이다. 정서적 효과는 시험 불합격으로 인해 극도의 우울에 빠져 있는 경우 '좀 슬픈 정도'로 감정의 수준을 적절히 맞출 수 있다는 것이다.

keyword	집단 준비단계(계획단계)
sub keywords	목적 설정, 집단성원 모집, 회합빈도 및 기간 정하기, 집단 구성, 동질성 및 이질성, 개방집단과 폐쇄집단, 집단의 크기, 집단환경 준비
focus	구성원들의 동질성과 이질성을 균형 있게 고려해야 하며, 어떠한 경우에 개방집단 혹은 폐쇄집단이 적합한지를 비롯해 집단의 규모나 회합 시간, 환경 등 집단을 구성함에 있어 고려할 요소들을 살펴봐야 한다.

21-04-19

집단을 준비 또는 계획하는 단계에서 고려할 사항으로 옳은 것을 모두 고른 것은?

ㄱ. 집단성원의 참여 자격
ㄴ. 공동지도자 참여 여부
ㄷ. 집단성원 모집방식과 절차
ㄹ. 집단의 회기별 주제

① ㄱ
② ㄱ, ㄷ
③ ㄴ, ㄹ
④ ㄱ, ㄷ, ㄹ
⑤ ㄱ, ㄴ, ㄷ, ㄹ

정답률 확인 ① 0% ② 17% ③ 4% ④ 15% ⑤ 64%

답 ⑤

집단을 준비하는 단계에서는 집단의 목적 및 성격을 바탕으로 어떤 특성을 가진 사람들로 집단을 구성할 것인지, 어떤 방식으로 운영할 것인지 등을 결정해야 한다. 또한 집단의 과정, 지속기간, 주제, 활동사항 등을 계획하여 구성원 모집에 공고해야 한다.

+ 출제빈도

빈출 키워드
121
〈기출회독〉
3회독 시스템으로
합격을 완성하세요.

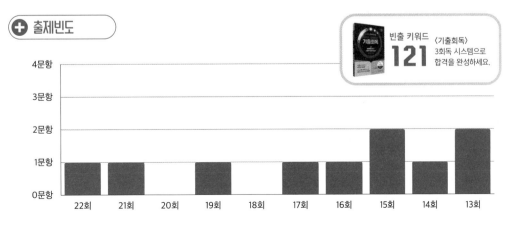

4문항										
3문항										
2문항								■		■
1문항	■	■		■		■	■		■	
0문항	22회	21회	20회	19회	18회	17회	16회	15회	14회	13회

집단 준비단계(계획단계)

강의 QR코드

1회독 > **2**회독 > **3**회독

| 월 일 | 월 일 | 월 일 |

★ 최근 10년간 **10문항** 출제 ★

이론요약

준비단계의 과업

- 집단이 형성되기 이전에 사회복지사가 <u>집단에 대한 계획과 구성에 대해 준비</u>
- 집단목적의 설정
- 잠재적 성원 확인 및 정보수집
- 집단의 회합빈도 및 지속시간 정하기
- **성원모집 및 집단구성**
- **집단의 환경적 요소 마련하기**

[기본개념]
사회복지실천기술론

11장

집단구성 시 고려할 사항

- **동질성과 이질성**
  - 동질성이 높은 경우 의사소통이 원활하고, 문제 및 과업을 규명하기에 용이함
  - 이질성이 높은 경우 서로 다른 관점의 차이를 통해 열린 사고를 배울 수 있음
- **개방집단과 폐쇄집단**
  - 개방집단은 새로운 성원이 유입되면서 새로운 아이디어와 분위기가 쇄신되는 효과를 얻을 수도 있지만 집단응집력이나 집단문화 등이 변동될 수 있음
  - 폐쇄집단은 새로운 성원의 유입이 없기 때문에 성원들 간 자기개방 및 응집력을 높일 수 있지만 중간에 이탈자가 발생하면 집단활동을 이어가기 어려울 수도 있음
- **집단의 크기**
  - 집단의 내용 및 성격, 구성원 간 상호작용, 구성원의 만족도 등을 고려하여 구성
  - 집단이 너무 크면 결속력이 떨어질 수 있고, 집단이 너무 작으면 상호작용이 작아 기대하는 효과를 거두지 못할 수 있음
- 인구사회학적 특성과 다양성: 연령, 성별, 사회·문화적 요소 등 다양성을 고려해야 함

다음 내용이 왜 틀렸는지를 확인해보자

01 동질성이 높은 성원들로 집단을 구성하는 경우 성원 간 **친밀도나 결속력이 낮게 나타날 수 있다**.

> 동질성이 높은 경우에 친밀도나 결속력이 더 강하게 나타난다.

`08-04-20`

02 이주노동자들을 위한 집단교육프로그램을 준비하는 단계에서 사회복지사는 **집단의 역동성을 파악**해야 한다.

> 집단역동성은 집단이 본격적으로 시작한 후 일어나는 현상이기 때문에 준비단계에서는 파악할 수 없다.

`14-04-16`

03 다양한 집단성원의 참여를 유도하기 위해 **폐쇄형 집단으로 구성**한다.

> 다양한 집단성원의 참여를 유도하기 위해서는 개방형 집단이 적절하다.

04 집단의 크기는 **되도록 작은 것이 좋다**.

> 집단의 크기는 효과적이고 만족스러운 상호작용이 일어날 수 있는 수준에서 적절히 설정해야 한다. 집단의 크기가 너무 작으면, 성원 간 상호작용이 충분히 일어나지 않으며 중간에 이탈자가 발생했을 때 활동을 이어가기 어려울 수 있다.

`05-04-17`

05 집단을 구성함에 있어 성원 간의 방어와 저항을 줄이기 위해서는 **이질성을 우선**적으로 고려하여야 한다.

> 성원 간의 방어와 저항을 줄이기 위해서는 이질성보다 동질성을 우선적으로 고려하여야 한다.

06 단계별로 성취해야 할 목표가 있는 집단의 경우 **개방집단으로 구성**하는 것이 더 효과적이다.

> 단계별로 성취해야 할 목표가 있는 집단을 개방집단으로 구성할 경우 새로운 성원이 적응하기 어렵기 때문에 폐쇄집단으로 구성하는 것이 적절하다.

07 개방집단은 새로운 정보와 자원의 유입을 **허용하지 않는다.**

> 개방집단은 새로운 정보와 자원의 유입을 허용한다.

08 **집단 준비단계**에서는 성원들의 참여를 촉진하기 위해 집단의 목적과 규칙, 활동내용을 정확히 설명해야 한다.

> 준비단계에서는 아직 집단의 구성이 확정되지 않았기 때문에 집단의 목적, 규칙, 활동내용이 구체적이지 않다.

09 집단의 크기가 작을 때에는 **탈퇴를 막고 폐쇄집단으로 운영해야 한다.**

> 집단활동에서 탈퇴를 강제로 막기는 어렵다. 한편, 집단이 소규모일 때에는 한두 명의 탈퇴로도 집단활동에 지장이 생길 수 있기 때문에 폐쇄집단으로 운영하는 것이 적절하지 않을 수 있다.

10 집단의 크기가 클수록 **참여의식이 증가하고 통제와 개입이 쉽다.**

> 성원의 수가 많을수록 참여의식은 감소할 수 있고, 통제와 개입도 어려울 수 있다.

11 사회복지사가 집단활동을 계획함에 있어서는 **집단지도자가 추구하는 가치가 우선적으로 고려되어야 한다.**

> 집단형성에서 고려할 내용은 집단의 목적, 잠재적 성원의 모집과 사정, 집단의 구성, 집단의 지속기간과 회합 빈도, 물리적 환경, 기관의 승인에 관한 것이다.

다음 내용이 옳은지 그른지 판단해보자

16-04-21

01 집단이 개방적일 경우, 발달단계를 예측하는 것이 용이하다. ◎ ⊗

14-04-16

02 집단의 응집력을 높이기 위해 참여 동기가 유사한 성원을 모집한다. ◎ ⊗

03 집단의 활동시간은 참여자들의 성격, 연령 등에 따라 달라질 수 있다. ◎ ⊗

04 집단의 크기가 크면 목적을 달성하는 데에 유리하다. ◎ ⊗

07-04-13

05 사회복지사는 집단을 계획하는 단계에서 집단의 목적, 물리적 환경 등을 파악하며 집단 활동을 모 ◎ ⊗
니터링한다.

06 집단의 크기가 클 경우 집단활동에 있어 소극적이거나 위축감을 느끼는 참여자가 발생할 수 있다. ◎ ⊗

09-04-26

07 집단 프로그램은 언어적 의사소통 위주의 프로그램으로 구성될 수 있도록 해야 한다. ◎ ⊗

13-04-05

08 집단 활동을 계획할 때에는 프로그램 수행에 있어서의 안정성이나 시기적 적절성 등을 고려해야 한다. ◎ ⊗

답 **01** ✕ **02** ○ **03** ○ **04** ✕ **05** ✕ **06** ○ **07** ✕ **08** ○

해설 **01** 개방집단은 집단이 시작된 이후 이탈하는 성원도 생기고 새롭게 참여하는 성원도 생기기 때문에 개방집단의 발달단계를 예측하는
것은 어렵다. 계획에 따라 집단을 발달시키려고 하는 경우에는 폐쇄집단으로 운용하는 것이 더 적절할 수 있다.
04 집단의 크기가 크다고 해서 목적 달성에 유리한 것은 아니다. 오히려 구성원들마다 원하는 바가 달라 갈등이 발생할 우려도 있기 때
문이다.
05 집단 활동에 대한 모니터링은 집단 활동이 시작된 이후에 활동의 진행상황을 점검하기 위해 진행되므로 보통 중간단계에서 이루어
진다.
07 집단 프로그램은 언어적 프로그램으로 진행되기도 하지만, 미술치료, 놀이치료, 스포츠 등 다양한 비언어적 활동으로 진행되는
경우도 많다.

	합격족보 필수 키워드	10년간 출제문항수	기출회독 No.
21	지역사회복지실천 이론들	20	138
22	지역사회의 개념 등	15	129
23	우리나라 지역사회복지의 발달	15	134
24	사정 단계	12	142
25	지역사회보장계획	11	152

➕ 출제비중

『**지역사회복지론**』필수 키워드 5개의 회차별 출제비중을 확인해보세요.

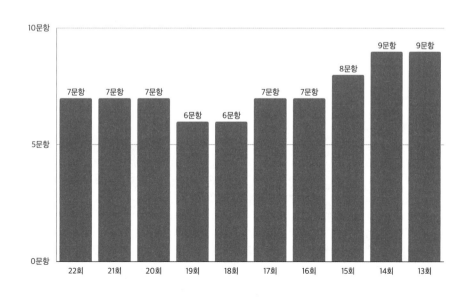

합격족보 필수 키워드 21

keyword	지역사회복지실천 이론들
sub keywords	구조기능론, 갈등이론, 사회체계이론, 생태체계이론, 자원동원이론, 교환이론, 하드캐슬 권력균형전략, 엘리트주의, 다원주의, 사회구성론, 권력의존이론
focus	지역사회복지실천에 관한 각각의 이론별 특징을 살펴보는 것뿐만 아니라 각 이론이 실제 어떤 상황에서 어떻게 적용될 수 있는지도 파악할 수 있어야 하며, 그때의 한계점도 같이 생각해봐야 한다.

21-05-05

갈등이론에 관한 설명으로 옳은 것은?

① 이익과 보상으로 사회적 관계가 유지된다.
② 특정 집단이 지닌 문화의 의미를 해석한다.
③ 지역사회는 상호의존적인 부분들로 구성되어 있다.
④ 조직구조 개발에 자원동원 과정을 중요하게 여긴다.
⑤ 이해관계의 대립을 불평등한 분배로 설명한다.

정답률 확인 ① 10% ② 4% ③ 6% ④ 3% ⑤ **77%**

답 ⑤

오답노트
① 사회교환이론에 관한 설명이다.
② 사회구성론에 관한 설명이다.
③ 구조기능론에 관한 설명이다.
④ 자원동원이론에 관한 설명이다.

➕ 출제빈도

빈출 키워드
138
〈기출회독〉
3회독 시스템으로
합격을 완성하세요.

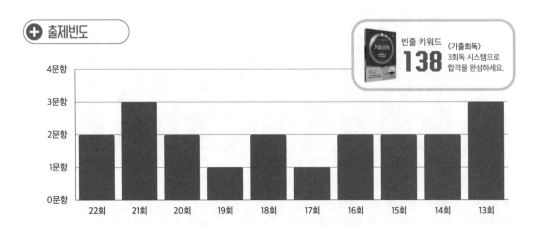

강의 QR코드

1회독	2회독	3회독
월 일	월 일	월 일

★ 최근 10년간 **20문항** 출제 ★

이론요약

구조기능이론
- 지역사회는 여러 부분으로 구성되어 있고, 각 부분은 전체가 기능을 잘 발휘할 수 있도록 기여
- **지역사회의 균형과 안정을 강조**

[기본개념]
지역사회복지론

4장

갈등이론
- 사회의 권력과 자원 등이 불평등하기 때문에 갈등은 본질적으로 발생하는 불가피한 현상이라고 봄
- 갈등을 사회변화를 가능하게 하는 주요 기제로 간주
- 어느 한 집단이 다른 집단을 성공적으로 완전히 지배함에 따라 안정이 일어날 수 있지만 이는 일시적인 현상일 뿐 사회는 본래 분열되어 있다고 봄

※ 알린스키(Alinsky)
  - 갈등이론을 지역사회조직화에 적용한 대표적인 학자
  - 모든 사람이 재화와 서비스에 평등하게 접근할 수 있어야 하며, 지역사회조직의 목표는 지배집단과 피지배집단이 동등한 혜택을 받는 것이라고 주장
  - 소수의 지배집단이 갖고 있는 자원과 의사결정의 권한을 가져오기 위한 피지배집단의 조직화와 대항을 강조

사회체계이론
- 다양한 체계들 간의 상호작용을 강조
- 지역사회의 각 구성요소들이 상호 긴밀하게 연결되어 집단이 형성되고, 여러 집단이 서로 결합되어 제도를 이루고, 여러 제도들이 서로 결합되어 지역사회를 이룬다고 봄

생태(체계)이론
- 인간과 그를 둘러싼 사회환경을 하나의 거대한 생태계로 파악(환경 속 인간 관점)
- **사회환경의 변천과정을 역동적으로 설명**할 수 있는 이론
- **경쟁, 지배, 집중화, 계승, 분산 등의 개념을 통해 지역사회의 변화과정을 설명**
- 인간은 환경과 상호작용하면서 환경에 적응하는 동시에 진화하는 역동적 존재임을 가정하면서도, **환경에 대한 적응**

(환경과의 적합성)을 전제로 체계의 안정성을 지향하기 때문에 적극적인 변화나 저항을 추구하지는 않음

자원동원이론

- 사회운동조직의 역할과 한계를 규명하는 이론
- 조직의 활성화를 위해 자원이 필요하며 자원의 유무에 따라 사회운동의 성패가 결정된다고 봄
- 자원에는 돈, 정보, 사람, 조직원 간의 연대성, 사회운동의 목적과 방법에 대한 정당성 등이 포함됨
- 자원동원의 핵심 과제는 '조직원을 어떻게 확보할 것인가'와 '잠재적 조직원에게 조직의 철학과 이념을 어떻게 전달할 것인가'에 있음

교환이론

- 사회적·물질적 자원의 교환을 인간 상호작용의 근본 형태로 파악
- 지역사회복지실천도 교환의 장에서 이루어짐
- 교환자원: 상담, 지역중심 서비스, 기부금, 재정지원, 정보, 정치적 권력, 의미, 힘 등
- 교환관계의 단절이나 불균형, 교환자원의 부족 및 고갈 등으로 인해 지역사회문제가 발생할 수 있음

※ 하드캐슬의 권력균형전략
  - **경쟁**: 교환에 참여하는 대신 다른 자원을 찾는 것
  - **재평가**: A가 B의 자원을 재평가하여 종속을 피하는 방법
  - **호혜성**: A와 B가 서로에게 필요한 교환관계임을 인식하게 하여 A와 B의 관계를 독립적이고 동등한 관계로 바꾸는 것
  - **연합**: B에 종속된 A, C, D 등이 힘을 합쳐 B의 권력에 대항하는 전략
  - **강제**: 물리적 힘을 동원하여 B가 갖고 있는 자원을 A가 장악하는 전략(법적, 윤리적 문제가 발생할 수 있으므로 유의해야 함)

엘리트주의와 다원주의

- 엘리트주의: 소수의 지배 엘리트 집단(정치와 경제 등에서 중요한 정책을 결정할 때 우월한 지위에서 영향을 미치는 사람 또는 집단)이 국가의 정책을 좌우하는 권력을 장악하고 있다고 봄
- 다원주의: 다원화된 현대사회에서는 각 이익집단의 대결과 갈등을 정부가 종합하여 균형적인 결정을 내린다는 것

사회구성론

- 지식의 객관성을 강조하는 전통적인 실증주의를 비판
- 개인이 처한 사회나 문화 속 맥락에 따라 현실의 문제나 상황을 구성 또는 재구성할 수 있다는 관점
- 다양한 문화를 가진 클라이언트와의 지속적이고 집중적인 대화과정을 강조함
- 클라이언트의 행동에 영향을 끼치는 사회·경제 및 정치적 구조에 대한 이해를 갖고, 클라이언트의 다양한 문화적 가치와 규범에 대한 민감성을 강조

권력의존이론

- 집단들이 갖고 있는 자원의 크기에 따라 권력이 발생하며 권력이 작은 집단은 권력이 큰 집단에 의존하게 된다는 관점
- 지역사회 내 집단들 사이에 힘의 획득, 분산 등 권력구조를 파악하기 위한 이론적 토대가 됨

정답훈련

다음 내용이 **왜 틀렸는지**를 확인해보자

01 갈등이론에서는 <u>갈등으로 인해 사회가 분열되고 사회변화가 제한된다</u>고 보았다.

> 갈등이론에서는 사회가 분열되어 있다고 보며, 갈등 상황에서 해결책을 만들어 나가는 과정을 곧 사회발전의 과정이라고 보았다.

02 다원주의는 개인 혹은 개별 집단이 자신의 목표와 이익을 달성하기 위해 각자의 의견을 표출함으로써 대립과 타협이 일어나며 <u>그 과정에서 가장 큰 힘을 가진 개인 혹은 집단이 권력을 갖고 정책을 좌우하게 된다</u>는 것이다.

> 다원주의에서는 개인과 집단 사이에 갈등이 일어날 때 정부가 공정하고 종합적인 입장에서 조정하여 균형 있는 정책을 내놓는다고 본다.

03 생태이론은 <u>인간과 환경 사이의 갈등, 환경에 대한 인간의 저항 등을 설명한다</u>.

> 생태이론은 기본적으로 체계의 안정성을 지향하기 때문에 갈등이나 저항을 설명하지 못하며, 환경에 대한 인간의 변화 노력은 적극적인 변화가 아닌 대안 제시 정도에 그친다.

04 사회구성론은 다양한 문화적 배경을 가진 클라이언트와 함께하는 사회복지사에게 문화적 민감성을 가질 수 있는 함의를 제공하면서도 <u>지배구조에 대한 적응을 강조한다는 한계</u>가 있다.

> 사회구성론은 기존 지식이 지배집단의 이익을 대변하는 경향에 대해 비판적이다. 따라서 지배구조나 잘못된 제도에 대한 적응을 강조하지 않는다. 오히려 이에 대해 어떻게 대항해야 할 것인지에 관심을 갖는다.

05 교환이론에서는 <u>교환이 반복될수록 당사자 간에 갈등이 커진다</u>고 보았다.

> 교환이론에서는 교환행위가 반복됨에 따라 당사자 사이에 사회적 관계가 더욱 강화된다고 보았다.

06 자원동원이론은 <u>신뢰, 네트워크, 호혜성 등의 개념을 통해</u> 자원이 사회운동의 성패에 미치는 영향력을 설명하였다.

> 자원동원이론은 조직원의 충원, 자금조달, 적절한 조직구조의 개발 등 자원의 유무에 따라 사회운동의 성패가 결정된다고 보았다.
> 신뢰, 네트워크, 호혜성 등은 사회자본이론에서 제시된 개념들이다.

빈칸에 들어갈 알맞은 말을 채워보자

15-05-05

01 (   )이론의 예: 사회복지관은 생존차원에서 외부 재정지원을 필요로 하지만 재정지원자의 요구를 무시하기 어렵다. 이런 상황에서 A사회복지관은 기관운영 재원을 마련하기 위해 다양한 후원기관을 발굴하였고, 이를 통해 직원들은 사업운영의 자율성이 확대되는 것을 경험하였다.

13-05-22

02 (   )이론: 지역사회는 공간을 점유하는 인간집합체로서 경쟁, 중심화, 분산 및 분리 등의 현상이 존재한다. 지역사회의 변환과정을 역동적 진화과정으로 설명할 수 있다.

12-05-14

03 (   )이론: 사회운동을 발전시키기 위하여 회원들을 적극적으로 참여하도록 독려한다. 조직의 발전을 위해서 구성원 모집, 자금 확충, 직원 고용에 힘쓴다.

10-05-07

04 하드캐슬이 제시한 권력균형전략: 경쟁, (   ), 호혜성, 연합, 강제

15-05-01

05 (   )이론: 다양한 집단과 조직이 이익을 표출함으로써 정책 과정에 영향을 미칠 수 있다. 지역사회복지정책 결정은 이익집단들의 상대적 영향력 정도에 따라 달라진다.

17-05-08

06 (   )이론의 예: A사회복지사는 결혼이주여성들을 지원하는 과정에서 그들의 행동에 영향을 미쳤던 자국의 사회, 경제 및 정치적 구조를 이해하고 그들의 문화적 가치와 규범에 대한 의미를 해석해야 한다.

09-05-03

07 (   )이론: 전체 사회는 크고 작은 하위체계로 구성되어 있다고 보면서 다양한 하위체계들 사이의 상호작용을 강조하였다.

 답 **01** 권력의존 **02** 생태 **03** 자원동원 **04** 재평가 **05** 다원주의 **06** 사회구성 **07** 체계

다음 내용이 **옳은지 그른지** 판단해보자

13-05-21
01 갈등이론은 갈등을 둘러싼 연대와 권력형성의 도구가 될 수 있다는 측면에서 사회행동모델에 유용
하다.

08-05-08
02 체계이론의 관점에서 지역사회체계는 동질성을 보존하기 위해 외부와 상호 독립된 폐쇄적인 경계
를 유지한다.

10-05-04
03 갈등이론을 기반으로 한 지역사회복지실천은 불평등 관계를 바꾸고자 한다.

11-05-03
04 자원동원이론에서 말하는 자원에 연대성은 포함되지 않는다.

09-05-04
05 사회교환론은 사회복지조직이 생존을 위해 외부의 재정적 지원에 의존하게 되는 현실을 설명하는
이론이다.

11-05-05
06 생태이론은 지역사회가 변화에 순응하면 살아남고 순응하지 못하면 도태된다는 자연의 섭리를 강
조한다.

13-05-21
07 자원동원이론은 재정자원에 초점을 두고 있어 사회적 소수자의 권리옹호를 위한 실천에는 유용하
지 않다.

09-05-03
08 사회구성론은 모든 현상에 대한 객관적 진실이 존재한다는 점에 의구심을 던지며, 개인이 처한 사
회문화적 맥락에 따라서 현실의 문제나 상황을 구성 또는 재구성할 수 있다고 보았다.

답 01○ 02✕ 03○ 04✕ 05✕ 06○ 07✕ 08○

해설 **02** 지역사회체계는 개방체계로서 다른 체계들, 즉 외부환경과 관계를 맺는다.
04 자원동원이론에서의 자원은 물질적인 차원에 한정된 것은 아니다.
05 사회복지조직이 생존을 위해 외부의 재정적 지원에 의존하게 됨을 설명한 이론은 권력의존이론이다.
07 사회운동조직이 비주류계층 및 사회적 약자의 권리옹호나 대변 등을 포함한 사회적 항의 활동을 할 때 동원할 수 있는 자원의 정도
와 범위에 따라 활동의 역할과 한계가 규정된다는 점에서 자원동원이론을 적용해볼 수 있다.

합격족보 필수 키워드 22

keyword	지역사회의 개념 등
sub keywords	지역사회의 정의, 지리적 의미와 기능적 의미, 상실이론/보존이론/개방이론, 공동사회/이익사회, 지역사회 유형화, 기능과 제도, 비교 척도
focus	지리적 지역사회와 기능적 지역사회의 개념, 지역사회 상실이론·보존이론·개방이론의 차이, 퇴니스가 제시한 공동사회에서 이익사회로의 변화 등을 살펴보자. 또한 던햄의 지역사회 유형화에서 4가지 기준의 차이를 파악해두어야 하고, 길버트와 스펙트가 제시한 기능과 제도를 연결할 수 있어야 하며, 워렌이 제시한 지역사회 기능의 비교 척도까지 모두 기출영역이다. 각각의 내용은 단독 문제로 출제되기도 하지만 한 문제에 종합적으로 출제되기도 한다.

(21-05-01)

다음은 길버트와 스펙트(N. Gilbert & H. Specht)의 지역사회 기능 중 무엇에 해당되는가?

> 구성원들이 지역사회의 다양한 사회적 규범을 준수하고 순응하게 하는 것

① 생산 · 분배 · 소비 기능
② 의사소통 기능
③ 사회치료 기능
④ 상부상조 기능
⑤ 사회통제 기능

정답률 확인 ① 3% ② 2% ③ 3% ④ 2% ⑤ **90%**

답 ⑤

➕ 출제빈도

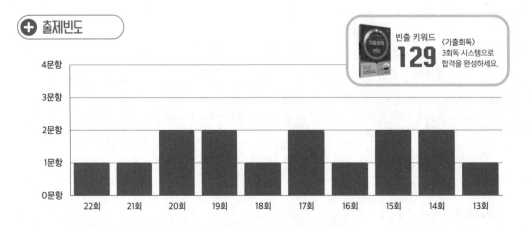

빈출 키워드
129
〈기출회독〉
3회독 시스템으로
합격을 완성하세요.

지역사회의 개념 등

강의 QR코드

1회독 〉 **2**회독 〉 **3**회독

월   일 | 월   일 | 월   일

★ 최근 10년간 **15문항** 출제 ★

이론요약

지역사회의 개념

[기본개념]
지역사회복지론

1장

- **지리적 의미의 지역사회**: 지리적, 공간적 속성에 근거한 집단
- **기능적 의미의 지역사회**: 공통의 이해관계나 특성에 따라 모인 집단
- 지리적 의미의 지역사회에서 기능적 지역사회 개념으로 변화
- 시간과 공간을 뛰어 넘는 사이버공동체, 가상공동체(virtual community) 등 새로운 형태의 지역사회 출현

지역사회에 대한 다양한 정의

- **파크와 버제스(Park & Burgess)** – "지역사회라는 용어는 한 지역을 구성하는 사람들과 조직들의 지리적 분포라는 견지에서 고려될 수 있는 사회와 사회집단에 적용된다. 모든 지역사회는 사회이지만, 모든 사회가 지역사회는 아니다."
- **맥키버(MacIver)** – "지역사회란 모든 형태의 **공동생활지역**으로서 부락 혹은 읍, 시, 도, 국가 혹은 더 넓은 지역까지도 포함한다. 어느 지역이 지역사회로 불리기 위해서는 다른 지역과 구별될 수 있어야 하고, 공동생활이란 그 지역의 개척자들이 부여한 특별한 의미를 가질 수 있는 자체적인 특성을 지녀야 한다."
- **워렌(Warren)** – "지역사회는 **지역적 접합성**을 가지는 주요한 사회적 기능을 수행하는 사회적 단위 및 체계의 결합이다."
- **힐러리(Hillery)** – "지역사회는 **지역적 영역의 공유, 공동의 유대, 사회·문화적 상호작용** 등의 3가지 구성요소가 나타난다."

지역사회를 바라보는 이론적 관점

- 지역사회 **상실이론**: 도시화로 인해 전통적인 공동체는 쇠퇴했다고 보는 관점으로 지역사회는 더 이상 존재하지 않는 잃어버린 것으로 간주
- 지역사회 **보존이론**: 상실이론에 대한 반론으로 제기된 이론. 도시에도 전통적 농촌사회와 같이 혈연, 이웃, 친구 등을 통해 사회적 지지를 받음
- 지역사회 **개방이론**: 기존의 지역성이라는 한정된 범주를 넘어 기능적 의미를 포괄. 사회적 지지망의 관점에서 비공식적 연계를 강조

공동사회와 이익사회(퇴니스)

서구 사회의 역사적 발전을 '**공동사회 연합체 → 공동사회 협의체 → 이익사회 협의체 → 이익사회 연합체**'의 순서로 설명

- 공동사회 연합체: 가족, 혈연, 이웃이나 친구를 통한 관계. 가족중심의 비공식복지
- 공동사회 협의체: 공동의 노동이나 직업적 소명에 기초한 관계. 교회나 길드 등에 의한 초기 형태의 공식복지
- 이익사회 협의체: 합리성 및 이해타산에 기초한 관계. 민간에 의한 자선적 조직 강조. 아직은 미약한 공식복지
- 이익사회 연합체: 산업화로 피폐해진 인간관계의 회복과 사회적 연대의 가치를 강조. 공식적·제도적 복지의 발전

좋은 지역사회의 특징(워렌)

- 구성원 사이의 인격적인 관계 형성
- 권력의 폭넓은 분산과 배분
- 다양한 소득집단, 인종집단, 종교집단, 이익집단을 포용
- 높은 수준의 지역적 통제
- 의사결정 과정에서 협력의 극대화, 갈등의 최소화
- 주민들의 자율성 보장

지역사회의 유형화(던햄)

- **인구 크기**: 대도시, 중소도시
- **경제적 기반**: 어촌, 산촌
- **정부 행정구역**: 특별시, 광역시, 시·군·구
- **인구구성의 사회적 특수성**: 외국인 밀집 지역 등

지역사회의 기능(길버트와 스펙트)

- **생산·분배·소비 → 경제제도**: 일상생활을 위해 필요한 재화와 서비스를 생산, 분배, 소비하는 과정과 관련된 기능
- **사회화 → 가족제도** : 지역사회 구성원들이 사회를 구성하는 가족, 집단, 조직, 지역사회의 지식, 가치, 행동유형을 터득하는 과정과 관련된 기능
- **사회통제 → 정치제도**: 지역사회가 그 구성원들에게 사회의 규범(법, 도덕, 규칙 등)에 순응하게 하는 기능
- **사회통합 → 종교제도**: 지역사회 구성원들의 상호 간 협력, 결속력 등을 강조하는 기능
- **상부상조 → 사회복지제도**: 지역사회 구성원들이 서로에게 도움을 주는 것과 관련된 기능

지역사회 기능의 비교척도(워렌)

- **지역적 자치성**: 지역사회의 기능을 수행하는 데 있어 타 지역에 의존하는 정도
- **서비스 영역의 일치성**: 서비스 영역이 동일지역 내에서 이루어지고 있는 정도
- **지역에 대한 주민들의 심리적 동일시**: 지역주민들이 가지는 소속감의 정도
- **수평적 유형**: 지역사회 내의 상이한 단위조직들의 상호 관련성

정답훈련

다음 내용이 왜 틀렸는지를 확인해보자

`08-05-01`
01 지리적 지역사회가 **기능적 지역사회의 의미를 포괄**한다.

> 지리적 지역사회는 지리적 범위 내에서 지역사회를 살펴보는 것이고, 기능적 지역사회는 지리적 범위를 넘어선 개념이기 때문에 지리적 지역사회가 기능적 지역사회를 포괄하는 것은 아니다.

02 던햄(Dunham)이 제시한 지역사회의 유형화는 **기능적 의미의 지역사회를 고려**하였다.

> 던햄의 지역사회 유형화는 지리적 차원에서 제시된 것이다.

`10-05-02`
03 **산업화 이후 공동사회(Gemeinschaft)가 발전**되어 왔다.

> 산업화 이후에는 이익사회 형태가 발전하였다.

`10-05-02`
04 장애인 부모회는 **지리적 지역사회에 해당**한다.

> 지리적 범위를 넘어 구성될 수도 있다.

05 지역사회 보존이론에서 말하는 지역사회는 지역성의 의미에서 벗어나 **기능적 의미의 지역사회를 고려**하였다.

> 기능적 차원을 고려한 것은 개방이론이다.
> 보존이론은 전통적으로 지역사회에 있던 기능들이 여전히 유효하게 일어나고 있다고 본 입장이다.

`11-05-02`
06 좋은 지역사회가 되기 위해서는 **지역주민들의 자율권이 적절히 제한되어야 한다.**

> 좋은 지역사회가 되기 위해서는 지역주민의 자율권이 보장되어야 한다.

빈칸에 들어갈 알맞은 말을 채워보자

[10-05-02]

01 지역사회를 지리적 의미와 기능적 의미로 구분하여 제시한 학자는 (   )이다.

[17-05-01]

02 힐러리는 지역사회의 기본 3요소로 (   ), 공동의 유대감, 지리적 영역의 공유 등을 제시하였다.

[14-05-01]

03 지역사회의 기능을 측정하는 기준으로 지역적 자치성, 서비스 영역의 일치성, 심리적 동일시, 수평적 유형 등 4가지를 제시한 학자는 (   )이다.

[16-05-01]

04 던햄(Dunham)은 인구 크기 기준, (   ) 기준, 행정구역 기준, 사회적 특수성 기준 등에 따라 지역사회를 유형화하였다.

05 지역사회 (   )이론은 상실이론에 대한 반론으로 제기되어 현대에도 전통사회와 유사하게 지역사회의 사회적 기능이 이루어지고 있다고 본 관점이다.

[14-05-02]

06 '을' 종교단체가 지역주민 어르신을 대상으로 경로잔치를 개최하고 후원물품을 나누어준 것은 지역사회의 기능 중 (   ) 기능의 사례에 해당한다.

07 퇴니스에 따르면, (①   )사회는 전통적이고 정서적인 관계를 기반으로 하며, (②   )사회는 개인주의 및 합리적 이익추구를 기초로 한다.

[15-05-02]

08 지역사회 비교 척도 중 (   )은/는 지역주민들이 자기 지역을 중요한 준거집단으로 생각하는 정도를 말한다.

[16-05-01]

09 길버트와 스펙트는 지역사회의 (   ) 기능이 현대의 사회복지제도로 정착되었다고 보았다.

답 **01** 로스(Ross) **02** 사회적 상호작용 **03** 워렌(Warren) **04** 경제적 기반 **05** 보존 **06** 사회통합 **07** ① 공동 ② 이익
08 심리적 동일시 **09** 상부상조

다음 내용이 옳은지 그른지 판단해보자

15-05-03

01 지리적 지역사회는 일정한 지리적 공간을 공유하는 사람들의 집단을 의미한다. ◎ ⊗

14-05-02

02 '갑' 마을에서 인사 잘하는 마을 만들기를 위하여 조례를 제정하고, 위반하는 청소년에게 벌금을 강 ◎ ⊗
제로 부과하도록 하는 것은 지역사회의 사회화 기능에 해당한다.

13-05-03

03 모든 지역사회는 사회(society)이나, 모든 사회가 지역사회는 아니다. ◎ ⊗

04 맥키버(MacIver)는 공동생활권의 차원에서 지역사회를 설명하며 지역사회의 범위를 부락, 읍 단위 ◎ ⊗
로 한정하였다.

05 워렌(Warren)은 좋은 지역사회는 구성원 사이에 인격적 관계를 바탕으로 한다고 보았다. ◎ ⊗

16-05-01

06 기능적 지역사회는 이념, 사회계층, 직업유형 등을 중심으로 이루어진다. ◎ ⊗

12-05-13

07 외국인노동자 공동체와 유사한 공동체는 공동의 관심을 바탕으로 정체성을 공유하면서도 상호작용 ◎ ⊗
이 활발히 일어나지 않는 특징이 있다.

15-05-03

08 지역사회는 이익사회에서 공동사회로 발전한다. ◎ ⊗

답 **01** ○ **02** × **03** ○ **04** × **05** ○ **06** ○ **07** × **08** ×

해설 **02** 조례 제정과 같이 제도, 규범 등을 따르도록 하는 기능은 사회통제의 기능에 해당한다.
04 모든 형태의 공동생활지역으로 부락이나 읍 외에 시·도, 국가 혹은 더 넓은 지역도 지역사회로 포함된다고 설명하였다.
07 공동의 관심과 정체성을 공유하면서 상호작용이 활발히 일어나게 된다.
08 지역사회는 공동사회에서 이익사회로 발전한다(퇴니스).

합격족보 필수 키워드 23

keyword	우리나라 지역사회복지의 발달
sub keywords	전통적 인보관행, 조선시대 인보제도, KAVA, 재가복지 발달, 사회행동모델 확산, 지역사회보장계획, 희망복지지원단, 사회보장정보시스템, 읍면동 복지허브화
focus	우리나라 지역사회복지의 발달은 역사적 흐름과 관련하여 연대별 특징을 알아두어야 하며, 주요 사건에 대해서는 정확한 연도와 함께 그 특징도 파악해두어야 한다. 시설평가 시행, 지역사회보장계획 도입, 공동모금회 설립, 공공 전달체계의 변화 등은 다른 영역에서도 자주 등장하는 내용으로 매우 중요하다.

(21-05-03)

한국의 지역사회복지 역사에 관한 설명으로 옳은 것은?

① 1960년대 – 지역자활센터 설치 · 운영
② 1970년대 – 사회복지관 운영 국고보조금 지원
③ 1980년대 – 희망복지지원단 설치 · 운영
④ 1990년대 – 재가복지봉사센터 설치 · 운영
⑤ 2010년대 – 사회복지사무소 시범 설치 · 운영

정답률 확인	① 3% ② 21% ③ 11% ④ 55% ⑤ 10%

답 ④

오답노트

① 2000년대 – 지역자활센터 설치 · 운영(2006년 '자활후견기관'을 '지역자활센터'로 명칭 변경, 2007년 운영)
② 1980년대 – 사회복지관 운영 국고보조금 지원(1983년)
③ 2010년대 – 희망복지지원단 설치 · 운영(2012년)
⑤ 2000년대 – 사회복지사무소 시범 설치 · 운영(2004년)

➕ 출제빈도

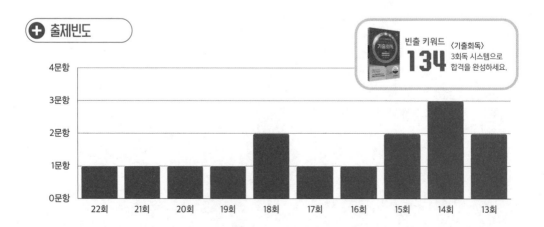

빈출 키워드 〈기출회독〉
134 3회독 시스템으로 합격을 완성하세요.

우리나라 지역사회복지의 발달

강의 QR코드

1회독 〉 **2**회독 〉 **3**회독

월   일 | 월   일 | 월   일

★ 최근 10년간 **15문항** 출제 ★

이론요약

전통적인 인보상조 관행 및 국가제도

▶ **관행**

- 계: 큰 지출에 대비하기 위한 경제적 상부상조
- 두레: 농사일 협력을 위한 마을 전체의 공동노력
- 품앗이: 대체로 개인간 또는 소규모로 구성되어 노동력 상시 교환
- 향약: 마을 단위로 실시된 향촌의 자치규약. 현재의 조례와 유사
- 사창: 흉년에 대비하여 미리 향민에게 곡식을 징수·기증받아 저장해 두는 촌락단위의 구휼제도

▶ **국가제도**

- **오가작통법: 5가구를 한 통으로 묶어 연대책임을 지움. 지방자치적 성격**
- 의창: 흉년이 든 해에 기민을 구제하기 위하여 양곡을 저장·보관해두는 제도
- 상평창: 평상시 빈민에 대해 곡물을 대여함. 상환의 의무가 있음
- 진휼청: 조선시대 흉년에 곡물(진휼미)을 풀어 빈민을 구제하고 곡가를 조절하는 국가 기관
- 동서대비원: 치료를 목적으로 하는 의료구호 기관
- 혜민국: 의약, 의복제공 기관

[기본개념]
지역사회복지론

3장

일제강점기

- 전통적인 자생 복지활동은 위축·해체
- 조선구호령 실시(해방 이후 1961년 생활보호법이 제정됨에 따라 폐지)

해방 이후

▶ **외국민간원조단체 한국연합회(KAVA)**

- 전쟁 난민 및 고아를 돕기 위한 시설보호사업으로 시작
- 보건사업, 교육, 지역개발사업, 전문 사회복지사업 전개

▶ **새마을운동**

- 1958년 지역사회개발위원회 규정 공포, 이후 <u>1970년대 새마을운동</u>으로 전환

- 지역사회개발 사업으로서 근면, 자조, 협동을 기본이념으로 함
- 농촌의 생활환경개선 사업에서 시작해 소득증대 사업으로 확대

1980년대

▶ 지역사회복지의 정착
- 1983년 사회복지사업법 개정으로 사회복지관 운영에 대한 국가적 지원에 관한 규정 마련
- 1987년 사회복지전문요원 도입
- 1989년 저소득층 영구임대아파트 건립 시 사회복지관 건립 의무화

▶ 지역사회행동의 확산
- 1980년대를 거치면서 민간단체들을 중심으로 한 사회행동이 증가
- 저소득층 지역사회의 재개발반대운동, 핵발전소설치반대운동 등 지역을 배경으로 지역사회문제를 해결하기 위한 사회행동도 증가

1990년대
- 지방자치제도 실시(1995년 지방자치단체장 직선)
- 1992년 재가복지봉사센터 설립(2010년 재가복지봉사센터가 종합사회복지관으로 흡수 · 통합됨)
- 1997년 사회복지공동모금법 제정(1999년 사회복지공동모금회법으로 개정)
- 1999년 1기 사회복지 시설평가 시작

2000년대
- 2000년 국민기초생활보장법 시행으로 지역사회 중심의 자활지원 사업 시작
- 2003년 사회복지사업법 개정으로 4년마다 지역사회복지계획 수립 의무화(2005년 지역사회복지협의체 개소, 2007년 1기 계획 시작, 현재 지역사회보장계획)
- 2004년 아동복지법 개정으로 지역아동센터 법제화
- 2007년 지역사회서비스투자사업 실시, 전자바우처 사회서비스 사업 시행
- 2010년 사회복지통합관리망 행복e음 개설
- 2012년 시 · 군 · 구 희망복지지원단 설치
- 2013년 사회보장정보시스템 개통
- 2014년 사회보장급여의 이용 · 제공 및 수급권자 발굴에 관한 법률 제정, 2015년 시행
- 2016년 행정복지센터를 통한 '읍 · 면 · 동 복지허브화' 사업 실시
- 2017년 주민자치형 공공서비스 실시, 읍 · 면 · 동 찾아가는 보건복지팀 설치
- 2019년 공공 체계를 통해 돌봄 서비스를 직접 제공하기 위한 사회서비스원 개소
- 2022년 차세대 사회보장정보시스템(희망이음) 개통

다음 내용이 왜 틀렸는지를 확인해보자

`14-05-05`

01 한국의 지역사회복지는 **2000년대 들어서면서 중앙집권이 강화되는 경향**을 보였다.

> 1990년대에 시작된 지방자치제의 영향을 받아 사회복지 역시 지방분권이 이루어졌다.

`09-05-06`

02 **2000년대 들어서면서 사회복지공동모금법이 제정**되어 민간단체에 의한 공동모금사업이 실시되었다.

> 사회복지공동모금법이 제정된 것은 1997년(시행은 1998년)이다. 현재는 사회복지공동모금회법(1999년 개정)으로 시행되고 있다.

---

03 사회복지시설에 대한 평가 의무화는 **1997년 사회보장기본법 개정**을 통해 이루어졌다.

> 1997년 사회복지사업법 개정으로 시설평가가 의무화되었다. 시설평가에 관한 법률조항의 시행은 이듬해인 1998년이었고, 실제 시설평가가 처음 진행된 것은 1999년이다.

`13-05-19`

04 2012년에는 사회보장기본법상의 **'사회서비스'가 '사회복지서비스'로 변경**되었다.

> '사회복지서비스'가 '사회서비스'로 변경, 확장되었다.

`08-05-03`

05 **1990년대**에는 지방자치 시대를 맞아 지역사회복지계획(현 지역사회보장계획)이 수립되었다.

> 지역사회복지계획에 관한 법 규정은 2003년 사회복지사업법 개정을 통해 마련되었고 2005년 7월부터 시행되어 2007년 제1기 계획이 시작되었다.

`16-05-03`

06 1970년대에는 **사회복지관 국고보조금 지침이 마련**되었다.

> 1983년 사회복지사업법 개정으로 사회복지관이 공식적으로 국가 지원을 받을 수 있게 되었으며, 1989년 「사회복지관 운영·건립 국고보조사업지침」에 따라 국가지원금 산출방식이 마련되었다.

07 1960년대 들어 우리나라 최초의 사회복지관이 건립되었다.

> 1921년에 설립된 태화여자관이 우리나라 최초의 사회복지관으로 평가되고 있다.

08 새마을운동은 **1980년대**에 시작한 우리나라의 전형적 지역사회개발사업이다.

> 새마을운동은 1970년대에 시작되었다.

09 1950년대 우리나라에는 **외국공공원조단체** 한국연합회(KAVA)가 조직되었다.

> KAVA는 외국의 공공이 아닌 민간 원조단체였다.

10 계, 두레, 향약, **오가작통** 등은 민간이 주도했던 자생적인 인보관행이었다.

> 오가작통은 국가적으로 실시했던 인보제도였다.

11 혜민국, 상평창, 의창, 진휼청, **공굴** 등은 국가에서 상시적으로 운영했던 복지기구의 성격을 갖는다.

> 공굴은 중병 혹은 장애가 있는 사람이나 과부 등 농사를 짓기 어려운 사람들을 위해 마을 사람들이 공동으로 농사를 지어주던 관행이었다.

12 조선시대 오가작통은 오늘날 **공공근로의 성격**을 가졌다.

> 오가작통은 지방자치제도의 성격을 띠었다.

빈칸에 들어갈 알맞은 말을 채워보자

10-05-05

01 ( )년에는 사회복지시설평가를 위한 사회복지사업법 개정이 이루어졌다.

10-05-05

02 국민기초생활보장제도가 시행된 것은 ( )년이다.

03 2019년에는 공공부문에서 사회서비스 근로자를 직접 고용하고 사회서비스를 직접 제공하기 위해 ( )을/를 출범하였다.

04 2016년 읍·면·동 ( ) 사업을 추진하면서 동주민센터는 행정복지센터로 탈바꿈하였다.

15-05-22

05 2014년 제정된 「사회보장급여의 이용·제공 및 수급권자 발굴에 관한 법률」에 따른 지역사회보장계획은 ( )년마다 수립하도록 규정되어 있다.

17-05-07

06 ( )년에 시·군·구 단위에 설치된 희망복지지원단은 통합적 사례관리를 추진한다.

14-05-19

07 새마을운동은 근면, 자조, ( ) 등을 주요 정신으로 한다.

08 2015년 사회보장급여의 이용·제공 및 수급권자 발굴에 관한 법률이 시행됨에 따라 지역사회(①)계획은 지역사회(②)계획으로 그 범위가 확대되었다.

답 **01** 1997 **02** 2000 **03** 사회서비스원 **04** 복지허브화 **05** 4 **06** 2012 **07** 협동 **08** ① 복지 ② 보장

다음 내용이 옳은지 그른지 판단해보자

17-05-07
01 2000년대에 들어서면서 저소득층 영구임대아파트 건립 시 일정 규모의 사회복지관 건립을 의무화 했다.

02 새마을운동은 농촌마을 공동체의 자율성을 약화시켰고, 전통적인 농촌공동체의 지혜와 전통도 단절시키는 결과를 초래하기도 했다.

15-05-08
03 조선시대 흉년으로 인한 이재민과 빈민을 구제한 국가기관은 동서대비원이다.

04 1980년대 후반 이후 각 민간단체들을 중심으로 복지 이슈와 관련된 사회운동이 이루어졌으며, 지역사회 문제의 해결을 위해 점차 사회행동모델이 강조되었다.

05 1986년에 자활지원센터의 시범사업이 실시되었다.

13-05-15
06 향약은 유교적 예속의 보급, 공동체적 결속, 지역의 체제안정을 위해 마을 단위로 실시된 향촌의 자치규약을 말한다.

07 국민기초생활보장제도가 시행되면서 지역사회 중심의 자활지원사업이 본격적으로 전개되었다. ⊙⊗

08 사회보장급여의 이용·제공 및 수급권자 발굴에 관한 법률이 시행됨에 따라 사회복지사업법상의 지역사회복지계획이 이 법률로 이관되어 지역사회보장계획으로 변경되었다. ⊙⊗

답 01 ✕ 02 ○ 03 ✕ 04 ○ 05 ✕ 06 ○ 07 ○ 08 ○

해설 **01** 1989년 주택건설촉진법, 1991년 주택건설 기준 등에 관한 규정 및 주택건설 기준 등에 관한 규칙 등을 통해 저소득층 영구임대아파트 건립 시 일정 규모의 사회복지관 건립을 의무화하였다.
03 조선시대 흉년으로 인한 이재민과 빈민을 구제한 국가기관은 진휼청이다.
05 1996년에 자활지원센터의 시범사업이 실시되었다.

합격족보 필수 키워드 24

keyword	사정 단계
sub keywords	사정의 원칙 및 범위, 포괄적 사정, 문제중심 사정, 하위체계 사정, 자원 사정, 협력 사정, 참여관찰, 델파이, 명목집단, 초점집단, 공청회, 포럼
focus	사정 단계에서 가장 많이 출제된 내용은 자료수집방법, 욕구조사방법 등 사정 방법에 관한 내용이다. 사정의 개념, 사정에서 살펴봐야 할 사항들, 사정의 유형 등 전반적인 사항을 두루 살펴봐야 한다.

21-05-13

지역사회 욕구사정 방법에 관한 설명으로 옳은 것은?

① 명목집단기법: 지역주민으로부터 설문조사를 통해 직접적으로 자료를 획득
② 초점집단기법: 전문가 패널을 대상으로 반복된 설문을 통해 합의에 이를 때까지 의견을 수렴
③ 델파이기법: 정부기관이나 사회복지 관련 조직에 의해 수집된 기존 자료를 활용
④ 지역사회포럼: 지역주민이 참여할 수 있는 공개 모임을 개최하여 구성원의 의견을 모색
⑤ 사회지표분석: 지역사회 문제를 잘 파악하고 있는 사람들을 대상으로 정보를 확보

정답률 확인 ① 4% ② 5% ③ 3% ④ 85% ⑤ 3%

답 ④

오답노트
① 지역주민으로부터 설문조사를 통해 직접적으로 자료를 획득하는 것은 서베이 조사에 해당한다.
② 전문가 패널을 대상으로 반복된 설문을 통해 합의에 이를 때까지 의견을 수렴하는 것은 델파이기법에 해당한다.
③ 정부기관이나 사회복지 관련 조직에 의해 수집된 기존 자료를 활용하는 것은 사회지표분석에 해당한다.
⑤ 지역사회 문제를 잘 파악하고 있는 사람들을 대상으로 정보를 확보하는 것은 초점집단기법에 해당한다.

➕ 출제빈도

빈출 키워드 〈기출회독〉
142 3회독 시스템으로 합격을 완성하세요.

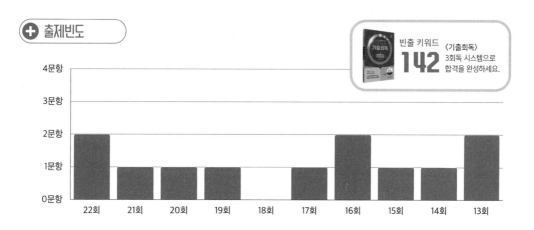

강의 QR코드

1회독	>	**2**회독	>	**3**회독
월 일		월 일		월 일

★ 최근 10년간 **12문항** 출제 ★

이론요약

사정의 개념 및 원칙

• 문제확인 단계에서 파악된 문제를 해결하기 위한 <u>서비스나 프로그램을 개발하기 위한 준비</u> 단계
• 주요 원칙: 사정의 목표와 초점의 명확화, 제한된 자원과 역량을 고려, 구체적 쟁점이나 문제에 초점, 지역주민의 참여

[기본개념]
지역사회복지론

6장

사정에서 고려할 사항

• 지역사회의 발전 과정
• 정치적·사회적 구조
• 경제적 상황
• 사회문화적 특징

사정의 유형

• 포괄적 사정: 특정한 문제나 표적집단에 한정하지 않고 지역사회 전반을 대상으로 한 사정 유형
• 문제중심 사정: 지역사회에서 우선적으로 해결이 필요한 중요한 영역에 초점을 둔 유형
• 하위체계 사정: 지역사회의 특정 하위체계를 중심으로 사정
• 자원사정: 권력, 전문기술, 재정, 서비스 등 인적·물적 자원 영역을 검토
• 협력 사정: 지역사회 참여자들이 완전한 파트너로서 조사계획, 참여관찰, 분석과 실행 국면 등에 관계되면서 지역사회에 의해 수행되는 사정

사정을 위한 자료수집 방법

▶ **양적 접근**
• 구조화된 서베이
  – 구조화된 질문지를 통해 설문조사를 진행하여 응답을 구하는 방식
• 사회지표 분석
  – 통계청, 국가기관, 복지 관련 전문 기관 등에서 진행한 수치화된 자료를 활용하여 욕구를 파악하는 방법

▶ 질적 접근

• 델파이기법

  – 문제와 관련된 전문가에게 <u>이메일이나 우편 등을 통해 개방형 질문으로 설문지를 발송하여 의견을 취합</u>하는 방식

  – **참여자 간의 영향력은 방지**할 수 있지만 정해진 기간 안에 의견 취합이 안 되는 경우가 많으며, 반복적으로 진행하다 보면 점점 답변 회수율이 떨어질 수 있음

• 명목집단기법

  – <u>참여자들이 의견을 무기명으로 적어 제출</u>하면 사회자가 각 내용을 발표한 후 투표를 진행하여 우선순위 결정

  – 참여자들이 서로 누가 어떤 의견을 냈는지 모른다는 점은 델파이기법의 장점과 동일함

• 초점집단기법

  – 소집단으로 구성하여 **참여자들의 토론 및 질의응답**을 통해 문제에 대한 의견을 듣는 방법

  – 전문가도 참여하지만 **수혜자, 잠정적 수혜자, 지역주민 등이 참여하는 직접적 욕구조사 방법**

• 주요정보제공자기법

  – 문제와 관련된 전문가, 실무자 등을 통해 대상집단 및 욕구를 파악하는 방법

  – 서비스 제공자, 관련 단체의 대표자 등 **전문가들이 주로 참여하는 간접적 욕구조사 방법**

• 지역사회포럼

  – **모든 지역주민들에게 공개적으로 진행**하는 방식으로, 토론자들이 먼저 관련 문제에 대한 설명 및 토론 등을 진행한 후 방청한 지역주민들과의 질의응답 시간을 진행함

  – 지역주민의 욕구나 문제에 대한 지역주민의 인식을 알 수 있음

  – 다양한 의견이 제시될 수 있으나 문제의 본질이나 욕구파악이 오히려 어려울 수 있음

• 공청회

  – 정부의 프로그램이나 계획에 대해 의견을 개진할 수 있는 기회를 제공

  – 공청회에 참석한 참석자들의 견해가 전체 지역주민을 대표하는지를 확신하기 어려우며, 통제가 어렵다는 한계가 있음

  ※ 포럼과 진행방식은 동일하지만 공청회의 주체는 국가 및 지자체

• 참여관찰

  – 지역주민의 일상적인 삶에 참여하여 주민들의 문제를 직접 보고 들으며 체험하는 방법

다음 내용이 **왜 틀렸는지**를 확인해보자

01 **사정단계**는 지역사회의 전반적인 분위기를 파악하고 문제나 욕구를 확인하기 위해 정보를 수집하는 데에 초점을 둔다.

> 문제확인 단계에 대한 설명이다. 사정단계는 서비스나 프로그램을 개발하기 위한 준비단계이기 때문에 문제를 구체화시켜 프로그램 개발로 이어질 수 있게 해야 한다.

13-05-08

02 하위체계사정은 하위체계의 **정태적인 이해를 높이는 데 활용**된다.

> 하위체계사정은 하위체계의 역동성을 고려하여 동태적으로 파악할 수 있도록 진행해야 한다.

03 초점집단조사방법은 **다수의 사람들이** 정보와 의견을 나눌 수 있도록 하는 욕구조사방법이다.

> 초점집단조사방법은 문제와 관련 있는 소수의 사람들이 한 자리에 모여 정보와 의견을 나눔으로써 욕구조사를 진행하는 방법이다.

17-05-11

04 델파이기법에서 설문지는 **폐쇄형 질문으로 구성**한다.

> 설문구성은 개방형으로 시작해서 이후에는 유사한 응답내용을 폐쇄형으로 구성하여 질문한다.

13-05-08

05 민속학적(ethnographic) 방법은 일반적으로 **표준화된 면담도구를 사용**한다.

> 민속학적 방법은 표준화된 면담도구를 사용하기보다는 현지 관찰을 통해 지역주민의 삶, 행동, 문화, 가치 등을 파악한다.

06 협력 사정을 통해 지역사회에 존재하는 재정, 서비스, 전문기술 등 **인적, 물적 자원 영역을 검토**한다.

> 인적, 물적 자원 영역을 검토하는 것은 자원 사정에 해당한다.
> 협력 사정은 문제에 관한 조사 계획부터 관찰, 분석, 실행 등의 과정에 지역사회 참여자들이 완전한 파트너로서 협조하며 함께하는 사정을 말한다.

07-05-07

07 지역사회포럼은 공청회와 달리 <u>참석자들에 대한 통제가 용이하다.</u>

> 지역사회포럼과 공청회는 진행방식이 동일하다. 전문가들이 주제와 관련된 화제를 제시하고 청중들이 질문이나 의견을 제시하게 되는데, 분위기가 과열될 경우 통제가 어렵다.

13-05-08

08 <u>비공식적 인터뷰</u>는 자료수집과정에서 신뢰도와 일관성을 높이는 방법이다.

> 대체로 질적 방법은 양적 방법에 비해 신뢰도와 일관성에 취약하다.

빈칸에 들어갈 알맞은 말을 채워보자

16-05-16

01 (　　　　　　) 기법은 모든 참여자가 직접 만나 욕구에 대한 우선순위를 결정한다. 욕구순위에 대한 합의의 과정이 반복시행을 거쳐 이루어질 수 있다.

17-05-11

02 (　　　　　　) 기법은 지역사회문제에 대한 전문지식을 갖고 있는 주요 정보제공자로 구성하며, 응답 내용이 합의에 이르기까지 여러 번에 걸쳐 설문 과정을 반복한다.

08-05-29

03 (　　　　　　) 기법은 문제와 관련된 지역주민이나 수혜자들 중에서 소수의 관련자들과 함께 만나 정보를 얻으면서 지역사회의 욕구를 파악해가는 방법이다.

04 (　　　　　) 사정은 해결이 필요한 특정 이슈나 영역에 초점을 두어 진행하는 사정 유형이다.

14-05-09

05 (　　　　　) 사정은 지역사회에서 이용할 수 있는 권력, 전문기술, 재정, 서비스 등을 조사하는 사정이다.

06-05-15

06 민속학적 방법, 비공식 인터뷰는 질적 자료수집 방법이며, 사회지표 분석은 (　　　　　) 방법이다.

> **답** **01** 명목집단 **02** 델파이 **03** 초점집단 **04** 문제중심 **05** 자원 **06** 양적

합격족보 필수 키워드 25

keyword	지역사회보장계획
sub keywords	사회보장급여의 이용 · 제공 및 수급권자 발굴에 관한 법률, 지역사회보장계획의 원칙, 수립절차, 수립내용, 4년 단위 계획, 중장기 계획, 시행 및 평가 등
focus	지역사회보장계획이 언제부터 시작되었는지, 어느 법률에 따라 운용되는지, 몇 년 단위로 시행되는지, 수립절차는 어떻게 진행되는지, 어떤 원칙들을 따르는지, 어떤 내용들을 수립하는지 등이 모두 출제범위이다. 각각의 내용이 단독 문제로 출제되기도 하며 한 문제에서 종합적으로 출제되기도 한다.

21-05-18

시 · 군 · 구 지역사회보장계획에 관한 설명으로 옳은 것을 모두 고른 것은?

> ㄱ. 시 · 군 · 구 지역사회보장협의체의 보고와 의회의 심의를 거쳐야 한다.
> ㄴ. 사회보장급여의 이용 · 제공 및 수급권자 발굴에 관한 법률에 의거한다.
> ㄷ. 시행연도의 전년도 11월 30일까지 수립하여 제출하여야 한다.
> ㄹ. 4년마다 수립하고 매년 연차별 시행계획을 수립해야 한다.

① ㄱ, ㄴ
② ㄱ, ㄷ
③ ㄴ, ㄹ
④ ㄱ, ㄴ, ㄹ
⑤ ㄴ, ㄷ, ㄹ

정답률확인	① 12% ② 5% ③ 31% ④ 39% ⑤ 13%

답 ③

오답노트
ㄱ. 지역사회보장협의체의 심의와 해당 시 · 군 · 구 의회의 보고를 거쳐야 한다.
ㄷ. 시 · 군 · 구 계획은 전년도 9월 30일까지, 그 연차별 시행계획은 전년도 11월 30일까지 각각 제출해야 한다.

➕ 출제빈도

빈출 키워드 〈기출회독〉
152
3회독 시스템으로
합격을 완성하세요.

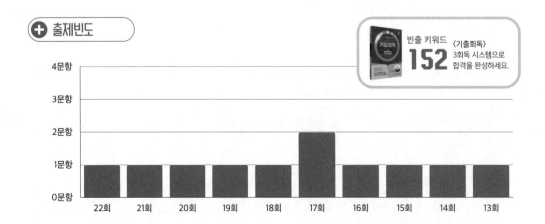

지역사회보장계획

강의 QR코드

★ 최근 10년간 **11문항** 출제 ★

이론요약

목적 등

- 지역사회보장서비스를 **종합적·계획적·중장기적으로 추진**하기 위한 방법
- **4년마다 수립** + 해마다 연차별 시행계획 수립
- 필요성: 지역사회복지의 제도화, 서비스의 지속적·안정적 공급, 서비스 공급주체의 다원화, 사회자원 조달과 적정배분
- 목표: **지역 차원의 통합적 시행계획** 수립, **지역주민의 참여**를 유도, 지역의 사회복지 공급 주체로서의 **공공과 민간 간 협력**

[기본개념]
지역사회복지론

10장

연혁

- 2003년 사회복지사업법 개정, 2005년 7월부터 계획 수립을 의무화하는 규정 마련
- 2007~2010년 1기 계획 진행
- 2015년 7월 「사회보장급여의 이용·제공 및 수급권자 발굴에 관한 법률」 신설 시행에 따라 '지역사회보장계획'으로 변화됨

계획 수립의 원칙

- **지역성**
- **과학성**
- **연속성**
- **실천성**
- **자율성**
- **참여성**

계획의 내용

▶ **시·군·구 계획**
- 지역사회보장 수요의 측정, 목표 및 추진전략
- 지역사회보장지표의 설정 및 목표

- 지역사회보장의 분야별 추진전략, 중점 추진사업 및 연계협력 방안
- 지역사회보장 전달체계의 조직과 운영
- 사회보장급여의 사각지대 발굴 및 지원 방안
- 지역사회보장에 필요한 재원의 규모와 조달 방안
- 지역사회보장에 관련한 통계 수집 및 관리 방안

▶ **시 · 도 계획**
- 시 · 군 · 구의 사회보장이 균형적이고 효과적으로 추진될 수 있도록 지원하기 위한 목표 및 전략
- 지역사회보장지표의 설정 및 목표
- 시 · 군 · 구에서 사회보장급여가 효과적으로 이용 및 제공될 수 있는 기반 구축 방안
- 시 · 군 · 구 사회보장급여 담당 인력의 양성 및 전문성 제고 방안
- 지역사회보장에 관한 통계자료의 수집 및 관리 방안

수립 절차
① 지역주민 등 이해관계자 의견수렴
② 시 · 군 · 구 지역사회보장계획 수립
③ 지역사회보장협의체 심의, 시 · 군 · 구 의회 보고
④ 시 · 도지사에게 제출
⑤ 제출된 시 · 군 · 구 지역사회보장계획의 종합 · 조정
⑥ 시 · 도 사회보장위원회 심의, 시 · 도 의회 보고
⑦ 보건복지부장관에 제출
⑧ 사회보장위원회 보고

※ **지역사회보장협의체**
지역의 사회보장을 증진하고, 사회보장과 관련된 서비스를 제공하는 관계 기관과의 연계 · 협력을 강화하기 위해 해당 시 · 군 · 구 단위에 설치한다.

※ **시 · 도 사회보장위원회**
시 · 도의 사회보장 증진을 위하여 시 · 도 단위에 설치되며, 시 · 도 계획을 심의한다.

※ **사회보장위원회**
사회보장에 관한 주요 시책을 심의 · 조정하기 위해 사회보장기본법에 따라 국무총리 소속으로 설치된다.

시행결과의 평가
- 보건복지부장관은 시 · 도 계획의 시행결과를, 시 · 도지사는 시 · 군 · 구 계획의 시행결과를 평가할 수 있다.
- 시 · 도지사는 평가를 시행한 경우 그 결과를 보건복지부장관에게 제출하여야 하며, 보건복지부장관은 이를 종합 · 검토하여 사회보장위원회에 보고하여야 한다.

지역사회보장균형발전지원센터
보건복지부장관은 시 · 도 및 시 · 군 · 구의 사회보장 추진 현황 분석, 지역사회보장계획의 평가, 지역 간 사회보장의 균형발전 지원 등의 업무를 효과적으로 수행하기 위하여 지역사회보장균형발전지원센터를 설치 · 운영할 수 있다.

정답훈련

다음 내용이 왜 틀렸는지를 확인해보자

---

01 지역사회보장계획에 관한 사항은 <u>**사회보장기본법에서 규정**</u>하고 있다.

> 사회복지사업법상 지역사회복지계획으로 출발하여 현재 「사회보장급여의 이용·제공 및 수급권자 발굴에 관한 법률」에 따라 운영되고 있다.

09-05-22

02 보건복지부장관은 시·군·구 지역사회보장계획의 <u>**시행결과를 평가해야 한다**</u>.

> 시행결과에 대한 평가가 의무사항은 아니다.

---

03 시·군·구 계획은 지역사회보장협의체의 심의와 함께 <u>**시·도 의회의 보고**</u>를 거쳐야 한다.

> 시·군·구 계획은 지역사회보장협의체의 심의와 시·군·구 의회의 보고를 거쳐야 한다.
> 시·도 계획은 시·도사회보장위원회의 심의와 시·도 의회의 보고를 거쳐야 한다.

11-05-20

04 지역사회보장계획에는 **지역사회보장협의체의 구성에 관한 사항을 포함**한다.

> 지역사회보장협의체는 지역사회보장계획을 심의하는 기관으로, 사회보장급여의 이용·제공 및 수급권자 발굴에 관한 법률 및 시행령에 그 구성에 관한 사항이 규정되어 있다.

15-05-16

05 지역사회보장계획은 **주택, 고용, 문화를 제외한** 보건과 의료영역에 초점을 둔다.

> 지역사회보장계획은 사회서비스 전 영역에 포괄적으로 관심을 둔다. 사회서비스란 사회복지서비스, 보건의료서비스를 비롯해 주택, 고용, 문화와 관련된 서비스를 모두 포괄한다.

---

06 시·도지사는 시·도 지역사회보장계획의 시행결과를, 시·군·구청장은 시·군·구 지역사회보장계획의 시행결과를 평가할 수 있다.

> 보건복지부장관은 시·도 지역사회보장계획의 시행결과를, 시·도지사는 시·군·구 지역사회보장계획의 시행결과를 평가할 수 있다.

---

07 지역사회보장계획은 **보건복지부의 심의**를 거쳐야 한다.

> 시·군·구 계획의 심의는 지역사회보장협의체에서, 시·도 계획의 심의는 시·도 사회보장위원회에서 진행한다. 시·도 사회보장위원회의 심의와 해당 시·도 의회의 보고를 거친 시·도 계획은 보건복지부장관에게 제출해야 한다.

08 지역사회보장계획은 지역 고유의 특성을 반영하는 지역성, **사회보장에 관한 기본계획과의 분리성**, 지역의 특성과 욕구를 반영하여 계획을 자유롭게 설정할 수 있는 자율성 등의 원칙을 따른다.

> 사회보장 기본계획과의 연계성을 원칙으로 한다.

09 지역사회보장계획이 시행됨에 따라 **공급자 중심**의 지역사회복지실천이 강화될 수 있었다.

> 지역사회보장계획의 목적이 공급자 중심의 지역사회복지실천에 있는 것은 아니다.
> 지역사회보장계획은 서비스 공급 주체를 다원화하고 민과 관이 협력하며 주민들이 주체가 된 지역사회보장이 이루어질 수 있도록 하는 것을 목적으로 한다.

10 **수립된 시·군·구 지역사회보장계획에 대해서** 지역주민 등 이해관계자의 의견을 수렴하여 지역사회보장협의체의 심의 및 시·군·구 의회의 보고를 진행해야 한다.

> 수립된 계획에 대해서 지역주민 등의 의견을 듣는 것이 아니라, 계획을 수립하기에 앞서 지역주민 등의 의견을 수렴하여 계획에 반영되도록 해야 한다.

11 보건복지부장관은 시·도 및 시·군·구의 사회보장 추진 현황 분석, 지역사회보장계획의 평가, 지역 간 사회보장의 균형발전 지원 등의 업무를 효과적으로 수행하기 위하여 **사회보장위원회**를 설치·운영할 수 있다.

> 지역사회보장균형발전지원센터에 관한 설명이다.
> 사회보장위원회는 사회보장 증진을 위한 기본계획, 사회보장 관련 주요 계획, 사회보장제도의 평가 및 개선 등 사회보장에 관한 주요 시책을 심의·조정하기 위해 사회보장기본법에 따라 국무총리 소속으로 설치된 기관이다.

빈칸에 들어갈 **알맞은 말을** 채워보자

01 (　　　　　　　)년부터 제1기 지역사회복지계획이 진행되었다.

`14-05-20`

02 시·도지사 및 시·군·구청장은 (　　　　　　　)년마다 지역사회보장계획을 수립해야 한다.

`14-05-20`

03 「사회보장급여의 이용·제공 및 수급권자 발굴에 관한 법률」의 제정으로 지역사회복지계획의 범위를 사회복지에서 (　　　　　　)(으)로 확장하였다.

04 지역사회보장계획은 (　　　　　　)에 따른 사회보장에 관한 기본계획과 연계되도록 하여야 한다.

`16-05-21`

05 시·군·구 지역사회보장계획은 시행연도의 전년도 9월 30일까지 (　　　　　　)에게 제출해야 한다.

06 보건복지부장관은 제출받은 시·도 지역사회보장계획을 (① 　　　　　)에 (② 　　　　　)하여야 한다.

 01 2007　**02** 4　**03** 사회보장　**04** 사회보장기본법　**05** 시·도지사　**06** ① 사회보장위원회 ② 보고

	합격족보 필수 키워드	10년간 출제문항수	기출회독 No.
26	사회보장의 특징	25	179
27	빈곤과 소득불평등	14	187
28	사회복지정책의 가치	13	163
29	사회복지정책의 재원	12	177
30	사회복지정책 이데올로기	11	171

➕ 출제비중

『**사회복지정책론**』필수 키워드 5개의 회차별 출제비중을 확인해보세요.

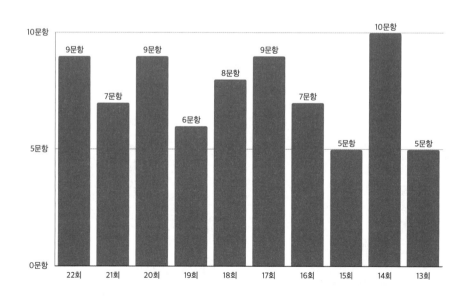

합격족보 필수 키워드 26

keyword	사회보장의 특징
sub keywords	사회보장의 개념, 사회보장기본법, 사회보장제도, 사회보험, 소득재분배
focus	주로 사회보장의 전반적인 사항을 묻는 문제가 출제되었다. 사회보장기본법에서 규정하고 있는 기본 이념, 기본방향, 운영원칙에 관한 문제, 우리나라의 사회보장제도에 관한 문제, 사회보장의 목적인 소득재분배에 관한 문제, 사회보험과 민간보험의 비교에 관한 문제 등이 출제된 바 있다. <사회복지법제론>의 사회보장기본법과 함께 정리해두자.

21-06-12

사회보험과 비교하여 공공부조제도의 장점으로 옳은 것은?

① 대상효율성이 높다.
② 가입률이 높다.
③ 수급자에 대한 낙인을 예방할 수 있다.
④ 행정비용이 발생하지 않는다.
⑤ 수평적 재분배 효과가 크다.

정답률 확인	① 75% ② 5% ③ 6% ④ 3% ⑤ 11%

답 ①

오답노트
② 저소득층을 선별하여 가입하는 공공부조제도보다 모든 국민을 대상으로 강제가입의 원칙을 적용하는 사회보험의 가입률이 더 높다.
③ 공공부조제도는 자산조사를 통하여 선별적으로 적용되기 때문에 수급자에 대한 낙인이 발생할 수 있다.
④ 공공부조제도는 수급자격을 결정하기 위한 자산조사를 실시하는 데 행정비용이 많이 소요될 수 있다.
⑤ 공공부조제도는 소득이 높은 사람으로부터 소득이 낮은 사람으로 재분배되기 때문에 수직적 재분배 효과가 크다.

➕ 출제빈도

빈출 키워드
179
<기출회독>
3회독 시스템으로
합격을 완성하세요.

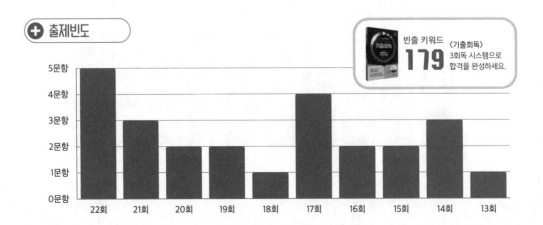

사회보장의 특징

강의 QR코드

★ 최근 10년간 **25문항** 출제 ★

이론요약

사회보장의 목적

[기본개념]
사회복지정책론

6장

- **기본생활보장**: 사회보장제도는 국가의 존재 근거 중 하나인 국민의 생존권 보호를 수행하는 제도로서 <u>국민들의 기본적 욕구를 보장</u>하기 위한 것이다.
- **소득재분배**: 정부의 재정지출 중에서 **소득재분배의 효과가 가장 두드러진 것**이 사회보장 지출이다. 사회보장 지출은 수직적 재분배의 기능도 하고 있지만, 보험료를 분담하는 동일계층 간의 수평적 재분배의 기능도 담당한다.
- **사회적 연대감의 증대**: 소득상실의 위험에 노출된 사람들에게 사회적 연대감을 보여주어 **사회통합을 도모하는 제도적 장치**이다.

사회보장제도의 운영원칙

- 국가와 지방자치단체가 사회보장제도를 운영할 때에는 이 제도를 필요로 하는 **모든 국민에게 적용**하여야 한다.
- 국가와 지방자치단체는 사회보장제도의 급여 수준과 비용 부담 등에서 **형평성을 유지**하여야 한다.
- 국가와 지방자치단체는 사회보장제도의 정책 결정 및 시행 과정에 공익의 대표자 및 이해관계인 등을 참여시켜 이를 **민주적으로 결정하고 시행**하여야 한다.
- 국가와 지방자치단체가 사회보장제도를 운영할 때에는 국민의 다양한 복지 욕구를 효율적으로 충족시키기 위하여 **연계성과 전문성을 높여야** 한다.
- **사회보험은 국가의 책임**으로 시행하고, **공공부조와 사회서비스는 국가와 지방자치단체의 책임**으로 시행하는 것을 원칙으로 한다. 다만, 국가와 지방자치단체의 재정 형편 등을 고려하여 이를 협의 · 조정할 수 있다.

우리나라 사회보장기본법에서의 분류

- **사회보험**: 국민에게 발생하는 사회적 위험을 보험의 방식으로 대처함으로써 국민의 건강과 소득을 보장하는 제도이다.
- **공공부조**: 국가와 지방자치단체의 책임 하에 생활 유지 능력이 없거나 생활이 어려운 국민의 최저생활을 보장하고 자립을 지원하는 제도이다.
- **사회서비스**: 국가 · 지방자치단체 및 민간부문의 도움이 필요한 모든 국민에게 복지, 보건의료, 교육, 고용, 주거, 문화, 환경 등의 분야에서 인간다운 생활을 보장하고 상담, 재활, 돌봄, 정보의 제공, 관련 시설의 이용, 역량 개발, 사회참여 지원 등을 통하여 국민의 삶의 질이 향상되도록 지원하는 제도이다.

소득재분배

- 사회보장 지출은 수직적 재분배의 기능도 하고 있지만, 보험료를 분담하는 동일계층 간의 수평적 재분배의 기능도 담당한다.
- 공공부조는 누진적인 조세를 재원으로 저소득층에게 제공하기 때문에 수직적 재분배 효과를 갖는다.
- 연금재정 운영방식 중 부과방식은 현재 노인세대에게 지급할 연금을 미래세대인 근로계층이 부담하는 방식으로, 세대 간 재분배 효과가 발생한다. 적립방식은 연금급여를 적립했다가 장래에 지급하는 방식으로 장기적 재분배 효과를 갖는다.

▶ 시간을 기준으로 구분
- 단기적 재분배: 사회적 욕구의 충족을 위해 현재의 자원을 사용하는 소득재분배이다.
- 장기적 재분배: 생애 또는 세대에 걸쳐 이루어지는 소득재분배이다.

▶ 계층구조를 기준으로 구분
- 수직적 재분배: **고소득층에서 저소득층으로**의 소득재분배이다.
- 수평적 재분배: **동일계층 내**의 소득재분배이다.

▶ 세대를 기준으로 구분
- 세대 내 재분배: **동일한 세대 내**에서의 소득재분배이다.
- 세대 간 재분배: **앞 세대와 먼 후손 세대 간**의 소득재분배이다.

사회보험과 관련 영역과의 비교

▶ 사회보험과 민간보험
- 사회보험의 가입은 **강제가입**이지만, 민간보험은 **임의적, 선택적 가입**이다.
- 사회보험은 개인적 형평성보다 **사회적 적절성을 중시**하지만, 민간보험은 **개인적 형평성을 중시**한다.
- 사회보험은 보험자와 피보험자의 관계에 있어서 권리적 성격이 강하지만, 민간보험은 계약적 성격이 강하다.
- 사회보험은 물가상승에 의한 실질가치의 변동을 보장받지만, 민간보험은 물가상승에 대한 보장을 받기가 어렵다.

▶ 사회보험과 공공부조
- 사회보험의 대상은 **모든 국민(보편주의)**이지만, 공공부조는 **빈곤층(선별주의)**에 한정되어 있다.
- 사회보험의 재원은 기여금, 부담금(일부는 조세)이고, 공공부조는 조세이다.
- 사회보험은 급여 제공 시 자산조사에 근거하지 않지만, 공공부조는 자산조사를 실시한다.
- 사회보험은 공공부조에 비해 대상효율성이 낮지만, 공공부조는 다른 제도에 비해 대상효율성이 높다.
- 사회보험은 수직적 재분배와 수평적 재분배 효과를 모두 갖고 있으나, 공공부조에 비해 수직적 재분배효과가 크지 않다.

정답훈련

다음 내용이 **왜 틀렸는지**를 확인해보자

20-06-07

01 사회보험은 <u>현금급여만을 지급</u>하며, 대부분 국가 또는 공법인이 운영한다.

사회보험은 현금급여 외에 현물급여 등도 지급하고 있다.

17-06-17

02 <u>사회보험급여</u>는 철저한 보험수리원칙에 따라 납부한 보험료에 비례한다.

민간보험급여는 철저한 보험수리원칙에 따라 납부한 보험료에 비례한다.

15-06-19

03 소득재분배는 <u>시장의 기능에 따라 1차적으로 소득이 분배</u>되는 것이다.

소득재분배란 시장기능에 의한 소득의 분배가 현저하게 불평등하기 때문에 이러한 소득의 불평등을 완화하기 위해 정부가 정책적으로 개입하는 것이다.

13-06-20

04 세대 내 재분배는 <u>노령세대 대(對) 근로세대의 소득재분배</u>이다.

세대 내 재분배는 동일한 세대 내의 재분배를 의미한다. 노령세대 대(對) 근로세대는 세대 내 재분배가 아닌 세대 간 재분배이다.

12-06-17

05 사회보장기본법에서 정의하는 사회보장의 영역으로는 **사회복지서비스, 공공부조, 사회서비스**가 있다.

사회보장기본법에서 정의하는 사회보장의 영역으로는 사회보험, 공공부조, 사회서비스가 있다.

06 <u>민간보험</u>은 강제가입이 원칙이고, 개인적 형평성보다는 사회적 적절성을 중시한다.

사회보험은 강제가입이 원칙이고, 개인적 형평성보다는 사회적 적절성을 중시한다.

`06-06-19`

07 우리나라의 사회보험제도에서 가장 먼저 실시된 제도는 **국민연금제도**이다.

> 우리나라의 사회보험제도에서 가장 먼저 실시된 제도는 산업재해보상보험제도이다.

빈칸에 들어갈 알맞은 말을 채워보자

`17-06-01`

01 공공부조와 사회서비스는 (   )의 책임으로 시행하는 것을 원칙으로 한다.

`16-06-13`

02 아동수당은 (   ) 재분배에 해당한다.

`13-06-20`

03 고소득층 대 저소득층의 소득재분배 유형은 (   ) 재분배이다.

`10-06-20`

04 사회보험과 민간보험 중 (   )의 급여는 계약에 의해 정해진다.

05 (   )은/는 국가와 지방자치단체의 책임하에 생활 유지 능력이 없거나 생활이 어려운 국민의 최저생활을 보장하고 자립을 지원하는 제도이다.

 답 **01** 국가와 지방자치단체   **02** 수평적   **03** 수직적   **04** 민간보험   **05** 공공부조

다음 내용이 옳은지 그른지 판단해보자

01 `20-06-16`
국민연금, 국민기초생활보장제도, 보육서비스는 우리나라의 사회보장기본법에 근거한 사회보장제도이다. ◎ ✕

02 `20-06-24`
세대 간 재분배는 주로 적립방식을 통해 운영된다. ◎ ✕

03
사회보장기본법상 부담 능력이 있는 국민에 대한 사회서비스에 드는 비용은 그 수익자가 부담함을 원칙으로 한다. ◎ ✕

04 `19-06-20`
재원조달 측면에서 보험방식이 부조방식보다 재분배 효과가 크다. ◎ ✕

05 `19-06-23`
민간보험은 피보험자의 욕구에 기초하지 않고 사전에 결정된 급여를 제공한다. ◎ ✕

06
사회수당은 사회적 권리를 강하게 보장하며, 보편주의 원칙에 가장 가깝다. ◎ ✕

07 `18-06-19`
사회보험의 급여조건은 보험료 기여조건과 함께 사회적 위험에 직면해야 하는 조건이 부가된다. ◎ ✕

08
사회보험에 드는 비용은 사용자, 피용자 및 자영업자가 부담하는 것을 원칙으로 하되, 관계 법령에서 정하는 바에 따라 국가가 그 비용의 일부를 부담할 수 있다. ◎ ✕

09
연금의 적립방식은 연금급여를 적립했다가 장래에 지급하는 방식으로 장기적 재분배 효과를 갖는다. ◎ ✕

10
건강보험제도는 수직적 재분배에 해당하며, 국민기초생활보장제도는 수평적 재분배에 해당한다. ◎ ✕

답 01 ◯ 02 ✕ 03 ◯ 04 ✕ 05 ✕ 06 ◯ 07 ◯ 08 ◯ 09 ◯ 10 ✕

해설 **02** 세대 간 재분배는 주로 부과방식을 통해 운영된다.
04 재원조달 측면에서 부조방식이 보험방식보다 재분배 효과가 크다.
05 사회보험은 피보험자의 욕구에 기초하지 않고 사전에 결정된 급여를 제공한다.
10 건강보험제도는 수평적 재분배에 해당하며, 국민기초생활보장제도는 수직적 재분배에 해당한다.

keyword	빈곤과 소득불평등
sub keywords	빈곤의 개념, 빈곤의 측정, 소득불평등의 개념, 소득불평등의 측정
focus	빈곤의 개념 및 측정과 관련해서는 절대적 빈곤과 상대적 빈곤 개념의 차이, 빈곤 측정 방식의 종류, 빈곤갭과 빈곤율의 차이 등과 관련한 내용이 출제되었다. 소득불평등과 관련해서는 지니계수, 5분위 분배율, 10분위 분배율 등 전반적인 내용을 묻는 문제가 주로 출제되었다. 특히, 5분위 분배율과 10분위 분배율은 계산형 문제와 같은 고난이도 문제가 출제된 바 있으므로 이에 대비해야 한다.

(21-06-15)

다음 중 상대적 빈곤선을 설정(측정)하는 방식으로 옳은 것을 모두 고른 것은?

ㄱ. 중위소득의 일정 비율   ㄴ. 라이덴(Leyden) 방식
ㄷ. 반물량 방식   ㄹ. 라운트리(Rowntree) 방식
ㅁ. 타운센드(Townsend) 방식

① ㄱ, ㄴ   ② ㄱ, ㅁ   ③ ㄴ, ㅁ   ④ ㄷ, ㄹ   ⑤ ㄱ, ㄷ, ㄹ

정답률 확인   ① 12% ② 29% ③ 10% ④ 17% ⑤ 32%

답 ②

오답노트
ㄴ. 라이덴 방식은 주관적 빈곤을 측정하는 방식이다. '당신의 가구에서는 얼마의 소득(혹은 지출)이 있다면 근근이 살아갈 수 있겠습니까?'라는 식의 질문을 통해 빈곤선을 추정한다.
ㄷ. 반물량 방식은 절대적 빈곤을 측정하는 방식으로서 오르샨스키 방식이라고도 한다. 식료품비에 1/3의 역수인 3을 곱하여 빈곤선을 측정한다.
ㄹ. 라운트리 방식은 절대적 빈곤을 측정하는 방식으로서 전물량 방식이라고도 한다. 인간 생활에 필수적인 모든 품목에 대하여 최저한의 수준을 정하고 화폐가치로 환산하여 빈곤선을 측정한다.

➕ 출제빈도

빈출 키워드
187 〈기출회독〉
3회독 시스템으로
합격을 완성하세요.

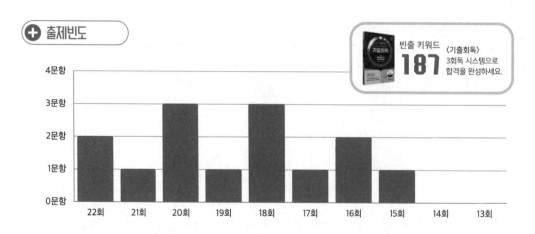

빈곤과 소득불평등

강의 QR코드

★ 최근 10년간 **14문항** 출제 ★

이론요약

빈곤의 개념

[기본개념]
사회복지정책론

11장

▶ 절대적 빈곤

· 빈곤을 최소한의 생존수준에 미치지 못하는 상태, 즉 먹을 것과 안전한 물과 집, 신체적 건강과 같은 **기본적인 욕구를 충족하지 못하는 상태로 개념화**하는 것이다.

· 라운트리 방식(전물량방식): 생활에 필수적인 품목의 최저 수준을 정하고 이를 화폐가치로 환산해 빈곤선을 구하는 방식이다.

· 오르샨스키 방식(반물량방식): 미국의 3인 이상 가구의 엥겔계수(엥겔지수, 가구소득 또는 가구지출 중 식료품비가 차지하는 비중. 국가, 시대, 소득수준에 따라 달라짐)가 대개 3분의 1이라는 점에 착안해서 최저한의 식료품비를 계산한 후 여기에 3(엥겔계수의 역)을 곱해 빈곤선을 계산하는 방식이다.

▶ 상대적 빈곤

· 어떤 사회의 **평균적인 소득수준, 생활수준과 밀접한 관련**이 있다. 사회의 불평등 수준에 큰 영향을 받는다.

· 절대적 빈곤의 문제는 경제 발전에 의해 일정 부분 완화될 수도 있지만, 상대적 빈곤의 문제는 **불평등과 상대적 박탈감과 밀접한 관련**을 가지고 있다.

· 상대적 빈곤선은 보통 박탈지표방식과 소득과 지출을 이용한 상대적 추정방식으로 측정한다.

▶ 주관적 빈곤

· 적절한 생활수준을 유지하기 위해 필요한 소득수준에 대한 **개인들의 평가에 근거하여 빈곤을 정의**하는 것을 의미한다.

· 네덜란드 라이덴 대학의 학자들에 의해 개발(라이덴 방식)되었다.

▶ 사회적 배제

· 빈곤의 역동성과 동태적인 과정에 초점을 맞춘다.

· 소득의 문제에 국한되지 않는 다차원적인 불리함을 의미한다.

빈곤의 측정

· 빈곤율: 빈곤선을 기준으로 **빈곤가구와 비빈곤가구를 구분**하고 빈곤가구에 사는 개인의 수를 구하여 **전체 인구에서 차지하는 비율을 통해 측정**하는 방법이다. 빈곤율은 빈곤층의 규모를 보여줄 수 있지만, 빈곤층의 소득이 빈곤선

에 비해 부족한 정도를 보여주지는 않는다.

- 빈곤갭: 빈곤층의 소득을 모두 **빈곤선 수준까지 끌어올리기 위해서 어느 정도의 소득이 필요한가를 보여주는 방법**이다. 보통 이 빈곤갭을 GNP(혹은 GDP) 대비 비율로 나타내는 것이 일반적이다. 빈곤갭은 빈곤율처럼 빈곤층의 규모를 보여주지는 못한다. 또한 빈곤율과 빈곤갭 모두 빈곤층 내부에서의 소득의 이전이나 분배 상태를 보여주지 못한다.
- 센(Sen)의 빈곤지표: 빈곤율, 빈곤갭, 상대적 불평등 세 가지 측면을 모두 고려한다.

소득불평등의 측정

- 10분위 분배율: **하위 40% 가구의 소득 합 / 상위 20% 가구의 소득 합**이다. 수치가 클수록 소득 격차가 작은 것이며, 수치가 작을수록 소득 격차가 큰 것이다.
- 5분위 분배율: **상위 20% 가구의 소득 합 / 하위 20% 가구의 소득 합**이다. 수치가 클수록 소득 격차가 큰 것이며, 수치가 작을수록 소득 격차가 작은 것이다.
- 지니계수: 0과 1 사이의 값을 가지며, **1에 가까울수록 불평등**한 상태이다.

다음 내용이 왜 틀렸는지를 확인해보자

01 `20-06-21`

지니계수는 <u>불평등도가 증가할수록 수치가 작아지기 때문에 가장 불평등한 상태는 0이다.</u>

> 지니계수는 0과 1사이의 값을 가지며, 불평등도가 증가할수록 수치가 커져 가장 불평등한 상태는 1이다.

02 `12-06-03`

10분위 분배율 비율이 높을수록 <u>소득분배가 불평등</u>하다.

> 10분위 분배율은 비율이 높을수록 소득 격차가 작은 것이며, 비율이 낮을수록 소득 격차가 큰 것이다. 따라서 그 비율이 높을수록 소득분배가 평등하다.

03 **절대적 빈곤**은 어떤 사회의 평균적인 소득수준, 생활수준과 밀접한 관련이 있다.

> 어떤 사회의 평균적인 소득수준, 생활수준과 밀접한 관련이 있는 것은 상대적 빈곤이다.

04 `11-06-25`

OECD에서는 국가 간 비교를 위해 주로 <u>절대적 빈곤 개념을 사용</u>한다.

> OECD에서는 국가 간 비교를 위해 주로 상대적 빈곤 개념을 사용한다.

05 `09-06-28`

<u>빈곤갭은 빈곤층의 규모</u>를 나타내고, <u>빈곤율은 빈곤의 심도</u>를 나타낸다.

> 빈곤율은 빈곤층의 규모를 나타내고, 빈곤갭은 빈곤의 심도를 나타낸다.

06 <u>5분위 분배율</u>은 소득이 낮은 하위 40% 가구의 소득 합을 소득이 가장 높은 상위 20% 가구의 소득 합으로 나눈 것이다.

> 소득이 낮은 하위 40% 가구의 소득 합을 소득이 가장 높은 상위 20% 가구의 소득 합으로 나눈 것은 10분위 분배율이다. 5분위 분배율은 소득이 가장 높은 상위 20% 가구의 소득 합을 소득이 낮은 하위 20% 가구의 소득 합으로 나눈 것이다.

빈칸에 들어갈 알맞은 말을 채워보자

17-06-19

01 ( )은/는 빈곤인구가 전체 인구에서 차지하는 비율로 정의된다.

16-06-06

02 ( )은/는 박탈지표방식과 소득·지출을 이용한 상대적 추정방식으로 측정할 수 있다.

11-06-25

03 우리나라의 국민기초생활보장제도는 ( ) 개념을 도입했다.

04 인간 생활에 필수적인 모든 품목에 대하여 최저한의 수준을 정하고 화폐가치로 환산하여 빈곤선을 측정하는 라운 트리의 빈곤 측정 방식을 ( )(이)라고 한다.

05 주관적 빈곤을 측정하는 대표적인 방식으로 ( )이 있다.

06 ( )은/는 빈곤층의 소득을 모두 빈곤선 수준까지 끌어올리기 위해서 어느 정도의 소득이 필요한가를 보여주는 방법이다.

06-06-22

07 ( )은/는 빈곤의 결과뿐만 아니라 원인과 과정에 이르는 총괄적인 고찰을 시도하며, 이를 극복하기 위해서는 민주적인 참여도 중요하다.

08 빈곤율, 빈곤갭, 상대적 불평등의 세 가지 측면을 모두 고려하여 빈곤정도를 측정하기 위해 개발한 빈곤지표를 ( )(이)라 한다.

답 **01** 빈곤율 **02** 상대적 빈곤 **03** 상대적 빈곤 **04** 전물량 방식 **05** 라이덴 방식 **06** 빈곤갭 **07** 사회적 배제 **08** 센 지표

다음 내용이 옳은지 그른지 판단해보자

01 `15-06-11`
절대적 빈곤은 소득불평등과 관계가 있다. ◎⊗

02 `10-06-26`
로렌츠 곡선은 완전평등선에서 아래쪽으로 볼록할수록 평등함을 나타낸다. ◎⊗

03 5분위 분배율은 수치가 클수록 소득 격차가 큰 것이며, 수치가 작을수록 소득 격차가 작은 것이다. ◎⊗

04 `02-06-18`
엥겔계수를 이용하여 최저생계비를 산출하는 방식은 전물량 방식이다. ◎⊗

05 사회적 배제는 복지권리, 고용에 대한 접근성, 교육, 차별문제, 사회적 관계망, 사회참여능력, 정치 생활 통합정도에 초점을 맞춘다. ◎⊗

06 소득불평등의 개념은 소득 수준의 격차, 소득 전체의 분포와 관련이 있다. ◎⊗

07 라운트리는 식료품비에 1/3의 역수인 3을 곱하여 빈곤선을 계측하였다. ◎⊗

08 노동시장분절론은 개인의 빈곤은 분절된 노동시장에서 어느 쪽에 고용되느냐에 의해 영향을 받는다고 본다. ◎⊗

09 일반적으로 소득을 측정하는 단위에는 가족, 가구가 있다. ◎⊗

10 빈곤율과 빈곤갭 모두 빈곤층 내부에서의 소득의 이전이나 분배 상태를 보여주지 못한다. ◎⊗

🔄답 **01**× **02**× **03**○ **04**× **05**○ **06**○ **07**× **08**○ **09**○ **10**○

해설 **01** 소득불평등과 관계가 있는 것은 상대적 빈곤이다.
02 소득불평등도가 높을수록 곡선이 아래로 더욱 볼록해지고 타원형의 음영부분은 더욱 커진다.
04 엥겔계수를 이용하여 최저생계비를 산출하는 방식은 반물량 방식이다.
07 오르샨스키는 식료품비에 1/3의 역수인 3을 곱하여 빈곤선을 계측하였으며, 이를 엥겔방식 혹은 반물량 방식이라 한다.

합격족보 필수 키워드 28

keyword	사회복지정책의 가치
sub keywords	평등, 자유, 효율성, 사회적 적절성, 롤스의 사회정의론
focus	사회복지정책의 가치와 관련된 문제는 매회 반드시 출제되는 영역 중 하나이다. 다양한 평등 개념을 묻는 문제, 평등과 자유, 사회적 적절성 등의 가치 전반에 대한 이해를 묻는 문제가 주로 출제되고 있다. 가치에 대한 개념적 내용에 대한 이해뿐만 아니라 각 가치와 이를 구현하는 정책 프로그램을 연결해서 이해할 필요가 있다.

21-06-23

사회복지정책 급여의 적절성에 관한 설명으로 옳지 않은 것은?

① 인간다운 생활을 할 수 있는 수준의 급여를 제공하는 것을 말한다.
② 기초연금 지급액 인상은 적절성 수준을 높여줄 수 있다.
③ 급여를 받는 사람의 삶의 질에 대한 관심의 표현이다.
④ 일정한 수준의 물질적, 정신적 복지를 제공해야 한다는 것과 관련된다.
⑤ 적절성에 대한 기준은 시간과 환경에 따라 변하지 않는다.

정답률 확인	① 2% ② 2% ③ 4% ④ 1% ⑤ 91%

답 ⑤
적절성에 대한 기준은 시간과 환경에 따라 변하며 다양하다.

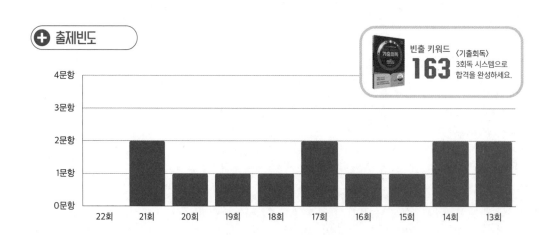

➕ 출제빈도

빈출 키워드
〈기출회독〉
163
3회독 시스템으로
합격을 완성하세요.

사회복지정책의 가치

강의 QR코드

1회독 〉 **2**회독 〉 **3**회독
　월　　일　　　월　　일　　　월　　일

★ 최근 10년간 **13문항** 출제 ★

이론요약

평등

- 수량적 평등, 결과의 평등: **모든 사람을 똑같이 취급**하여 사람들의 욕구나 능력의 차이와 상관없이 사회적 자원을 똑같이 분배하는 것이다.
- 비례적 평등, 공평, 형평: **개인의 욕구, 노력, 능력 및 기여에 따라** 사회적 자원을 상이하게 배분하는 것이다.
- 기회의 평등: **개인을 동등한 출발선**에 서도록 하지만 이후에 발생하는 결과의 불평등은 정당화될 수 있다고 본다.

[기본개념]
사회복지정책론

1장

효율성

- 수단으로서의 효율성: 여러 가치를 추구하는 여러 정책 중의 하나를 선택할 때 상대적으로 효율적인 수단을 선택하는 것이 바람직하다는 것을 의미한다.
- 목표로서의 효율성: 사회복지정책이 추구하는 목표인 배분적 효율을 의미하는데, 여기서 배분적 효율이란 사회 전체의 효용만족감을 높일 수 있도록 사회적 자원을 배분하는 것을 의미한다.

사회적 적절성

- 인간다운 생활을 할 수 있도록 적절한 수준의 급여를 제공하는 것을 의미한다.
- 사회적 적절성과 비례적 평등의 가치는 상충할 수도 있다.

자유

- 소극적 자유: **강제가 없을 때 경험하는 자유**를 말하며, 타인이나 사회 또는 국가로부터 간섭을 받지 않을 수 있는 자유를 의미한다.
- 적극적 자유: **스스로 원하는 혹은 바람직하다고 생각하는 어떤 목적이나 행위를 추구할 수 있을 때 경험하는 자유**를 의미한다.

정답훈련

다음 내용이 왜 틀렸는지를 확인해보자

01 **비례적 평등** 가치는 재분배를 통한 불평등 완화, 복지국가의 확대라는 전략으로 나타나기도 한다.

> 결과의 평등 가치는 재분배를 통한 불평등 완화, 복지국가의 확대라는 전략으로 나타나기도 한다.

02 불평등의 완화를 위하여 시행하는 재분배 정책은 **결과의 평등보다는 기회의 평등을 추구**하는 것이 바람직하다.

> 불평등의 완화를 위하여 시행하는 재분배 정책은 기회의 평등보다는 결과의 평등을 추구하는 것이 바람직하다.

03 여성 고용할당제는 **결과의 평등**에 해당한다.

> 여성 고용할당제는 여성에게 고용의 기회를 일정 부분 할당하는 것으로 기회의 평등에 해당한다.

`14-06-10`
04 **형평성**은 인간다운 생활을 할 수 있도록 적절한 급여가 제공되어야 한다는 것이다.

> 인간다운 생활을 할 수 있도록 적절한 급여가 제공되어야 한다는 것은 사회적 적절성이다.

`13-06-09`
05 빈곤대책의 교육프로그램은 **결과의 평등**의 가치를 반영한 것이다.

> 빈곤대책의 교육프로그램은 기회의 평등의 가치를 반영한 것이다.

`10-06-04`
06 **적극적 자유**는 타인의 간섭이나 구속으로부터의 자유를 뜻한다.

> 타인의 간섭이나 구속으로부터의 자유는 소극적 자유로서 강제가 없을 때 경험하는 자유를 의미한다. 이런 소극적 자유의 개념은 국가의 역할과 개입을 최소한의 상태로 억제하는 것을 강조한다. 반면 적극적 자유는 스스로 원하는 혹은 바람직하다고 생각하는 어떤 목적이나 행위를 추구할 수 있을 때 경험하는 자유를 의미한다.

빈칸에 들어갈 **알맞은 말을** 채워보자

17-06-06
01 드림스타트(Dream Start) 사업은 (   )을/를 반영하는 것으로 볼 수 있다.

14-06-10
02 보험수리원칙은 개인적 (   )의 가치를 반영한다.

11-06-13
03 (   )은/는 개인의 욕구, 능력, 기여에 따라 사회적 자원을 상이하게 배분하는 비례적 평등개념이다.

---

04 공공부조의 급여 수준과 관련한 '열등처우의 원칙'은 (   )의 가치를 반영하고 있다.

---

05 (   )은/는 사회 전체의 효용을 높일 수 있도록 사회적 자원을 배분(분배)하는 것으로써 파레토 효율이라고도 한다.

---

06 (   )을/를 강조하는 사람들은 개인주의적 차원에서 자유를 바라보는 것을 비판하면서 사회적, 집단적 측면에서 자유를 바라볼 것을 주장하며, 국가의 적극적인 개입을 요구하기도 한다.

---

07 모든 사람을 똑같이 취급하여 사람들의 욕구나 능력의 차이와 상관없이 사회적 자원을 똑같이 분배하는 것을 (   )(이)라고 한다.

---

08 한국의 대표적인 공공부조제도인 국민기초생활보장제도의 급여기준도 (   )의 가치에 근거한다.

---

 01 기회의 평등 **02** 형평성 **03** 형평 **04** 비례적 평등 **05** 배분적 효율성 **06** 적극적 자유 **07** 결과의 평등 **08** 사회적 적절성

다음 내용이 옳은지 그른지 판단해보자

01 결과가 평등하다면 과정의 불평등은 상관없다는 것이 기회의 평등이다. ◎✕

13-06-10
02 롤스의 사회정의론은 개인의 자유를 중시한다는 점에서 자유주의적 전통에 속한다. ◎✕

03 소극적 자유는 신자유주의자들이 강조하는 가치이다. ◎✕

04 한국의 사회보험제도는 적절성의 가치만을 반영하고 있다. ◎✕

05 수량적 평등을 위해서는 삶에서의 성공이 운과 출생에 의해서가 아니라 스스로의 재능과 노력에 의해 이루어지게끔 공교육체계를 도입할 수 있다. ◎✕

06 인간다운 생활을 할 수 있는 정도의 급여수준이라는 측면에서 비교하면 공공부조에 비해 사회보험이 사회적 적절성의 실현 정도가 상대적으로 높다고 볼 수 있다. ◎✕

07 롤스의 사회정의론에서 최소극대화 원칙은 합의 당사자들이 선택할 수 있는 가능한 대안들의 결과 중 최악의 것 중에서 최선을 보장하는 대안을 선택한다는 것이다. ◎✕

06-06-03
08 기회의 평등은 가장 소극적인 평등의 개념이다. ◎✕

09 파레토 개선은 다른 사람의 효용을 줄이지 않으면서 특정 사람의 효용을 높이는 것을 의미한다. ◎✕

10 비례적 평등의 가치를 실현하기 위해서는 자원배분의 기준이 우선 정해져야 한다. ◎✕

답 01✕ 02○ 03○ 04✕ 05✕ 06○ 07○ 08○ 09○ 10○

해설 **01** 과정상의 기회만 평등하다면 그로 인한 결과의 불평등은 상관없다는 것이 기회의 평등이다.
04 한국의 사회보험제도는 적절성의 가치 외에도 다양한 가치를 동시에 반영하고 있다.
05 기회의 평등을 위해서는 삶에서의 성공이 운과 출생에 의해서가 아니라 스스로의 재능과 노력에 의해 이루어지게끔 공교육체계를 도입할 수 있다.

합격족보 필수 키워드 29

keyword	사회복지정책의 재원
sub keywords	공공재원(일반예산, 사회보험료, 조세지출), 민간재원(자발적 기여, 기업복지, 사용자 부담, 비공식 부문 재원)
focus	사회복지정책의 각 재원의 특징을 비교하는 문제가 주로 출제되고 있다. 이외에도 공공재원과 비영리 기관의 재원으로 분류되는 경우를 고르는 문제나 조세와 사회보험료를 비교하는 문제, 재원들을 전체적으로 서로 비교해서 다루는 유형의 문제도 출제되고 있다.

(19-06-14)

사회복지정책의 재정에 관한 설명으로 옳은 것은?

① 한국의 사회복지정책 재원은 주로 민간 기부금에 의존한다.

② 사회복지재정이 수행하는 기능 가운데 하나는 소득재분배이다.

③ 조세가 역진적일수록 소득재분배의 기능이 크다.

④ 한국의 조세부담률은 OECD 회원국가의 평균보다 높다.

⑤ 사회복지재원으로서 이용료는 연동제보다 정액제일 때 소득재분배 효과가 크다.

정답률 확인   ① 1% ② 84% ③ 8% ④ 3% ⑤ 4%

답 ②

오답노트

① 한국의 사회복지정책 재원은 주로 공공재원(조세, 사회보험료)에 의존한다.

③ 조세가 누진적일수록 소득재분배의 기능이 크다.

④ 한국의 조세부담률은 OECD 회원국가의 평균보다 낮다.

⑤ 사회복지재원으로서 이용료는 정액제보다 연동제일 때 소득재분배 효과가 크다. 정액제는 소득수준과 관계없이 정해진 금액을 기여하는 방식으로서 모든 사람이 정액으로 기여하기 때문에 소득재분배 효과가 가장 작다. 연동제는 전국 소비자 물가변동률을 연금액에 반영하는 방식으로서 시간이 지나면서 떨어지는 화폐의 가치와 물가의 상승으로 떨어지는 연금액의 가치를 방지하여 실질적인 연금액의 가치를 보장하기 때문에 소득재분배 효과가 크다.

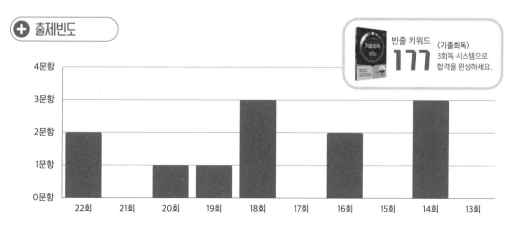

➕ 출제빈도

빈출 키워드
177
〈기출회독〉
3회독 시스템으로
합격을 완성하세요.

사회복지정책의 재원

강의 QR코드

1회독	**2**회독	**3**회독
월 일	월 일	월 일

★ 최근 10년간 **12문항** 출제 ★

이론요약

공공재원

[기본개념]
사회복지정책론

5장

▶ 일반예산(조세)

• (개인)소득세는 일반적으로 **누진적인 방식으로 부과**한다.

• **평등(소득재분배)과 사회적 적절성을 구현**하는 데 가장 중요한 재원이다.

• 조세는 민간부문의 재원이나 공공부문의 재원 중에서 사회보험의 기여금보다 재원의 안정성
이나 지속성이 더 강한 특성이 있다.

• 대상자의 보편적 확대나 보편적 급여의 제공에서 유리하다.

• 소비세(간접세, 소비자에게 부과, 역진적 특성): 일반소비세(부가가치세), 개별소비세(특별소
비세 - 고가의 상품, 서비스에 부과)가 있다. 간접세는 조세저항이 적어 징수가 용이하지만 그 비중이 높을수록 소득재
분배 기능은 약화된다. 주로 상품이나 서비스 가격에 포함되기 때문에 최종적으로 상품 등을 소비하는 소비자가 부담
한다.

▶ 사회보험료

• 강제가입을 통해서 '역의 선택(adverse selection)'의 문제를 해결할 수 있고, 위험분산이나 규모의 경제 등으로 보험
의 재정안정을 이루는 데 유리하다.

• 기본적으로 **조세에 비해 소득재분배 효과가 약하다**(사회보험료는 일반적으로 정률제).

• 사회보험료는 일종의 목적세 성격을 갖고 있으며, 사용되는 용도가 비교적 명확하기 때문에 상대적으로 거부감이
적다.

• 사회보험료는 모든 근로소득에 동률로 부과하고 있고, 자산소득에는 추가로 보험료가 부과되지 않기 때문에 자산소득
이 많은 고소득층이 저소득층에 비해 부담이 상대적으로 적다.

• 사회보험료에는 보험료 부과의 기준이 되는 소득의 상한액이 있어서 고소득층이 유리하다.

▶ 조세지출

• 내야 하는 세금을 걷지 않거나 되돌려주는 방식이며, **소득공제, 세액공제** 등이 있다.

• 저소득층은 과세대상에서 제외되어 조세감면혜택을 누리지 못하는 경우가 많고 소득이 높을수록 공제 대상 지출이 높
기 때문에 고소득층이 유리하다.

민간재원

▶ 자발적 기여

- 개인, 기업, 재단 등이 사회복지를 위해서 제공한 자발적인 기부금을 말한다.
- 제공자의 자발적 의사에 의존하기 때문에 예측가능성도 낮고, 재원의 안정성도 약하다.

▶ 기업복지

- 기업의 사용자가 피고용자에게 주는 임금 이외의 사회복지적인 급여 혜택을 말한다.
- 공공부문의 사회복지가 미성숙한 국가에서는 기업복지의 규모가 크고 프로그램도 다양하다.

▶ 사용자 부담

- 공공부문이든 민간부문이든 <u>사회복지서비스를 받는 사람이 서비스 이용 비용에 대하여 본인이 일부분 부담하는 것</u>을 말한다.
- 서비스 이용자가 서비스를 남용하는 것을 억제하는 효과가 있으나, 역진성이 나타날 수 있고, 저소득층의 서비스 접근성을 떨어뜨리는 효과가 있을 수 있다. 이러한 문제점을 해결하기 위하여 일정 소득 이하의 이용자에게는 부과하지 않거나 수준을 낮추기도 한다.

▶ 비공식 부문 재원: 가족 내 이전과 가족 간 이전

- 가족이나 친지, 이웃 등에 의해서 해결되는 복지욕구를 비공식 부문이라고 한다.
- 가족, 친척, 이웃 등의 비공식 부문에 의한 사회복지는 공공부문의 사회복지가 확대되기 이전에는 중요한 역할을 했으나, 현재는 그 중요성이 크게 줄었다. 그럼에도 불구하고 비공식 부문의 복지가 여전히 존재하고 있고, 특히 일부 국가들에서는 매우 중요한 역할을 하고 있다.
- 일상에 나타나는 긴급한 복지 욕구에 대해서는 공식적인 부문보다 비공식 부문이 신속성이 있기 때문에 비공식 부문이 중요한 역할을 하기도 한다.

정답훈련

다음 내용이 왜 틀렸는지를 확인해보자

16-06-12

01 사회복지 재원 중 이용료는 <u>저소득층의 서비스 접근성을 향상</u>시킬 수 있다.

> 사회복지 재원 중 이용료는 역진성이 나타날 수 있으며, 저소득층의 서비스 접근성을 떨어뜨릴 수 있다는 문제가 제기되고 있다.

14-06-18

02 정부가 받아야 할 세금을 감면하는 방식을 통해 마련하는 사회복지재원은 **사회보험료**이다.

> 정부가 받아야 할 세금을 감면하는 방식을 통해 마련하는 사회복지재원은 조세지출이다.

03 <u>일반조세</u>는 사회보장 급여에 대한 '권리'를 갖는 것으로 생각하여 저항이 상대적으로 적기 때문에 정치적인 측면에서 유리하다.

> 사회보험료는 사회보장 급여에 대한 '권리'를 갖는 것으로 생각하여 저항이 상대적으로 적기 때문에 정치적인 측면에서 유리하다.

11-06-15

04 조세감면은 일부 소득항목에 대한 소득공제로 인해 <u>재분배 효과가 대체로 누진적</u>이다.

> 조세감면은 납부해야 할 세액에서 일정 비율을 감면해주는 조세지출에 해당하며, 조세지출은 일반적으로 소득재분배에 역진적 효과를 갖는다.

07-06-15

05 <u>조세지출</u>은 필요 이상의 서비스 비용을 억제할 수 있고, 국가의 부담을 경감할 수 있으며, 낙인감을 해소할 수 있다.

> 사용자 부담(이용료)은 필요 이상의 서비스 비용을 억제할 수 있고, 국가의 부담을 경감할 수 있으며, 낙인감을 해소할 수 있다.

06 자발적 기여, 기업복지, 사용자 부담, 가족 내 이전 등은 **공공재원**에 속한다.

> 자발적 기여, 기업복지, 사용자 부담, 가족 내 이전 등은 민간재원에 속한다.

빈칸에 들어갈 **알맞은 말을** 채워보자

14-06-16

01 우리나라 사회보장의 주된 재원은 (   )이다.

---

02 (   )은/는 납세 의무자와 그 세금을 부담하는 자가 일치하는 세금으로 소득세, 법인세, 주민세 등이 있다.

---

03 (   )에는 보험료 부과의 기준이 되는 소득의 상한액이 있어서 고소득층이 유리하다.

---

04 사회보험료는 강제가입을 통해서 (   )의 문제를 해결할 수 있고, 위험분산이나 규모의 경제 등으로 보험의 재정안정을 이루는 데 유리하다.

---

05 조세감면, 소득공제, 세액공제 등은 (   )에 해당한다.

답 **01** 일반조세   **02** 직접세   **03** 사회보험료   **04** 역 선택   **05** 조세지출

다음 내용이 옳은지 그른지 판단해보자

20-06-17

01 민간재원 중 기업복지는 근로의욕을 고취하여 생산성이 향상하는 효과가 있다. ◎ ⓧ

---

02 일반조세를 재원으로 하는 사회복지정책은 안정성과 지속성의 측면에서도 바람직하다. ◎ ⓧ

18-06-14

03 소득세와 달리 사회보험료는 소득이 높은 사람이 더 적게 부담한다. ◎ ⓧ

16-06-10

04 조세와 달리 사회보험료는 추정된 부담능력(assumed capacity)을 고려한다. ◎ ⓧ

11-06-15

05 조세는 모두가 부담하기 때문에 도덕적 해이가 적게 발생한다. ◎ ⓧ

---

06 복지다원주의가 중요한 의제로 부각되면서 다양한 재원을 혼합하여 사용하는 프로그램이 점차 늘어나고 있다. ◎ ⓧ

---

07 누진적인 개인소득세 구조에서 소득이 높을수록 조세감면의 액수가 커지기 때문에 고소득층이 유리하다. ◎ ⓧ

---

08 개인소득세가 대표적인 누진세이며, 소비세인 부가가치세가 대표적인 역진성 조세이다. ◎ ⓧ

답 01 ○ 02 ○ 03 × 04 × 05 × 06 ○ 07 ○ 08 ○

해설 **03** 소득세와 사회보험료 모두 소득이 높은 사람이 더 많이 부담한다.
04 조세와 사회보험료 모두 추정된 부담능력을 고려한다.
05 조세의 경우 고액체납 및 각종 탈세 등 도덕적 해이가 발생할 소지가 크다.

합격족보 필수 키워드 30

keyword	사회복지정책 이데올로기
sub keywords	조지와 윌딩의 이데올로기 모형, 케인스주의, 신자유주의, 신보수주의, 제3의 길, 사회투자국가
focus	사회복지정책과 관련된 주요 이데올로기와 사상적 조류의 특징을 살펴보아야 한다. 특히, 조지와 윌딩의 이데올로기 모형에 대한 각각의 특징을 구분하는 문제가 자주 출제되고 있다. 최근 시험에서는 각각의 이데올로기의 특징을 상세하게 묻는 유형으로도 출제되고 있다. 따라서 이데올로기에 따른 복지국가관, 국가의 개입, 중심적 가치에 있어서 어떤 차이가 있는지 비교해서 이해할 필요가 있다.

(21-06-07)

조지(V. George)와 윌딩(P. Wilding)이 제시한 이념 중 소극적 집합주의에 관한 설명으로 옳은 것은?

① 시장에 대한 국가개입을 최소화하고 개인의 소극적 자유를 극대화하는 것이 바람직하다.
② 개인의 적극적 자유를 보장하기 위해서는 철저한 계획경제와 생산수단의 국유화가 필요하다.
③ 환경과 생태의 관점에서 자본주의의 성장과 복지국가의 확대는 지속가능하지 않다.
④ 복지국가는 노동의 성(gender) 분업과 자본주의 가부장제를 고착화시키는 역할을 한다.
⑤ 시장의 약점을 보완하고 불평등과 빈곤에 대응하기 위하여 실용적인 국가개입이 필요하다.

정답률 확인 ① 45% ② 3% ③ 4% ④ 3% ⑤ 45%

답 ⑤

소극적 집합주의자들의 가치는 자유와 개인주의를 강조한다는 점에서 반집합주의자들의 가치와 유사하지만, 이러한 가치가 절대적인 성격을 가진다기보다는 일정하게 제한적인 경향을 보이며, 실용주의적인 경향이 크다. 시장체계의 약점을 보완하고 문제점을 해결한다는 측면에서 어느 정도 정부의 개입을 인정한다. 이러한 실용주의적인 경향은 다른 이데올로기와 분명하게 구분되기보다는 혼합적이며 중도적인 성격을 보이는 사실과 연관된다. 복지국가를 사회안정과 질서의 유지에 필요한 것으로 간주하여 제한적으로 지지한다.

오답노트
① 반집합주의에 해당한다.
② 마르크스주의에 해당한다.
③ 녹색주의에 해당한다.
④ 페미니즘에 해당한다.

➕ 출제빈도

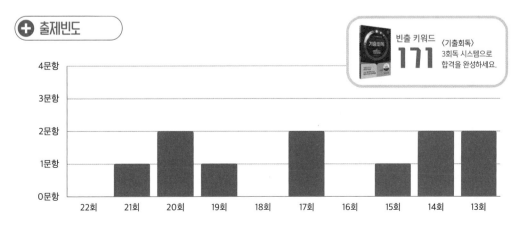

빈출 키워드
171
〈기출회독〉
3회독 시스템으로
합격을 완성하세요.

사회복지정책 이데올로기

강의 QR코드

1회독 > **2**회독 > **3**회독

| 월 일 | 월 일 | 월 일 |

★ 최근 10년간 **11문항** 출제 ★

이론요약

조지와 윌딩의 이데올로기 초기 모형

[기본개념]
사회복지정책론

3장

▶ 반집합주의

• 개인의 자유를 신봉하는 것이 특징이며, 자유방임주의에 기반한다.

• 복지국가는 개인의 자유, 독창성, 선택을 제한한다고 보며, 복지제공에 있어서 **정부의 역할을 최소화**시켜야 한다는 입장이다.

• 국가의 개입이 시장경제의 효율성을 저해하고 개인의 자유를 침해한다고 본다.

▶ 소극적 집합주의

• 반집합주의자들과 유사하지만, 자본주의가 효율적이고 공정하게 기능하기 위해서는 일정한 규제가 필요하다는 것을 인정한다는 점에서 차이를 보이며, 실용주의적 경향을 보인다.

• 시장체계의 약점을 보완하고 문제점을 해결한다는 측면에서 **어느 정도 정부의 개입을 인정**한다.

• 복지국가를 **사회 안정과 질서의 유지에 필요한 것으로 간주**하여 제한적으로 지지한다.

▶ 페이비언 사회주의

• 혁명적인 변화보다는 점진적인 제도 개혁과 인간의 육성을 동시에 수행해 나갈 때 사회주의라는 목표에 도달할 수 있다는 사회개혁 전략이다.

• **복지국가의 확대로 자본주의를 변화**시킬 수 있다고 보며, 자유주의를 비판하면서 사회는 개인의 합 이상의 유기체이며 사회가 바람직한 상태일 때 개인도 행복할 수 있다고 본다.

▶ 마르크스주의

• 자본주의의 생산양식을 비판하며, 자본주의의 수정이나 개혁보다는 전면적인 변혁을 강조한다.

• 적극적 자유를 중시하며, 부의 균등한 분배는 사적 수단의 사적 소유가 소멸된 후에 가능하다고 본다.

• 사회복지의 확대만으로는 **자본주의의 근본적 모순을 극복할 수 없다고 본다.**

조지와 윌딩의 수정된 이데올로기 모형

▶ 신우파

• 사회복지정책 확대가 **경제적 비효율성과 근로동기 약화**를 가져왔다고 비판한다.

• **정부의 개입이 유해**하다고 주장하며, 국가의 개입과 규제가 사회적 비효율을 초래하기 때문에 복지국가는 개인의 자

유를 침해할 수밖에 없다고 주장한다.
- 시장이야말로 소비자의 선호를 발견하고 조정하는 최선의 체계라고 주장하며, 복지비용의 삭감, 공공부문의 민영화, 기업에 대한 규제 완화 등을 주장한다.

▶ 중도노선
- 정부의 행동이 **필연적이거나 효율적일 때로만 국가개입을 제한**하며, 근본적으로는 정부의 개입을 최소화시키는 것이 바람직하다고 주장한다.
- 실용적 성격을 지니며, 신우파와 유사하게 자유, 개인주의, 경쟁적 사기업을 신봉하지만 중심 가치들을 절대적 가치로 믿지 않으며 조건부로 신봉한다는 점에서 신우파와 차이가 있다.

▶ 사회민주주의
- 중심적 사회가치는 평등, 자유, 우애이며, 시장체계의 정의롭지 못한 분배를 시정하는 것이 정부의 역할이라고 주장한다.
- 사회통합과 평등 추구를 위한 **사회복지정책의 확대를 지지**한다.

▶ 마르크스주의
- 민주적 사회주의자들과 마찬가지로 자유, 평등, 우애를 중시하지만 노동자와 빈민들에게 평등은 허구에 불과하다고 주장한다.
- **경제적 평등과 계급갈등에 대한 강조**는 사회경제적 측면에서 정부의 강력하고 적극적인 역할로 이어진다.

▶ 페미니즘
- 가부장적 복지국가를 비판하지만 양성평등을 위한 사회복지정책의 역할도 인정하는 등 양면적인 복지국가관을 보인다.
- 복지국가가 **여성 특유의 욕구에 대한 배려에 실패했음을 강조**한다.

▶ 녹색주의
- 경제성장과 소비의 지속 확대가 가능하며 바람직하다는 신념에 입각한 복지국가는 잘못되었다고 주장하면서 공공복지 지출도 축소되어야 한다고 주장한다.
- 사회복지서비스는 **사회문제의 원인이 아닌 현상만을 다루고 있다고 비판**한다.

기타 사회복지정책 관련 이데올로기
- 케인스주의: 적극적인 재정정책의 필요성을 주장하며, 국가가 적극적으로 경제에 개입하여 유효수요를 창출함으로써 시장의 불완전성을 보완한다고 본다.
- 신자유주의: 국가 개입의 최소화, 사회보장제도의 축소, 국영기업의 민영화를 주장하며, 대처리즘, 레이거노믹스가 이에 속한다.
- 제3의 길: 사민주의적 복지정책과 신자유주의 복지정책의 장점을 혼합한 것으로써 시장의 효율과 복지의 형평을 동시에 추구하며, 노동시장에 참여할 의무를 강조한다.
- 사회투자국가: 복지의 투자적·생산적 성격, 경제정책을 우위에 둔 경제정책과 사회정책의 통합, 시민권의 권리와 의무 균형, 결과의 평등보다는 기회의 평등을 강조한다.

정답훈련

다음 내용이 왜 틀렸는지를 확인해보자

01 소극적 집합주의자들은 **절대적으로 자유와 개인주의를 강조하며, 복지국가의 개입을 인정하지 않는다.**

소극적 집합주의자들은 자유와 개인주의를 강조하지만 이러한 가치가 절대적이지는 않으며, 시장체계의 약점을 보완하고 문제점을 해결한다는 측면에서 어느 정도 정부의 개입을 인정한다.

02 케인스는 **국가가 최소한으로 경제에 개입**해야 한다고 주장하였다.

케인스는 국가가 적극적으로 경제에 개입하여 유효수요를 창출함으로써 시장의 불완전성을 보완할 수 있다고 보고, 시장에 대한 국가의 적극적인 개입을 주장하였다.

13-06-12

03 페이비언 사회주의는 **가족 등 비공식부문의 역할이 상대적으로 중요**하다.

페이비언 사회주의는 생산수단, 기업의 점진적인 국유화를 주장했다는 점에서 비공식부분의 역할보다는 공식부분의 역할을 중요하게 고려하였다고 볼 수 있다.

10-06-23

04 마르크스주의는 **사회복지의 확대를 통해 자본주의의 근본적 모순을 극복**할 수 있다고 본다.

마르크스주의는 사회복지의 확대를 통해서만 자본주의의 근본적 모순을 극복할 수는 없다고 보며, 빈곤의 퇴치와 불평등의 해소는 복지국가 확대를 통해 이루어질 수 없다고 본다.

05 제3의 길의 복지정책은 **사회보장과 재분배의 측면만을 강조하면서 경제적인 측면은 중요시 하지 않는다는 비판**을 받았다.

제3의 길의 복지정책은 사회보장과 재분배에 관심을 기울이는 동시에 경제적인 부를 산출하는 주도적인 주체로서의 복지수혜 계층의 역할을 강조하고 있다.

06 실용적 성격을 지닌 **마르크스주의**는 신우파와 유사하게 자유, 개인주의, 그리고 경쟁적 사기업을 신봉한다.

실용적 성격을 지닌 중도노선은 신우파와 유사하게 자유, 개인주의, 그리고 경쟁적 사기업을 신봉한다.

빈칸에 들어갈 알맞은 말을 채워보자

14-06-03

01 (   )은/는 자본주의에 대해서 긍정적이며, 시장개방, 노동의 유연성, 탈규제, 민영화 등의 정책을 선호한다.

14-06-05

02 (   )은/는 영국 노동당 정부가 제3의 길의 구체적 실천전략으로 제시한 국가모형에서 비롯된 것으로써 복지의 투자적 성격과 생산적 성격을 강조하며, 복지와 성장, 사회정책과 경제정책의 상호보완성을 강조한다.

12-06-07

03 조지와 윌딩의 모형 중 (   )은/는 국가 개입은 경제적 비효율을 초래하므로 민영화를 통한 정부 역할 축소를 주장하였으며, 전통적 가치와 국가 권위의 회복을 강조하였다.

11-06-07

04 (   )이 강조한 복지개혁으로는 권리와 의무의 조화, 근로와 복지의 연계, 사회복지 공급주체의 다원화, 사회투자국가가 있다.

07-06-07

05 (   )은/는 국민들의 유효수요를 증대시키기 위하여 정부개입을 옹호한 경제이론이다.

06 (   )은/는 점진적이고 지속적인 불평등 완화에 대한 국가 책임, 적극적인 역할을 인정하며, 의회정치를 통한 점진적인 사회주의를 지향한다.

07 (   )은/는 1979년 마가렛 대처가 이끄는 보수당 정부의 출범과 함께 시작된 신자유주의정책의 흐름을 지칭한다.

08 (   )은/는 복지국가가 개인의 자유, 독창성, 선택을 제한한다고 보며 개인의 자유, 시장의 자유, 개인의 선택의 확대를 강조하는 입장이다.

답 **01** 신자유주의 **02** 사회투자국가 **03** 신우파 **04** 제3의 길 **05** 케인스주의 **06** 페이비언 사회주의 **07** 대처리즘
08 반집합주의

다음 내용이 옳은지 그른지 판단해보자

01 사회투자모형에서 인적자원에 대한 투자는 결과의 평등을 지향한다. ◎ ⊗

02 반집합주의는 사회복지정책의 확대가 경제적 비효율성과 근로동기의 약화를 가져온다고 비판한다. ◎ ⊗

03 신자유주의자들은 복지급여수급이 개인의 저축 및 투자동기를 약화시킨다고 본다. ◎ ⊗

04 사회민주주의는 시장체계의 정의롭지 못한 분배를 시정하는 것이 정부의 역할이라고 주장한다. ◎ ⊗

05 페이비언 사회주의는 평등이라는 복지이념을 강조한다. ◎ ⊗

06 신자유주의자들은 사회복지제도의 확대가 조세 및 사회보험료 부담을 증가시켜 이러한 부담을 피하려는 지하경제가 증가한다고 비판한다. ◎ ⊗

07 케인스주의에서 사회복지지출은 사회복지정책 목표의 달성을 위한 수단이면서 소비 수요 증대를 통한 완전고용 및 경제성장 달성을 위한 수단으로서의 의미도 있다. ◎ ⊗

08 녹색주의는 경제성장과 소비의 지속 확대가 가능하며 바람직하다는 신념에 입각하여 복지국가를 추구한다. ◎ ⊗

09 소극적 집합주의는 반집합주의와 유사하지만 국가 개입을 제한적으로 인정한다는 점에서 차이가 있다. ◎ ⊗

10 신자유주의는 시장적 자유와 개인의 사적 소유권을 절대적 가치로 파악한다. ◎ ⊗

(답) **01** ✕ **02** ◯ **03** ◯ **04** ◯ **05** ◯ **06** ◯ **07** ◯ **08** ✕ **09** ◯ **10** ◯

(해설) **01** 사회투자모형에서 인적자원에 대한 투자는 기회의 평등을 지향한다.
08 녹색주의는 경제성장과 소비의 지속 확대가 가능하며 바람직하다는 신념에 입각한 복지국가는 잘못되었다고 본다.

7영역 사회복지행정론

	합격족보 필수 키워드	10년간 출제문항수	기출회독 No.
31	한국 사회복지행정의 역사	16	191
32	사회복지조직에서의 인적자원관리	15	208
33	현대조직이론	13	193
34	사회복지행정의 특성	12	189
35	전달체계 구축의 원칙	11	201

➕ 출제비중

『**사회복지행정론**』 필수 키워드 5개의 회차별 출제비중을 확인해보세요.

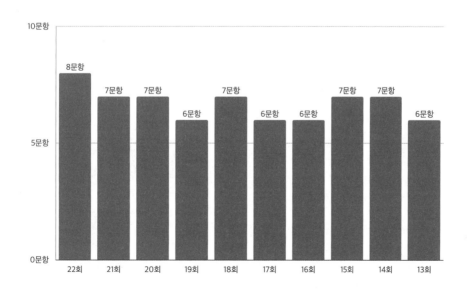

keyword	한국 사회복지행정의 역사
sub keywords	사회복지전문요원, 사회복지전담공무원, 시설평가제 도입, 사회복지공동모금회 설립, 사회복지행정학회 창립, 1급 자격시험 시행, 희망복지지원단, 행복e음, 사회보장정보시스템, 행정복지센터, 읍·면·동 복지허브화, 찾아가는 보건복지서비스
focus	대한민국 정부수립 전후부터 최근의 전달체계까지 사회복지행정의 발전 흐름을 파악해야 한다. 특히 인터넷 발달에 따라 시스템 구축이 시작되고, 지역사회 중심의 복지가 강조되면서 나타난 2000년대 이후 공공 전달체계의 변화를 잘 살펴보도록 하자.

〔21-07-01〕

한국 사회복지행정의 역사에 관한 설명으로 옳지 않은 것은?

① 1950~1960년대 사회복지서비스는 주로 외국 원조단체들에 의해 제공되었다.

② 1970년대 사회복지사업법 제정으로 사회복지시설에 대한 제도적 지원과 감독의 근거가 마련되었다.

③ 1980년대에 사회복지전문요원제도가 도입되었다.

④ 1990년대에 사회복지시설 평가제도가 도입되었다.

⑤ 2000년대에 사회복지관에 대한 정부 보조금 지원이 제도화 되었다.

정답률 확인	① 4% ② 18% ③ 10% ④ 9% ⑤ 59%

답 ⑤

⑤ 1970년 사회복지사업법 제정 당시부터 사회복지법인에 대한 국가 또는 지방자치단체의 보조금 지급에 관한 규정을 마련하고 있었다.

➕ 출제빈도

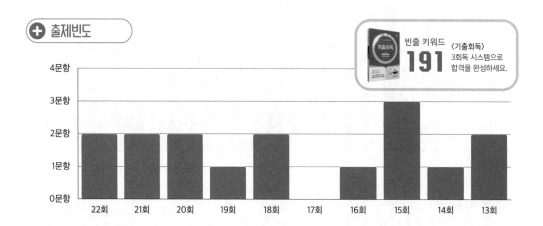

빈출 키워드
191
〈기출회독〉
3회독 시스템으로
합격을 완성하세요.

한국 사회복지행정의 역사

강의 QR코드

1회독	**2**회독	**3**회독
월 일	월 일	월 일

★ 최근 10년간 **16문항** 출제 ★

이론요약

외원기관의 활동과 사회복지행정의 출발(1946년~1970년대)

- 외국 원조기관들의 수용시설 위주의 긴급구호, 시설보호
- 1970년대 사회복지사업법 제정
- 사회복지행정 교과목 신설

[기본개념]
사회복지행정론

2장

사회복지행정의 체계화와 본격화(1980년대~1990년대)

- **1987년 사회복지전문요원** 제도 시행(공공복지행정의 체계 마련)
- **1992년 사회복지전담공무원** 및 복지사무전담기구의 법적 근거 마련(사회복지전담공무원으로 전환은 2000년부터)
- 1995년 보건복지사무소 시범운영
- 1997년 사회복지시설 평가 의무화(1999년 1기 평가)
- 1999년 사회복지행정학회 설립

사회복지행정의 확립(2000년대 이후)

- 2003년 제1회 사회복지사 1급 자격증 시험 시행
- 2004년 사회복지사무소 시범사업 운영
- **2005년 지역사회복지협의체** 운영, 지역사회복지계획 수립
- 2007년 동사무소를 동주민센터로 변경, 주민생활지원서비스 전달체계 실시
- **2010년 사회복지통합관리망 '행복e음'**
- **2012년 희망복지지원단**: 시·군·구 단위 설치, 통합 사례관리 업무
- **2013년 사회보장정보시스템** 개통
- **2015년** 「사회보장급여의 이용·제공 및 수급권자 발굴에 관한 법률」 시행(지역사회복지계획 → **지역사회보장계획**)
- **2016년 행정복지센터를 통한 읍·면·동 복지 허브화** 추진 발표
- 2017년 주민자치형 공공서비스 추진 계획 발표, 읍·면·동 찾아가는 보건복지팀을 통해 찾아가는 보건복지서비스 확대
- 2018년 '지역사회 통합돌봄 기본계획' 발표, 2019년 16개 지방자치단체를 선정하여 추진
- 2019년 사회서비스원 출범

정답훈련

다음 내용이 왜 틀렸는지를 확인해보자

05-07-03

01 1950년대 국가중심의 빈민구제가 활성화되었다.

> 1950년대 빈민구제 활동은 외국 원조기관들의 긴급구호, 시설보호 등이 큰 부분을 차지한다.

02 1967년에 제정된 사회복지사업법은 사회복지기관에 대한 지원 및 지도·감독의 근거가 되었다.

> 사회복지사업법은 1970년에 제정되었다.

02-07-03

03 사회복지조직의 대규모 양적 팽창은 1970년대 말 이후부터 이루어졌다.

> 양적 팽창은 1980년대 후반 이후부터 본격적으로 이루어졌다.

11-07-08

04 1997년 사회복지사업법 개정에는 사회복지시설 설치의 신고제 변경, 사회복지 시설평가 도입, **사회복지공동모금회 설립** 등의 내용이 담겼다.

> 사회복지공동모금회 설립에 관한 규정은 사회복지공동모금회법에서 다룬다.

04-07-03

05 1990년대에 들어서면서 사회복지전문요원이 배치되기 시작하였다.

> 사회복지전문요원 제도를 도입한 것은 1987년이다.

05-07-03

06 1980년대에는 지역사회복지협의체의 설치가 의무화되었다.

> 지역사회복지협의체(현 지역사회보장협의체)는 2003년 사회복지사업법 개정으로 설치규정이 마련되어 2005년부터 운영되기 시작했다.

07 공공 부문에 사회복지 사업을 전담하는 인력이 **처음 배치되기 시작한** 것은 2000년 사회복지전담공무원 임용부터이다.

> 1987년 사회복지전문요원이 공공부문에 배치되어 오다가 1992년 일반직 사회복지전담공무원에 관한 규정이 마련된 이후 2000년부터 사회복지전담공무원으로 전환되었다.

08 **2000년 사회복지사업법 개정**에 따라 사회복지사 1급 국가자격시험 규정이 마련되었으며, 2003년 첫 시행되었다.

> 1급 시험 규정이 마련된 것은 1997년 사회복지사업법 개정이다.

09 희망복지지원단은 2012년 복합적인 욕구를 가진 대상자에게 통합 사례관리를 실시하기 위해 **읍·면·동 단위**에 설치되었다.

> 희망복지지원단은 시·군·구 단위에 설치되어 있다.

10 '읍·면·동 복지허브화' 사업의 추진을 위해 사회보장시스템을 개통하였다.

> '읍·면·동 복지허브화' 사업은 2016년부터 추진되었다.
> 사회보장정보시스템은 전 부처에서 제공되는 복지사업 관련 정보를 연계하여 부정 및 중복 수급을 방지할 목적으로 2013년에 개통하였다.

`15-07-24`

11 지방분권화에 따라 **지방정부에서 운영되던 사회복지사업이 국고보조사업으로 이양**되었다.

> 지방분권화와 함께 국고보조사업의 일부가 지방으로 이양되었다.

`09-07-02`

12 2000년대에 시작된 사회복지 시설평가 제도는 3년마다 **표본추출에 따라 실시**된다.

> 시설평가는 표본추출로 실시되는 것이 아니라 모든 시설에 실시된다.

`17-07-02`

13 최근 우리나라 사회복지행정은 이용시설보다 **생활시설 중심의 보호가 강조**되고 있다.

> 우리나라 사회복지의 발달은 한국전쟁을 겪으며 부모를 잃은 아동들을 위한 생활시설 위주로 발전하다가 최근에는 이용시설, 지역사회복지 중심의 서비스 제공이 강조되고 있다.

합격족보 필수 키워드 32

keyword	사회복지조직에서의 인적자원관리
sub keywords	인적자원관리의 구성요소, 직무분석, 직무기술서, 직무명세서, OJT, 계속교육, 소진의 4단계
focus	인적자원관리의 전반적인 과정들을 살펴볼 필요가 있다. 모집 및 선발 등 직원을 채용하는 과정에서 고려해야 할 사항들과 직원들에 대한 교육 및 훈련에 대한 사항, 소진까지 각각 개별적으로 출제되기도 하지만, 이 장 전체의 내용이 총 망라된 종합적인 문제로 출제되기도 한다.

【 21-07-11 】

사회복지조직의 인적자원관리에 관한 설명으로 옳지 않은 것은?

① 동기부여를 위한 보상관리는 해당되지 않는다.

② 직원채용, 직무수행 평가, 직원개발을 포함한다.

③ 목표관리법(MBO)으로 직원을 평가할 수 있다.

④ 직무수행 과정에서 경력을 개발해 나갈 수 있도록 한다.

⑤ 직무만족도 개선과 소진관리가 포함된다.

정답률 확인	① 89% ② 2% ③ 6% ④ 1% ⑤ 2%

답 ①

① 인사관리의 핵심적인 요소로 업무분석 및 업무성과에 대한 평가, 직원개발 및 보상 등을 꼽을 수 있다. 구성원의 채용·배치부터 교육 및 훈련, 업무평가, 동기부여 및 사기진작, 근무시간·급여·성과급·승진·퇴직금, 노사협조 등에 관한 사항을 포함한다.

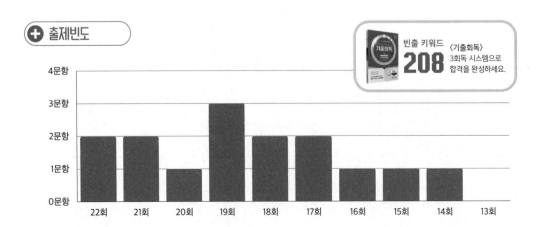

➕ 출제빈도

	22회	21회	20회	19회	18회	17회	16회	15회	14회	13회
4문항										
3문항				■						
2문항	■	■			■	■				
1문항			■				■	■	■	
0문항										

사회복지조직에서의 인적자원관리

강의 QR코드

1회독 월 일 > **2**회독 월 일 > **3**회독 월 일

★ 최근 10년간 **15문항** 출제 ★

이론요약

인적자원관리란?

- 구성원의 **성과관리, 보상관리, 개발관리 등을 포함**
- 성과에 따른 보상을 중심으로 했던 인사관리에서 **구성원을 인적자원으로 보고** 인적자원을 관리한다는 개념으로 확장됨

[기본개념]
사회복지행정론

8장

인사관리의 과정

충원계획 수립 → 모집·선발 → 채용 및 배치 → 오리엔테이션 → 평가 → 승진

직무기술서와 직무명세서

- **직무분석을 바탕으로 작성**
- 직무기술서: 직무의 성격, 내용, 수행방법, 직무에서 기대되는 결과, 임무와 책임 명시
- 직무명세서: 직무수행에 필요한 지식, 능력 및 교육수준, 경력, 자격증 등에 대한 요건 명시

직원능력개발의 방법

- 신디케이트(syndicate, 분임토의): 소집단으로 나누어 따로 토의를 진행한 후 전체가 모여 발표 및 토론을 진행
- OJT: 직장 내 훈련, 직무상 훈련, 현장훈련
- 패널토의: 전문가들만 토의하고 연수자들은 토의를 들음
- 포럼: 자료제공 후 참여자들의 의견 표명
- 역할연기: 실제 연기 후 여러 직원들이 평가, 토론
- 임시대역(understudy): 상사의 부재를 대비하여 직무수행 대리
- 사례발표: 직원들이 돌아가며 사례를 발표
- 계속교육: 정규교육을 모두 수료한 사람들에게 지속적으로 교육을 제공하여 전문성 유지 및 향상

소진

- 직업에서 경험하는 스트레스와 고통들에 대한 반응으로 직무에서부터 멀어져 가는 과정을 의미
- 직업에 대한 이상, 열정, 목적의식이나 관심을 점차적으로 상실해가는 과정
- **소진의 4단계: 열성 → 침체 → 좌절 → 무관심**

정답훈련

다음 내용이 **왜 틀렸는지**를 확인해보자

14-07-14

01 명문화, 세분화된 직무는 **이용자의 욕구와 시장변화에 대한 전략을 세우는 데 도움**이 된다.

직무가 지나치게 세분화되어 있으면 새로운 상황에서 새로운 업무가 발생할 때 누가 그 일을 해야 하는지에 대한 문제가 발생할 수 있다.

02 구성원의 전문성을 강화하기 위해서는 **끊임없는 순환보직을 통해 역량을 개발**한다.

순환보직을 통해 다양한 업무를 경험해볼 수 있지만, 지나치게 잦거나 많으면 전문성과 능률성, 책임성이 저하되고 행정의 일관성을 해칠 우려도 있다.

10-07-12

03 직무명세서를 작성한 후 해당 직무에 대한 직무분석이 이루어져야 한다.

직무분석의 결과를 바탕으로 직무명세서를 작성한다.

04 직원능력개발의 대상은 **신규채용자 및 일반 직원에 한정**된다.

상급자 및 관리자에 대해서도 슈퍼바이저 혹은 멘토로서의 역할이나 리더십에 관한 교육, 환경변화에 맞는 조직의 정책 수립을 위한 교육 등이 진행된다.

05 인력개발에 관한 교육 및 훈련이 길어지면 업무에 지장을 줄 수 있으므로 **1회성 혹은 단기간에 진행**해야 한다.

교육 및 훈련이 어떤 목적으로 어떤 내용으로 진행되는가에 따라 1회 혹은 단기적으로 진행될 수도 있으며 장기적으로 진행될 수도 있다.

11-07-07

06 인력의 소진을 최소화하기 위한 전략으로 **개인별 성과평가에 기초한 연봉제 임금 방식을 도입**한다.

개인별 성과평가로 인해 구성원 간 불필요한 경쟁이 심화될 수 있다는 점에서 오히려 소진이 촉진될 수 있다.

다음 내용이 옳은지 그른지 판단해보자

19-07-13

01 직무기술서에는 급여 수준, 직무 명칭, 직무 내용, 직무 수행방법, 핵심 과업 등이 포함되어야 한다.

05-07-14

02 인사관리의 핵심요소로 개발관리, 성과관리, 보상관리 등을 꼽을 수 있다.

17-07-14

03 직무평가는 직무명세서를 작성하기에 앞서 직무에 대한 업무내용과 책임을 종합적으로 살펴보는 것으로, 이는 인적자원관리의 기초가 된다.

09-07-21

04 구성원의 사기 진작을 위해 인력개발 프로그램에 대한 평가는 하지 않는다.

03-07-27

05 승진 기회 제공, 급여 인상 및 각종 포상 제도를 비롯해 슈퍼비전, 의사결정 과정에의 참여 등은 직무만족에 영향을 준다.

18-07-16

06 소진은 직무에서 비롯된 스트레스에 대한 반응을 말하는 것으로, 업무와 관련한 목적의식이나 관심을 점차적으로 상실하는 과정이다.

17-07-13

07 소진은 열성 → 좌절 → 무관심 → 침체의 단계로 진행된다.

03-07-19

08 OJT는 별도의 교육 시간과 장소를 마련하여 선임자가 피훈련자에게 1:1로 업무수행의 지식, 기술 등을 알려주는 직무수행능력 개발방법이다.

(답) **01**× **02**○ **03**× **04**× **05**○ **06**○ **07**× **08**×

(해설) **01** 직무기술서는 직무와 관련된 사항을 정리하여 작성하는 것으로, 급여 수준이 포함되지는 않는다.
03 직무평가가 아닌 직무분석에 관한 설명이다.
04 인력개발 프로그램의 효율성, 효과성 등을 평가하여 이후 프로그램이 개선될 수 있도록 반영한다.
07 소진은 열성 → 침체 → 좌절 → 무관심의 단계로 진행된다.
08 OJT는 직장 내 훈련이라고 한다. 별도의 교육 시간과 장소를 마련하여 진행되는 것이 아니라 업무수행 과정에서 훈련이 이루어진다.

합격족보 필수 키워드 33

keyword	현대조직이론
sub keywords	총체적 품질관리(TQM), 목표관리이론(MBO), 학습조직이론
focus	현대조직이론에서 목표관리이론이나 학습조직이론도 간간이 출제되지만 해마다 출제되는 내용은 총체적 품질관리이다. TQM의 주요 특징 및 원칙을 살펴보고, 최근 출제빈도가 높아진 품질차원(서브퀄)도 정확히 기억해두자.

21-07-16

사회복지조직의 서비스 질 관리에 관한 설명으로 옳은 것은?

① 서비스 질 관리를 위하여 위험관리가 필요하다.

② 총체적 품질관리(TQM)는 기업의 소비자 만족을 극대화하기 위한 기법이므로 사회복지기관에 적용하기에는 적합하지 않다.

③ 총체적 품질관리는 지속적인 개선보다는 현상유지에 초점을 둔다.

④ 서브퀄(SERVQUAL)의 요소에 확신성(assurance)은 포함되지 않는다.

⑤ 서브퀄에서 유형성(tangible)은 고객 요청에 대한 즉각적 반응을 말한다.

정답률확인 ① 75% ② 5% ③ 4% ④ 4% ⑤ 12%

답 ①

오답노트

② 사회복지조직에서는 다양한 경영기법을 도입하고 있으며, 총체적 품질관리도 서비스의 질 관리 차원에서 관심도가 높은 이론이다.

③ 총체적 품질관리에서는 생산 및 관리 등 전체 과정에서 지속적인 개선을 통해 고품질을 확보하고 유지한다.

④⑤ 서브퀄: 신뢰성 – 계약사항의 반영, 즉응성 – 필요한 시기에 즉각 제공, 확신성 – 서비스에 대한 신뢰감 제공, 공감성 – 개별화된 이해, 가시성/유형성 – 사회복지사의 용모 및 기관의 청결

➕ 출제빈도

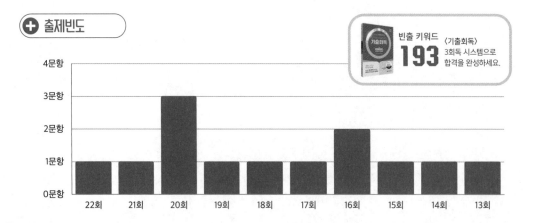

빈출 키워드 〈기출회독〉
193
3회독 시스템으로 합격을 완성하세요.

기출회독

193

현대조직이론

강의 QR코드

1회독	**2**회독	**3**회독
월 일	월 일	월 일

★ 최근 10년간 **13문항** 출제 ★

이론요약

총체적 품질관리(TQM)

[기본개념]
사회복지행정론

3장

▶ **주요 특징**
- **고품질 확보를 위한 총체적 관리과정**, 전 과정에서의 노력
- **고객중심**, 고객의 만족을 위한 상시적 노력
- **품질의 판정은 클라이언트**
- TQM의 도입과 정착을 위해서는 리더의 강력한 의지가 요구됨
- 집단적 노력, 전체 구성원의 참여 유도
- **분권적** 조직 구성, 팀워크 강조
- **지속적 학습, 지속적 개선 강조**
- 서비스의 변이 가능성을 방지하는 데에 초점, 장기적 관점, **예방적 통제**
- 통계자료 분석 등 과학적 방법 사용
- 신뢰 관리, 인간 존중

▶ **주요 품질차원(SERVQUAL)**
- **신뢰성**: 약속된 방식, 일관된 방식으로 서비스를 제공하고, 품질에 대한 클라이언트의 기대를 만족시켜야 함
- **즉응성**(응답성): 필요한 시기에 짧은 시간 내에 서비스 제공
- **확신성**: 서비스에 관한 풍부한 지식을 갖춰 신뢰를 줄 수 있어야 함
- **공감성**(감정이입): 클라이언트에 대한 개별화된 이해와 관심
- **가시성**(유형성): 시설 및 장비의 위생, 직원의 용모단정 등

※ **위험관리**
- 조직을 운영하거나 서비스를 제공하는 과정에서 나타날 수 있는 위험에 대한 예측 및 대비, 위험에 대한 대응
- 위험요인
  - 개인적 요인: 클라이언트에 대한 잘못된 진단 및 처우, 사회복지사의 기능적 손상(알코올 중독 등), 실적 조작, 비밀누설 등
  - 집단적 요인: 이용자의 사고 및 고충 처리에 대한 부적절한 대응, 전염병 확산, 후원금 급감 등 경영상의 요인, 운영상의 불법행위, 자연재해 등

목표관리이론(MBO)

- **명확한 목표설정을 통한 총체적 관리체계**(주로 단기적 목표설정과 그 목표의 달성을 강조)
- 책임한계의 규정, 참여와 상하협조
- 피드백의 개선을 통한 관리 계획의 개선
- 구성원의 동기부여 및 보상 강조
- 양적 성과에만 치중하게 될 위험도 있음

학습조직이론

- 조직과 인력을 임파워시켜 클라이언트에게 효과적인 서비스를 제공하고자 함
- **개별 구성원의 학습뿐만 아니라 조직 전체의 학습도 강조**
- 부분적 개선을 위한 단선적 학습과 조직 전체의 변화를 위한 복선적 학습
- 학습조직 구축요인: 자기숙련, 사고모형, 공유비전, 팀학습, 시스템 사고

다음 내용이 **왜 틀렸는지**를 확인해보자

16-07-07

01 총체적 품질관리에서는 **최고책임자의 의사결정권을 강조**한다.

> 분권적 조직을 추구하며 의사결정 과정에서 직원들의 참여를 강조한다.

17-07-16

02 TQM에서 강조하는 다섯 가지 품질차원은 신뢰성, 즉응성, 공감성, 가시성, **수익성**이다.

> 품질차원: 신뢰성, 즉응성, 확신성, 공감성, 가시성

---

03 총체적 품질관리는 **단기적, 사후관리적 관점**이라는 한계가 있다.

> 총체적 품질관리는 장기적 관점으로 전 과정에서의 품질 확보를 강조하며, 예방적 통제를 추구한다.

14-07-11

04 TQM에서는 **최고 관리자를 품질의 최종 결정자**로 간주한다.

> TQM은 고객의 만족을 가장 일차적으로 고려하기 때문에 품질의 최종 결정자 역시 이용자가 된다.

---

05 목표관리이론에서는 **목표를 수량적으로 설정하지는 않는다.**

> 목표를 수량적으로 표시하여 측정할 수 있도록 설정하는 것을 전제로 한다. 이를 토대로 달성정도, 즉 성과를 파악하기 때문에 단기적이고 가시적이고 계량적인 성과에만 주력하게 만든다는 한계가 지적되기도 한다.

---

06 학습조직이론에서 **학습은 조직의 위기 시에만 요구**되는 것이다.

> 조직의 위기 시에만 요구되는 것은 아니다. 효과성과 생산성을 제고하기 위한 수단으로 학습을 강조하기 때문에 조직 및 구성원의 역량강화 및 경쟁력 확보를 위해 도입될 수 있다.

다음 내용이 옳은지 그른지 판단해보자

01 총체적 품질관리는 변동 가능성 방지에 초점을 두기 때문에 변화를 꾀하기 어렵다. ⊚⊗

`15-07-03`
02 TQM에서 서비스 품질은 마지막 단계에서 고려된다. ⊚⊗

`19-07-16`
03 총체적 품질관리에서 서비스의 질은 고객의 결정에 의한다. ⊚⊗

`20-07-25`
04 총체적 품질관리에서는 집단의 노력보다 개인의 노력이 품질향상에 더 기여한다고 본다. ⊚⊗

`16-07-07`
05 총체적 품질관리는 작업시간 단축을 목표로 한다. ⊚⊗

`15-07-03`
06 TQM에서 의사결정은 자료분석에 기반한다. ⊚⊗

`16-07-11`
07 위험관리이론에서는 안전 확보가 서비스 질과 연결된다고 본다. ⊚⊗

08 목표관리이론에서는 현실적인 실행가능성보다 클라이언트의 문제해결을 우선시한다. ⊚⊗

09 목표관리론은 목표를 수량적으로 측정하여 이를 얼마나 달성했는가에 따라 성과를 파악하기 때문에 목표를 수량화하기 어려운 사회복지조직에서는 적용하기 어려운 측면도 있다. ⊚⊗

10 학습조직이론에서는 조직 및 구성원의 역량강화에 있어 복선적 학습이 더 효과적이라고 보았다. ⊚⊗

답 01✕ 02✕ 03○ 04✕ 05✕ 06○ 07○ 08✕ 09○ 10○

해설 **01** 총체적 품질관리에서 변동 가능성을 방지한다는 것은 서비스 제공 과정에서 품질이 계약된 대로, 이용자의 기대에 맞게 유지될 수 있도록 함을 의미할 뿐이다. TQM에서는 오히려 고품질을 위한 변화와 개선을 강조한다.
02 TQM에서 품질관리는 전 과정에 걸쳐 고려된다.
04 총체적 품질관리에서는 구성원 전체의 참여와 팀워크를 강조한다. 즉 품질은 전체 과정을 통해 결정되기 때문에 고품질 확보를 위해서는 모든 구성원의 집단적 노력이 필요하다는 것이다.
05 서비스 개선을 위한 한 가지 방안으로 작업시간 단축이 진행될 수는 있다. 하지만 오히려 지나친 작업시간의 단축은 품질 저하를 가져올 수도 있기 때문에 작업시간의 단축 그 자체를 목표로 하지는 않는다.
08 클라이언트의 문제해결을 더 우선시한다고 볼 수는 없다. 현실적으로 조직에서 추진하기 어려운 서비스나 프로그램을 무리하게 진행하다 보면 해결하기 어려운 문제점들이 발생할 수 있기 때문에 현실적인 실행가능성을 고려하여 목표를 수립한다.

합격족보 필수 키워드 34

keyword	사회복지행정의 특성
sub keywords	정책을 서비스로 전환, 도덕적 가치지향, 휴먼서비스, 기술의 불확실성, 목표의 모호성, 결과의 무형성, 효율성 및 효과성 척도의 부재
focus	전문가의 역량에 따라 서비스의 양과 질이 다를 수 있으며 클라이언트와 사회복지사와의 관계가 성과에 영향을 미친다는 점과 함께 가치추구적(가치판단적) 활동이라는 점은 자주 등장했다. 사회복지행정은 그 자체로도 빈출 내용이지만, 조직구조, 기획, 인적자원관리, 마케팅, 환경변화 등 이후 공부하게 될 모든 내용의 밑바탕이 된다는 점에서 실질적인 출제율은 더 높다고 봐야 한다.

21-07-03

사회복지행정의 특징에 관한 설명으로 옳은 것은?

① 서비스 성과를 평가하기 어렵다.
② 사회복지행정가는 가치중립적이어야 한다.
③ 서비스 효율성은 고려하지 않는다.
④ 재정관리는 사회복지행정에 포함되지 않는다.
⑤ 직무환경에 관계없이 획일적으로 운영된다.

정답률 확인 ① 57% ② 38% ③ 3% ④ 1% ⑤ 1%

답 ①

오답노트
② 사회복지행정은 가치판단적, 가치지향적 특징을 갖는다.
③ 자원은 한정되어 있기 때문에 사회복지조직도 서비스의 효율성을 주요 가치로 고려한다.
④ 예산, 결산, 회계 등의 재정관리는 사회복지행정에 포함된다.
⑤ 직무환경은 조직이 추구하는 가치 및 사업의 성격의 영향을 받는다.

➕ 출제빈도

빈출 키워드
189
〈기출회독〉
3회독 시스템으로
합격을 완성하세요.

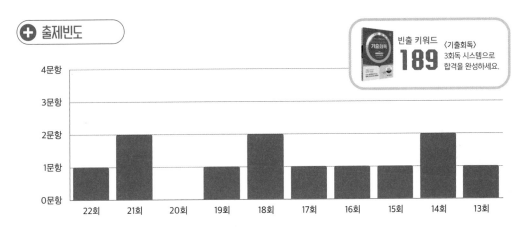

사회복지행정의 특성

강의 QR코드

1회독	**2**회독	**3**회독
월 일	월 일	월 일

★ 최근 10년간 **12문항** 출제 ★

이론요약

[기본개념]
사회복지행정론

1장

사회복지행정의 정의

- 사회복지조직을 중심으로 정책이 서비스로 전환되는 과정
- 사회복지조직의 목표를 달성하기 위해서 인적, 물적 자원을 관리하는 과정
- 관리자를 포함한 모든 조직구성원의 역동적인 협력활동
- 조직을 변화시키고 발전시키는 사회복지실천의 개입방법

일반행정과 사회복지행정의 공통점

- 대안의 모색, 실행, 평가가 이루어지는 문제해결 과정
- 상호관련된 부분들이 모여진 체계로 구성됨
- 인적, 물적 자원을 동원하고 조직화함
- 공공의지(public will)의 실현과 관련됨
- 조력 과정이 요구됨
- 조직부서 간의 업무조정 및 직무평가가 이루어짐
- 관리자에 의해 기획, 의사결정, 평가 등의 과정이 이루어짐

휴먼서비스 조직의 특성(Hasenfeld)

- 휴먼서비스 조직의 원료는 인간이다.
- 휴먼서비스 조직의 목표는 불확실하며 애매모호하다.
- 휴먼서비스 조직이 활용하는 기술은 불확실하다.
- 휴먼서비스 조직의 핵심 활동은 직원과 클라이언트의 관계이다.
- 휴먼서비스 조직은 직원의 전문성에 대한 의존도가 크다.
- 휴먼서비스 조직의 효과성을 측정할 척도가 부족하다.

사회복지조직의 특수성

- 도덕적 가치 지향 → 사회복지행정은 가치지향적, 가치판단적! (가치중립적 아님)
- 사회복지사와 클라이언트의 사이의 상호작용
- 사회적 책임성

- 기술의 불확실성 및 전문가의 중요성
- 목표의 모호성
- **성과의 무형성**
- 효과성, 효율성 척도의 부재
  - 효과성: 클라이언트에게 제공된 서비스가 욕구를 충족시키고 목표를 달성할 수 있어야 함
  - 효율성: 최소한의 자원으로 최대의 효과를 산출할 수 있어야 함

정답훈련

다음 내용이 **왜 틀렸는지**를 확인해보자

11-07-22

01 사회복지행정은 **가치중립적 행정기술을 적용**해야 한다.

사회복지조직의 원료는 인간이기 때문에 도덕적 가치판단이 요구되며, 이로 인해 사회복지행정은 가치중립적이 아니라 가치지향적 특징을 갖는다.

02 사회복지행정은 동일한 문제에 대해 **동일한 서비스를 제공함으로써 일률적인 성과를 내는 데에 초점**을 둔다.

동일한 문제라 하더라도 그 문제를 둘러싼 요소들은 다르게 나타날 수 있으며, 그 문제를 받아들이는 클라이언트의 사고나 감정 역시 다를 수 있다. 따라서 동일한 문제라 하더라도 다른 서비스가 제공될 수 있다. 동일한 서비스를 제공했다 하더라도 효과나 만족감은 다를 수 있기 때문에 일률적인 성과를 만들어내는 것이 어렵다.

06-07-01

03 사회복지행정은 **측정 도구가 잘 개발되어 있어 성과 측정이 용이**하다.

사회복지서비스에 대한 성과는 클라이언트가 느끼는 만족도의 영향을 받기 때문에 객관적이고 과학적인 측정이 모호한 경우가 많다.

09-07-01

04 일선 직원과 클라이언트와의 관계가 조직 효과성을 좌우한다는 점은 **사회복지행정과 일반행정의 공통점**이다.

일선 직원과 클라이언트와의 관계가 조직 효과성을 좌우한다는 것은 사회복지행정에서만 나타나는 특징이다.

05 사회복지조직은 목표를 설정함에 있어 **여러 이해관계의 영향력을 배제**해야 한다.

사회복지조직은 정부의 정책 방향, 지역사회의 특성 및 지역주민의 성향, 후원자, 서비스 이용자 및 가족, 타 기관 및 전문가 등 여러 환경체계와 이해관계의 영향을 받게 되며 이를 배제할 수는 없다.

07-07-16

06 사회복지행정은 **실천기술이 표준화**되어 있다.

사회복지행정은 클라이언트, 즉 인간을 대상으로 하기 때문에 실천기술을 표준화하기 어렵다.

17-07-01

07 사회복지조직은 법률과 규칙에 의해 운영되므로 **전문성은 중요하지 않다.**

> 사회복지서비스는 무형적이며 클라이언트마다 문제나 욕구가 다르기 때문에 사회복지사의 전문성에 따라 제공되는 서비스 및 성과가 달라진다. 이로 인해 사회복지조직에서는 실무자의 재량이 크고 실무자에 대한 의존도가 높다.

09-07-07

08 사회복지행정은 인간을 대상으로 하는 **직접적인** 사회복지실천방법이다.

> 사회복지행정은 간접적인 사회복지실천방법이다.

10-07-01

09 사회복지조직은 **외부환경에 대한 의존성이 낮다.**

> 사회복지조직은 사회적, 경제적 변화와 같은 외부환경에 대한 의존성이 높다.

10-07-01

10 서비스 대상으로서 **인간을 가치중립적 존재로 가정**한다.

> 가치중립적이란 말은 어떤 특정 가치관에 치우치지 않는다는 것인데, 사회복지행정의 대상은 도덕적 가치를 갖는 인간이기 때문에 인간을 가치중립적 존재로 가정한다는 설명은 적절하지 않다.

02-07-01

11 사회복지행정은 **정형화된 문제에만 접근**한다.

> 클라이언트마다 겪는 문제나 욕구는 다 다르기 때문에 그 문제를 정형화하거나 유형화하기 어려우며, 개별화된 접근이 필요하다.

05-07-01

12 사회복지행정은 **일반행정과 달리** 공공의지(public will)를 실현하는 데에 관심을 둔다.

> 공공의지의 실현은 사회복지행정과 일반행정의 공통적인 특징이다. 공공의지에 대한 개념적 정의가 명확하진 않지만 공공의 이익 정도로 생각하면 된다.

합격족보 필수 키워드 35

keyword	전달체계 구축의 원칙
sub keywords	평등성, 적절성, 포괄성, 지속성, 통합성, 전문성, 책임성, 접근용이성
focus	대체로 정답률이 높은 편이기는 하지만, 각 원칙에 대한 특징을 잘 정리해서 구분해두어야 한다.

19-07-18

사회복지전달체계 구축 시 고려해야 할 사항으로 옳지 않은 것은?

① 통합성: 서비스의 중복과 누락을 방지하고 다양한 서비스를 통합적으로 제공해야 한다.

② 포괄성: 클라이언트의 다양한 욕구 중 한 가지 욕구를 해결하기 위하여 전문가 집단이 개입하는 방식이다.

③ 적절성: 사회복지서비스의 양과 질이 서비스 수요자의 욕구 충족과 서비스 목표 달성에 적합해야 한다.

④ 접근성: 서비스 이용자에게 공간, 시간, 정보, 재정 등의 제약이 없는 서비스 제공을 의미한다.

⑤ 전문성: 충분한 사회복지전문가의 확보가 필요하다.

정답률 확인 ① 1% ② 92% ③ 1% ④ 3% ⑤ 3%

답②

② 포괄성은 다양한 욕구 중 어느 한 가지 욕구에 주목하는 것이 아니라, 다양한 욕구에 대해 복합적 차원에서 다각도로 접근해야 한다는 것이다.

➕ 출제빈도

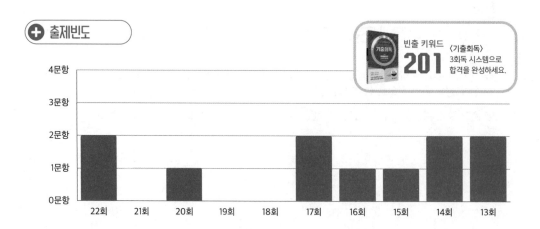

빈출 키워드
201
〈기출회독〉
3회독 시스템으로
합격을 완성하세요.

기출회독
201

전달체계 구축의 원칙

강의 QR코드

1회독	2회독	3회독
월 일	월 일	월 일

★ 최근 10년간 **11문항** 출제 ★

이론요약

서비스 제공의 원칙

[기본개념]
사회복지행정론

5장

- 전문성: 사회복지라는 **전문적 서비스를 제공**하며, 핵심 업무는 반드시 **사회복지전문가가 담당**해야 함
- 적절성: **서비스 양과 질, 제공 기간**이 클라이언트의 욕구충족과 서비스의 목표달성을 위해 **충분해야 함**
- 포괄성: 다양한 욕구나 다양한 문제를 해결하기 위해 **다각도의 서비스 제공. 클라이언트 중심**
- 통합성: 서비스의 **중복/누락 방지**에 초점을 둠. **기관 간 연계를 통한 서비스 제공. 기관 중심**
- 지속성: **서비스가 끊어지지 않고 제공**되어야 함. 해당 기관에서 복합적 욕구를 모두 충족시킬 수 없을 때에는 지역사회 연계를 통해 지속성을 확보해야 함
- 평등성: 클라이언트의 연령, 성별, 소득, 지역, 종교나 지위에 관계없이 제공
- 책임성: 사회복지서비스의 전달에 대하여 책임을 다해야 한다는 것으로, 효과성 및 효율성을 포괄
- 접근성: 지리적인 거리, 경제적인 이유, 개인적 동기와 인식 등 물리적, 심리적 장벽 해소

다음 내용이 왜 틀렸는지를 확인해보자

16-07-10

01 책임성의 원칙은 **충분한 양과 질 높은 서비스가 제공되어야 함**을 의미한다.

> 책임성은 사회복지조직은 서비스 제공에 대해 위임받은 조직이므로 서비스 전달에 책임을 져야 함을 의미한다.

16-07-10

02 전문성의 원칙은 **서비스가 종합적으로 제공되어야 함**을 의미한다.

> 전문성은 전문적인 자격을 갖춘 사람에 의해 전문적인 서비스가 제공되어야 함을 의미한다.

14-07-09

03 책임성을 높이는 전략이 접근성에 **영향을 주지는 않는다.**

> 각각의 원칙은 서로 연결성을 갖고 있기 때문에 책임성을 높이는 전략이 접근성을 높이기도 한다.

10-07-14

04 서비스의 접근성은 **수급자격의 요건을 강화하여 자원을 효율적으로 활용하는 것**을 의미한다.

> 수급자격 요건을 강화하면 자원을 덜 사용하게 될 수는 있겠으나 서비스의 접근성은 낮아지게 된다.

04-07-02

05 통합성, 접근성, 적절성, **진실성** 등은 사회복지 전달체계 구축에서의 주요 원칙이다.

> 진실성은 포함되지 않는다.

07-07-23

06 **적절성**의 원칙은 클라이언트에게 여러 서비스들이 누락되지 않고 제공되기 위한 노력이다.

> 적절성의 원칙은 욕구충족을 위해 충분한 양과 질의 서비스가 제공되어야 함을 말한다.
> 다양한 서비스의 누락 방지와 관련된 원칙은 통합성의 원칙이다.

8영역 사회복지법제론

	합격족보 필수 키워드	10년간 출제문항수	기출회독 No.
36	사회복지사업법	35	230
37	사회보장기본법	27	228
38	법의 체계와 적용	12	224
39	한국 사회복지법률의 역사	11	227
40	기초연금법	9	232

➕ 출제비중

『사회복지법제론』 필수 키워드 5개의 회차별 출제비중을 확인해보세요.

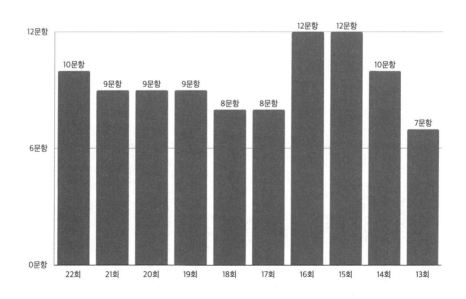

합격족보 필수 키워드 36

keyword	사회복지사업법
sub keywords	사회복지법인, 사회복지사, 사회복지시설, 사회복지의 날, 사회복지위원회, 사회복지업무의 전자화, 사회복지서비스 우선제공 대상자, 기본이념, 국가와 지방자치단체의 복지와 인권증진의 책임
focus	사회복지사업법에서 명시된 주요 내용에 관한 문제가 출제되고 있다. 전반적인 내용을 묻는 유형으로 출제되기도 하며, 사회복지법인, 사회복지사, 사회복지시설 등에 관하여 단독 문제로도 출제된다. 특히, 사회복지법인에 관한 문제는 매회 1문제 이상 반드시 출제되므로 꼼꼼하게 정리해둘 필요가 있다.

─ 21-08-10 ─

사회복지사업법상 사회복지사에 관한 설명으로 옳지 않은 것은?

① 사회복지사의 등급은 1급 · 2급으로 한다.
② 보건복지부장관은 정신건강사회복지사 · 의료사회복지사 · 학교사회복지사의 자격을 부여할 수 있다.
③ 보건복지부장관은 사회복지사가 거짓이나 그 밖의 부정한 방법으로 자격을 취득한 경우 그 자격을 1년의 범위에서 정지할 수 있다.
④ 사회복지법인에 종사하는 사회복지사는 정기적으로 보수교육을 받아야 한다.
⑤ 자신의 사회복지사 자격증은 타인에게 빌려주어서는 아니 된다.

정답률 확인 ① 2% ② 10% ③ **84%** ④ 3% ⑤ 1%

답 ③

보건복지부장관은 사회복지사가 거짓이나 그 밖의 부정한 방법으로 자격을 취득한 경우 그 자격을 취소하여야 한다.

➕ 출제빈도

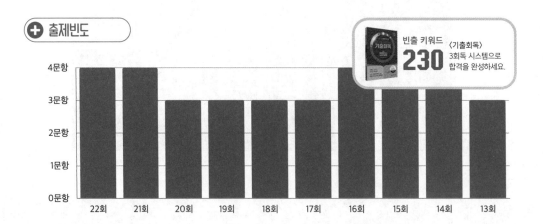

빈출 키워드 **230** 〈기출회독〉
3회독 시스템으로 합격을 완성하세요.

사회복지사업법

강의 QR코드

★ 최근 10년간 **35문항** 출제 ★

이론요약

기본이념

[기본개념]
사회복지법제론

7장

- 사회복지를 필요로 하는 사람은 누구든지 자신의 의사에 따라 서비스를 신청하고 제공받을 수 있다.
- 사회복지법인 및 사회복지시설은 공공성을 가지며 사회복지사업을 시행하는 데 있어서 공공성을 확보하여야 한다.
- 사회복지사업을 시행하는 데 있어서 사회복지를 제공하는 자는 사회복지를 필요로 하는 사람의 인권을 보장하여야 한다.
- 사회복지서비스를 제공하는 자는 필요한 정보를 제공하는 등 사회복지서비스를 이용하는 사람의 선택권을 보장하여야 한다.

사회복지사

- 자격: 보건복지부장관은 사회복지에 관한 전문지식과 기술을 가진 사람에게 사회복지사 자격증을 발급할 수 있다. **사회복지사의 등급은 1·2급으로 하고 사회복지사 1급 자격증을 받으려는 사람은 국가시험에 합격**하여야 한다. 정신건강·의료·학교 영역에 대해서는 영역별로 정신건강사회복지사·의료사회복지사·학교사회복지사의 자격을 부여할 수 있다.
- 결격사유: 피성년후견인 또는 피한정후견인, 금고 이상의 형의 선고를 받고 그 집행이 끝나지 아니하였거나 그 집행을 받지 아니하기로 확정되지 아니한 사람, 법원의 판결에 따라 자격이 상실되거나 정지된 사람, 마약·대마 또는 향정신성의약품의 중독자, 정신건강증진 및 정신질환자 복지서비스 지원에 관한 법률에 따른 정신질환자(다만, 전문의가 사회복지사로서 적합하다고 인정하는 사람은 제외)
- 보수교육: 사회복지법인 또는 사회복지시설에 종사하는 사회복지사는 <u>연간 8시간 이상의 보수교육</u>을 받아야 한다. 보수교육에는 사회복지윤리 및 인권보호, 사회복지정책 및 사회복지실천기술 등이 포함되어야 한다.
- 사회복지사 의무채용시설이 아닌 경우: 노인복지법에 따른 노인여가복지시설(노인복지관은 제외), 장애인복지법에 따른 장애인 지역사회재활시설 중 수화통역센터·점자도서관·점자도서 및 녹음서 출판시설, 영유아보육법에 따른 어린이집, 성매매방지 및 피해자보호 등에 관한 법률에 따른 성매매피해자등을 위한 지원시설 및 성매매피해상담소, 정신건강증진 및 정신질환자 복지서비스 지원에 관한 법률에 따른 정신요양시설 및 정신재활시설, 성폭력방지 및 피해자보호 등에 관한 법률에 따른 성폭력피해상담소

사회복지법인

- 설립: 사회복지법인을 설립하려는 자는 대통령령으로 정하는 바에 따라 **시·도지사의 허가**를 받아야 한다.
- 구성: 법인은 대표이사를 포함한 **이사 7명 이상과 감사 2명** 이상을 두어야 한다. 법인은 이사 정수의 3분의 1(소수점 이하 버림) 이상을 시·도사회보장위원회, 지역사회보장협의체의 어느 하나에 해당하는 기관이 3배수로 추천한 사람 중에서 선임하여야 한다.
- 임원의 보충: 이사 또는 감사 중 결원이 생긴 때에는 **2개월 이내에 보충**해야 한다.
- 겸직 금지: 이사는 법인이 설치한 사회복지시설의 장을 제외한 그 시설의 직원을 겸할 수 없다. 감사는 법인의 이사, 법인이 설치한 사회복지시설의 장 또는 그 직원을 겸할 수 없다.
- 수익사업: 법인은 목적사업의 경비에 충당하기 위하여 필요할 때에는 법인의 설립 목적 수행에 지장이 없는 범위에서 수익사업을 할 수 있다.

사회복지시설

- 설치: 국가나 지방자치단체는 사회복지시설을 설치·운영할 수 있다. 국가나 지방자치단체가 설치한 시설은 필요한 경우 **사회복지법인이나 비영리법인에 위탁하여 운영**하게 할 수 있다. **국가 또는 지방자치단체 외의 자가 시설을 설치·운영하려는 경우에는 보건복지부령으로 정하는 바에 따라 시장·군수·구청장에게 신고**하여야 한다.
- 시설 수용인원 제한: 각 시설의 수용인원은 300명을 초과할 수 없다. 다만, '노인복지법에 따른 노인주거복지시설 중 양로시설과 노인복지주택, 노인복지법에 따른 노인의료복지시설 중 노인요양시설, 보건복지부장관이 사회복지시설의 종류·지역별 사회복지시설의 수·지역 및 종류별 사회복지서비스 수요·사회복지사업 관련 종사자의 수 등을 고려하여 정하여 고시하는 기준에 적합하다고 시장·군수·구청장이 인정하는 사회복지시설'은 300명을 초과할 수 있다.
- 업무의 전자화: 보건복지부장관은 사회복지법인 및 사회복지시설의 종사자, 거주자 및 이용자에 관한 자료 등 운영에 필요한 정보의 효율적 처리와 기록·관리 업무의 전자화를 위하여 정보시스템을 구축·운영할 수 있다. 보건복지부장관은 정보시스템을 효율적으로 운영하기 위하여 전담기구에 그 운영에 관한 업무를 위탁할 수 있다.
- 사회복지관의 서비스 우선제공 대상자: 국민기초생활보장법에 따른 수급자 및 차상위계층, 장애인·노인·한부모가족 및 다문화가족, 직업 및 취업 알선이 필요한 사람, 보호와 교육이 필요한 유아·아동 및 청소년, 그 밖에 사회복지관의 사회복지 서비스를 우선 제공할 필요가 있다고 인정되는 사람

법정단체

- 한국사회복지사협회: 사회복지사는 사회복지에 관한 전문지식과 기술을 개발·보급하고 사회복지사의 자질향상을 위한 교육훈련 및 사회복지사의 복지증진을 도모하기 위하여 한국사회복지사협회를 설립한다.
- 한국사회복지협의회: 사회복지에 관한 업무를 수행하기 위하여 전국 단위의 한국사회복지협의회(중앙협의회), 시·도 단위의 시·도 사회복지협의회(시·도협의회) 및 시·군·구 단위의 시·군·구 사회복지협의회(시·군·구협의회)를 둔다.

정답훈련

다음 내용이 왜 틀렸는지를 확인해보자

16-08-11

01 사회복지법인의 이사 중에 결원이 생겼을 때에는 <u>3개월 이내에 보충</u>하여야 한다.

> 이사 또는 감사 중에 결원이 생겼을 때에는 2개월 이내에 보충하여야 한다.

14-08-10

02 <u>사회복지관의 후원자</u>는 사회복지사업법상 사회복지관이 실시하는 사회복지서비스의 우선제공대상자에 해당한다.

> 사회복지관은 모든 지역주민을 대상으로 사회복지서비스를 실시하되, 지역주민 중 '국민기초생활보장법에 따른 수급자 및 차상위계층, 장애인·노인·한부모가족 및 다문화가족, 직업 및 취업 알선이 필요한 사람, 보호와 교육이 필요한 유아·아동 및 청소년, 그 밖에 우선 제공할 필요가 있다고 인정되는 사람'에게 우선제공해야 한다.

12-08-15

03 국가나 지방자치단체 외의 자가 설치·운영하는 사회복지시설은 <u>신고의 의무가 없다</u>.

> 국가 또는 지방자치단체 외의 자가 시설을 설치·운영하려는 경우에는 시장·군수·구청장에게 신고하여야 한다.

04 <u>금고 이상의 형을 선고받고 그 집행이 끝나지 아니한 사람</u>은 사회복지사가 될 수 있다.

> 금고 이상의 형을 선고받고 그 집행이 끝나지 아니하였거나 그 집행을 받지 아니하기로 확정되지 아니한 사람은 사회복지사가 될 수 없다.

09-08-18

05 법인이 정관을 변경하고자 할 때에는 <u>보건복지부장관의 허가</u>를 받아야 한다.

> 법인이 정관을 변경하고자 할 때에는 시·도지사의 인가를 받아야 한다.

06 국가는 국민의 사회복지에 대한 이해를 증진하고 사회복지사업 종사자의 활동을 장려하기 위하여 <u>매년 7월 9일을 사회복지의 날로 하고, 사회복지의 날부터 한 달간을 사회복지의 달로 한다</u>.

> 국가는 국민의 사회복지에 대한 이해를 증진하고 사회복지사업 종사자의 활동을 장려하기 위하여 매년 9월 7일을 사회복지의 날로 하고, 사회복지의 날부터 1주간을 사회복지주간으로 한다.

빈칸에 들어갈 알맞은 말을 채워보자

20-08-11
01 법인은 대표이사를 포함한 이사 (   )명 이상과 감사 2명 이상을 두어야 한다.

19-08-10
02 (   )은/는 시설에서 제공하는 서비스의 최저기준을 마련하여야 한다.

18-08-09
03 해산한 법인의 남은 재산은 (   )에 귀속된다.

14-08-11
04 사회복지시설에 종사하는 사회복지사는 정기적으로 인권에 관한 내용이 포함된 (   )을/를 받아야 한다.

05 대통령령으로 정하는 경우를 제외하고 각 사회복지시설의 수용인원은 (   )명을 초과할 수 없다.

11-08-20
06 사회복지사에 대한 전문지식 및 기술의 개발·보급, 사회복지사의 전문성 향상을 위한 교육훈련, 사회복지사제도에 대한 조사연구 등을 수행하는 조직은 (   )이다.

07 (   )(이)란 국가·지방자치단체 및 민간부문의 도움을 필요로 하는 모든 국민에게 사회보장기본법에 따른 사회서비스 중 사회복지사업을 통한 서비스를 제공하여 삶의 질이 향상되도록 제도적으로 지원하는 것을 말한다.

08 사회복지사업법은 사회복지사업에 관한 기본적 사항을 규정하여 사회복지를 필요로 하는 사람에 대하여 인간의 존엄성과 (   )을/를 보장하고 사회복지의 전문성을 높이는 것을 목적으로 한다.

08-08-15
09 사회복지사업법령상 사회복지시설에 종사하고 있는 사회복지사는 보수교육을 연간 (   )시간 이상 받아야 한다.

10 사회복지법인은 시·도지사의 (   )을/를 받아 이 법에 따른 다른 법인과 합병할 수 있다.

 답 **01** 7 **02** 보건복지부장관 **03** 국가 또는 지방자치단체 **04** 보수교육 **05** 300 **06** 한국사회복지사협회 **07** 사회복지서비스 **08** 인간다운 생활을 할 권리 **09** 8 **10** 허가

다음 내용이 옳은지 그른지 판단해보자

19-08-09

01 사회복지서비스를 이용하는 사람의 선택권을 보장하는 것은 사회복지사업법상의 기본이념에 해당한다. ◎ ⊗

18-08-08

02 국민건강보험법은 사회복지사업법에서 열거하고 있는 사회복지사업 관련 법률에 해당한다. ◎ ⊗

17-08-10

03 사회복지서비스를 필요로 하는 사람에 대한 사회복지서비스 제공은 현금으로 제공하는 것이 원칙이다. ◎ ⊗

16-08-11

04 사회복지법인을 설립하려는 자는 시·도지사의 인가를 받아야 한다. ◎ ⊗

05 사회복지사업 또는 사회복지업무에 종사하였거나 종사하고 있는 사람은 그 업무 수행 과정에서 알게 된 다른 사람의 비밀을 누설하여서는 아니 된다. ◎ ⊗

15-08-08

06 자산 및 회계에 관한 사항, 임원의 임면 등에 관한 사항은 사회복지법인의 정관에 포함되어야 한다. ◎ ⊗

14-08-09

07 보건복지부장관은 사회복지법인 및 사회복지시설의 종사자, 거주자 및 이용자에 관한 자료 등 운영에 필요한 정보의 효율적 처리와 기록·관리 업무의 전자화를 위하여 정보시스템을 구축·운영할 수 있다. ◎ ⊗

12-08-16

08 사회복지를 필요로 하는 사람은 전문가의 진단에 따라 서비스를 신청하고 제공받을 수 있다. ◎ ⊗

09 사회복지사의 등급은 1급·2급으로 하되, 정신건강·의료·학교 영역에 대해서는 영역별로 정신건강사회복지사·의료사회복지사·학교사회복지사의 자격을 부여할 수 있다. ◎ ⊗

05-08-10

10 법인은 목적 사업의 경비에 충당하기 위하여 필요한 때에는 법인의 설립목적 수행에 지장이 없는 범위 안에서 수익 사업을 할 수 있다. ◎ ⊗

답 01○ 02× 03× 04× 05○ 06○ 07○ 08× 09○ 10○

해설 **02** 국민건강보험법과 같은 사회보험법은 사회복지사업법에서 열거하고 있는 사회복지사업 관련 법률에 해당하지 않는다.
03 사회복지서비스를 필요로 하는 사람에 대한 사회복지서비스 제공은 현물(現物)로 제공하는 것을 원칙으로 한다.
04 사회복지법인을 설립하려는 자는 시·도지사의 허가를 받아야 한다.
08 사회복지를 필요로 하는 사람은 누구든지 자신의 의사에 따라 서비스를 신청하고 제공받을 수 있다.

합격족보 필수 키워드 37

keyword	사회보장기본법
sub keywords	법의 목적 및 기본이념, 사회보장제도, 사회보장수급권, 사회보장 기본계획, 사회보장위원회, 비용부담, 사회보장제도의 운영원칙
focus	사회보장기본법의 전반적인 내용을 묻는 문제가 주로 출제되고 있다. 기본이념, 국가와 지방자치단체의 책임, 사회보장수급권, 사회보장 기본계획, 사회보장위원회, 사회보장제도의 운영원칙 등 전반적인 내용이 두루 출제되고 있다.

21-08-05

사회보장기본법상 사회보장수급권에 관한 설명으로 옳지 않은 것은?

① 사회보장급여를 받으려는 사람은 국가나 지방자치단체에 신청하는 것을 원칙으로 하고 있다.

② 사회보장수급권은 다른 사람에게 양도하거나 담보로 제공할 수 없다.

③ 사회보장수급권은 원칙적으로 제한되거나 정지될 수 없다.

④ 사회보장수급권은 구두로 통지하여 포기할 수 있다.

⑤ 사회보장수급권의 포기는 취소할 수 있다.

정답률 확인	① 6% ② 2% ③ 18% ④ 71% ⑤ 3%

답 ④

사회보장수급권은 정당한 권한이 있는 기관에 서면으로 통지하여 포기할 수 있다.

➕ 출제빈도

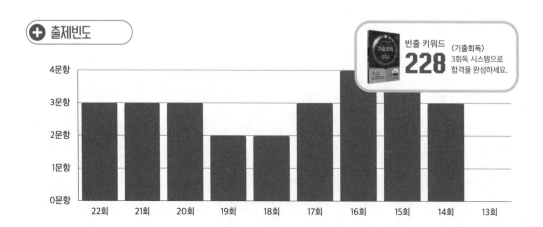

빈출 키워드
228
〈기출회독〉
3회독 시스템으로
합격을 완성하세요.

기출회독
228

사회보장기본법

강의 QR코드

1회독	2회독	3회독
월 일	월 일	월 일

★ 최근 10년간 **27문항** 출제 ★

이론요약

용어의 정의

- 사회보장: 출산, 양육, 실업, 노령, 장애, 질병, 빈곤 및 사망 등의 사회적 위험으로부터 모든 국민을 보호하고 국민 삶의 질을 향상시키는 데 필요한 소득·서비스를 보장하는 **사회보험, 공공부조, 사회서비스**
- 사회보험: 국민에게 발생하는 사회적 위험을 보험의 방식으로 대처함으로써 국민의 건강과 소득을 보장하는 제도
- 공공부조: 국가와 지방자치단체의 책임하에 생활 유지 능력이 없거나 생활이 어려운 국민의 최저생활을 보장하고 자립을 지원하는 제도
- 사회서비스: 국가·지방자치단체 및 민간부문의 도움이 필요한 모든 국민에게 복지, 보건의료, 교육, 고용, 주거, 문화, 환경 등의 분야에서 인간다운 생활을 보장하고 상담, 재활, 돌봄, 정보의 제공, 관련 시설의 이용, 역량 개발, 사회참여 지원 등을 통하여 국민의 삶의 질이 향상되도록 지원하는 제도
- 평생사회안전망: 생애주기에 걸쳐 보편적으로 충족되어야 하는 기본욕구와 특정한 사회위험에 의하여 발생하는 특수욕구를 동시에 고려하여 소득·서비스를 보장하는 맞춤형 사회보장제도
- 사회보장 행정데이터: 국가, 지방자치단체, 공공기관 및 법인이 법령에 따라 생성 또는 취득하여 관리하고 있는 자료 또는 정보로서 사회보장 정책 수행에 필요한 자료 또는 정보

[기본개념]
사회복지법제론

5장

사회보장수급권

- 국가와 지방자치단체는 모든 국민이 건강하고 문화적인 생활을 유지할 수 있도록 사회보장급여의 수준 향상을 위하여 노력하여야 한다.
- 국가는 관계 법령에서 정하는 바에 따라 **최저보장수준과 최저임금을 매년 공표**하여야 한다.
- 국가와 지방자치단체는 **최저보장수준과 최저임금 등을 고려하여 사회보장급여의 수준을 결정**하여야 한다.
- 사회보장급여를 받으려는 사람은 관계 법령에서 정하는 바에 따라 국가나 지방자치단체에 신청하여야 한다.
- 사회보장수급권은 관계 법령에서 정하는 바에 따라 **다른 사람에게 양도하거나 담보로 제공할 수 없으며, 이를 압류할 수 없다**.
- 사회보장수급권은 제한되거나 정지될 수 없다. 다만, 관계 법령에서 따로 정하고 있는 경우에는 그러하지 아니하다.
- 사회보장수급권은 **정당한 권한이 있는 기관에 서면으로 통지하여 포기**할 수 있다. 포기는 취소할 수 있다.

사회보장제도의 운영원칙

- 보편성: 국가와 지방자치단체가 사회보장제도를 운영할 때에는 이 제도를 필요로 하는 모든 국민에게 적용하여야 한다.
- 형평성: 국가와 지방자치단체는 사회보장제도의 급여수준과 비용부담 등에서 형평성을 유지하여야 한다.
- 민주성: 국가와 지방자치단체는 사회보장제도의 정책 결정 및 시행 과정에 공익의 대표자 및 이해관계인 등을 참여시켜 이를 민주적으로 결정하고 시행하여야 한다.
- 효율성, 연계성 및 전문성: 국가와 지방자치단체가 사회보장제도를 운영할 때에는 국민의 다양한 복지 욕구를 효율적으로 충족시키기 위하여 연계성과 전문성을 높여야 한다.
- 공공성: 사회보험은 국가의 책임으로 시행하고, 공공부조와 사회서비스는 국가와 지방자치단체의 책임으로 시행하는 것을 원칙으로 한다. 다만, 국가와 지방자치단체의 재정 형편 등을 고려하여 이를 협의·조정할 수 있다.

사회보장 기본계획

- 보건복지부장관은 관계 중앙행정기관의 장과 협의하여 **사회보장에 관한 기본계획을 5년마다 수립**하여야 한다. 이는 사회보장위원회와 국무회의의 심의를 거쳐 확정한다.
- 기본계획에는 '국내외 사회보장환경의 변화와 전망, 사회보장의 기본목표 및 중장기 추진방향, 주요 추진과제 및 추진방법, 필요한 재원의 규모와 조달방안, 사회보장 관련 기금 운용방안, 사회보장 전달체계, 그 밖에 사회보장정책의 추진에 필요한 사항'이 포함되어야 한다.

사회보장위원회

- 사회보장에 관한 주요시책을 심의·조정하기 위하여 **국무총리 소속**으로 사회보장위원회를 둔다.
- **위원장 1명, 부위원장 3명과 행정안전부장관, 고용노동부장관, 여성가족부장관, 국토교통부장관을 포함한 30명 이내의 위원으로 구성**한다. 위원장은 국무총리가 되고 부위원장은 기획재정부장관, 교육부장관 및 보건복지부장관이 된다.
- 위원은 대통령령으로 정하는 관계 중앙행정기관의 장과 근로자를 대표하는 사람, 사용자를 대표하는 사람, 사회보장에 관한 학식과 경험이 풍부한 사람, 변호사 자격이 있는 사람 중에서 대통령이 위촉하는 사람으로 한다. 임기는 2년이다. 다만, 공무원의 임기는 재임기간으로 한다.

정답훈련

다음 내용이 왜 틀렸는지를 확인해보자

`20-08-04`

01 사회보험, 공공부조, 사회서비스는 **지방자치단체의 책임으로 시행하는 것을 원칙**으로 한다.

> 사회보험은 국가의 책임으로 시행하고, 공공부조와 사회서비스는 국가와 지방자치단체의 책임으로 시행하는 것을 원칙으로 한다.

`20-08-05`

02 국가는 사회보장제도의 안정적인 운영을 위하여 **중장기 사회보장 재정추계를 매년 실시**하고 이를 공표하여야 한다.

> 국가는 사회보장제도의 안정적인 운영을 위하여 중장기 사회보장 재정추계를 격년으로 실시하고 이를 공표하여야 한다.

---

03 국가와 지방자치단체는 **사회보장급여의 신청을 대신할 수 없다.**

> 사회보장급여를 받으려는 사람은 국가나 지방자치단체에 신청하여야 한다. 다만, 관계 법령에서 따로 정하는 경우에는 국가나 지방자치단체가 신청을 대신할 수 있다.

`16-08-05`

04 사회보장수급권은 **이유를 불문하고 제한되거나 정지될 수 없다.**

> 사회보장수급권은 제한되거나 정지될 수 없다. 다만, 관계 법령에서 따로 정하고 있는 경우에는 그러하지 아니하다.

`11-08-07`

05 **독립성의 원칙**은 사회보장기본법상 사회보장제도의 운영원칙 중 하나이다.

> 사회보장제도의 운영원칙에는 보편성, 형평성, 민주성, 효율성 · 연계성 · 전문성, 공공성의 원칙이 있다.

---

06 사회보장위원회의 **위원장은 보건복지부장관**이 되고 부위원장은 기획재정부장관, **교육부장관**이 된다.

> 사회보장위원회의 위원장은 국무총리가 되고 부위원장은 기획재정부장관, 교육부장관 및 보건복지부장관이 된다.

빈칸에 들어갈 알맞은 말을 채워보자

19-08-05
01 사회보장수급권은 정당한 권한이 있는 기관에 (   )(으)로 통지하여 포기할 수 있다.

19-08-07
02 (   )(이)란 생애주기에 걸쳐 보편적으로 충족되어야 하는 기본욕구와 특정한 사회위험에 의하여 발생하는 특수욕구를 동시에 고려하여 소득 · 서비스를 보장하는 맞춤형 사회보장제도를 말한다.

16-08-04
03 사회보장위원회는 위원장 1명, 부위원장 3명과 행정안전부장관, 고용노동부장관, 여성가족부장관, 국토교통부장관을 포함한 (   )명 이내의 위원으로 구성한다.

16-08-06
04 국내외에 거주하는 외국인에게 (   )의 원칙에 따라 사회보장제도를 적용하여야 한다.

15-08-25
05 보건복지부장관은 관계 중앙행정기관의 장과 협의하여 사회보장 증진을 위하여 사회보장에 관한 기본계획을 (   )년 마다 수립하여야 한다.

09-08-09
06 사회보장에 관한 주요 시책을 심의 · 조정하기 위하여 국무총리 소속으로 (   )을/를 둔다.

07 (   )은/는 사회보장정보시스템의 구축 · 운영을 총괄한다.

08 국가와 지방자치단체는 모든 국민이 건강하고 문화적인 생활을 유지할 수 있도록 (   )의 수준 향상을 위하여 노력하여야 한다.

08-08-29
09 국가와 지방자치단체는 모든 국민이 쉽게 이용할 수 있고 사회보장급여가 적시에 제공되도록 지역적 · 기능적으로 균형잡힌 (   )을/를 구축하여야 한다.

07-08-11
10 국가는 관계 법령에서 정하는 바에 따라 (   )와/과 최저임금을 매년 공표하여야 한다.

답 **01** 서면 **02** 평생사회안전망 **03** 30 **04** 상호주의 **05** 5 **06** 사회보장위원회 **07** 보건복지부장관 **08** 사회보장급여
09 사회보장 전달체계 **10** 최저보장수준

다음 내용이 **옳은지 그른지** 판단해보자

`19-08-05`
01 사회보장수급권의 포기는 취소할 수 없다.

`18-08-04`
02 국가와 지방자치단체는 기존 제도와의 관계, 사회보장 전달체계와 재정 등에 미치는 영향 등을 사전에 충분히 검토하여야 한다.

`17-08-06`
03 모든 국민은 사회보장 관계 법령에서 정하는 바에 따라 사회보장급여를 받을 권리를 가진다.

`16-08-04`
04 사회보장위원회 위원의 임기는 2년으로 하며, 공무원인 위원의 임기는 1년으로 한다.

`15-08-22`
05 부담 능력이 있는 국민에 대한 사회서비스에 대해서는 관계 법령에서 정하는 바에 따라 지방자치단체가 그 비용의 일부를 부담할 수 있다.

06 사회보장급여를 받으려는 사람은 관계 법령에서 정하는 바에 따라 국가나 지방자치단체에 신청하여야 한다.

`14-08-05`
07 사회보장에 관한 기본계획은 다른 법령에 따라 수립되는 사회보장에 관한 계획에 우선하며 그 계획의 기본이 된다.

`10-08-09`
08 부담능력이 있는 국민에 대한 사회복지서비스에 드는 비용은 그 수익자가 부담하는 것을 원칙으로 한다.

`08-08-29`
09 보건복지부장관은 사회보장제도의 발전을 위하여 전문인력의 양성, 학술 조사 및 연구, 국제 교류의 증진 등에 노력하여야 한다.

10 국가와 지방자치단체는 최저보장수준과 최저임금 등을 고려하여 사회보장급여의 수준을 결정하여야 한다.

(답) **01**× **02**○ **03**○ **04**× **05**○ **06**○ **07**○ **08**○ **09**× **10**○

(해설) **01** 사회보장수급권의 포기는 취소할 수 있다.
04 사회보장위원회 위원의 임기는 2년으로 하며, 공무원인 위원의 임기는 그 재임 기간으로 한다.
09 국가와 지방자치단체는 사회보장제도의 발전을 위하여 전문인력의 양성, 학술 조사 및 연구, 국제 교류의 증진 등에 노력하여야 한다.

합격족보 필수 키워드 38

keyword	법의 체계와 적용
sub keywords	법의 제정, 법의 일반적 체계, 법의 분류방법, 법원, 사회복지법의 개념, 사회복지법의 체계
focus	사회복지법의 법원, 법체계, 법령 제정과 관련한 문제들이 출제되었다. 세부적으로 살펴보면 법률의 제정 과정, 사회복지법의 법원(성문법, 불문법), 체계(헌법, 법률, 명령, 조례, 규칙), 법의 적용과 해석(상위법 우선의 원칙, 특별법 우선의 원칙, 신법우선의 원칙) 등 사회복지법의 총론적인 내용에 관한 문제가 주로 출제되고 있다.

20-08-02

우리나라 사회복지법의 법원에 해당하는 것을 모두 고른 것은?

ㄱ. 대통령령
ㄴ. 조례
ㄷ. 일반적으로 승인된 국제법규
ㄹ. 규칙

① ㄱ   ② ㄱ, ㄴ
③ ㄱ, ㄴ, ㄹ   ④ ㄴ, ㄷ, ㄹ
⑤ ㄱ, ㄴ, ㄷ, ㄹ

정답률 확인 ① 9% ② 7% ③ 24% ④ 7% ⑤ 53%

답 ⑤
우리나라의 법원은 성문법주의를 채택하고 있다. 성문법에는 헌법, 법률, 명령(시행령, 시행규칙), 자치법규(조례, 규칙), 국제조약 및 국제법규 등이 해당한다.

➕ 출제빈도

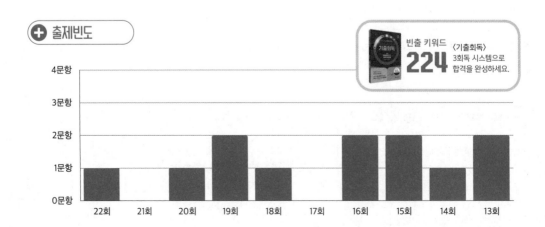

빈출 키워드
224
〈기출회독〉
3회독 시스템으로
합격을 완성하세요.

법의 체계와 적용

강의 QR코드

1회독 > **2**회독 > **3**회독
월 일 | 월 일 | 월 일

★ 최근 10년간 **12문항** 출제 ★

이론요약

법원

[기본개념]
사회복지법제론

1장

▶ 성문법으로서의 법원

• 헌법: **최상위의 법**으로서 헌법의 규정은 사회복지 관련 하위법규의 존립근거이면서 재판의 규범이다.

• 법률: **국회의 의결에 의해 제정**된다.

• 명령(시행령, 시행규칙): 국회의 의결을 거치지 않고 **대통령 이하의 행정기관이 제정한 법규**이다.

• 자치법규: 조례(지방자치단체가 자치입법권에 의거하여 법령의 범위 안에서 **지방의회의 의결을 거쳐 그 사무에 관하여 제정한 법**)와 규칙(지방자치단체의 장이 법령 또는 조례가 위임한 범위 내에서 **그 권한에 속하는 사무에 관하여 정립한 법**)을 말한다.

• 국제조약: 국가 간에 맺은 문서에 의한 합의로서 국제기구도 조약을 체결할 수 있다.

• 국제법규: 국제관습과 우리나라가 체결당사자가 아닌 조약으로서 국제사회에 의하여 그 규범성이 일반적으로 승인된 것이다.

▶ 불문법으로서의 법원

• 관습법: 관행이 계속적으로 행해짐에 따라 법으로서의 효력을 가지게 된 경우를 말한다.

• 판례법: 법원이 내리는 판결을 말한다.

• 조리: 사물의 도리, 합리성, 본질적 법칙을 의미한다.

법의 분류방법

• 상위법과 하위법: 우리나라 법체계는 헌법을 정점으로 하여 **법률, 시행령, 시행규칙, 자치법규(조례와 규칙)의 순서**로 위계를 갖고 있다.

• 일반법과 특별법: **법의 적용과 효력의 범위가 넓은 법이 일반법이고, 제한된 영역에서 적용되는 법을 특별법**이라고 한다.

• 강행법과 임의법: 강행법은 당사자의 의사와 관계없이 적용이 강제되는 법이고, 임의법은 당사자의 의사에 따라 법을 적용할 수도 있고 적용을 배제할 수도 있는 법이다.

• 신법과 구법: **신법은 새로 제정된 법이고, 구법은 신법에 의해 폐지되는 법**을 말한다.

- 실체법과 절차법: 실체법은 법을 실현하고자 하는 그 자체의 법이고, 절차법은 실체법의 실현방법에 관한 법이다. 헌법, 민법, 형법, 상법은 실체법이며, 형사소송법, 민사소송법 등은 절차법에 속한다.

법령 적용과 해석

- 상위법 우선의 원칙: 법형식 간의 위계체계는 헌법, 법률, 명령(대통령령, 총리령·부령), 조례, 규칙 순이 된다. 이 순서에 따라 어느 것이 상위법 또는 하위법인지가 정해지며, 하위법의 내용이 상위법과 저촉되는 경우에는 '상위법 우선의 원칙'을 적용한다.
- 특별법 우선의 원칙: 동등한 법형식 사이에서 어떤 법령이 규정하고 있는 일반적인 사항과 다른 특정의 경우를 한정하거나 특정의 사람 또는 지역을 한정하여 적용하는 법령이 있는 경우에 이 두개의 법령은 일반법과 특별법의 관계에 있다고 하고, 이 경우에는 특별법이 일반법에 우선한다는 것이다.
- 신법 우선의 원칙: 동등한 법형식 사이에 법령내용이 상호 모순·저촉하는 경우에는 시간적으로 나중에 제정된 것이 먼저 제정된 것보다 우선하는 효력을 가진다는 것이다.

법률의 제정

- 법률을 제·개정하는 '**입법권'은 국회의 권한**으로 규정되어 있다.
- 법률안을 심의·의결하는 과정은 국회의 고유권한이지만, 법률안을 제출하는 것은 정부도 할 수 있다. 국무회의의 심의를 거쳐서 대통령이 서명하고, 국무총리 및 관계 국무위원이 부서하여 국회에 제출 하면 이후 심의와 의결의 과정을 거치게 된다.
- 법률안이 제출되면 소관 상임위원회에 회부되어 심사를 받고, 심사가 끝나고 본회의에 회부되면 법률안에 대한 심의와 의결이 진행된다. 재적의원 과반수의 출석과 출석의원 과반수의 찬성이 있을 경우 의결된다.
- 본회의에서 의결되면 정부에 이송되어 **15일 이내에 대통령이 공포**하게 된다. 법률안에 이의가 있으면 대통령은 거부권을 행사하고 재의를 요구할 수 있다. 재의 요구된 법률안은 국회가 재적의원 과반수의 출석과 출석의원 2/3 이상의 찬성으로 전과 같은 의결을 하면 그 법률안은 법률로 확정된다.

법률과 그 하위법령의 일반적 입법원칙

- 대통령은 법률에서 구체적으로 범위를 정하여 위임받은 사항과 법률을 집행하기 위하여 필요한 사항에 관하여 대통령령을 발할 수 있다.
- 국무총리 또는 행정각부의 장은 소관 사무에 관하여 법률이나 대통령령의 위임 또는 직권으로 총리령 또는 부령을 발할 수 있다.
- 헌법에 의해 체결·공포된 조약과 일반적으로 승인된 국제법규는 국내법과 같은 효력을 가진다.
- 지방자치단체는 주민의 복리에 관한 사무를 처리하고 재산을 관리하며, 법령의 범위 안에서 자치에 관한 규정을 제정할 수 있다.

정답훈련

다음 내용이 왜 틀렸는지를 확인해보자

19-08-02

01 헌법, 법률, 명령, 자치법규, 국제조약 및 국제법규 등은 <u>불문법으로서의 법원</u>에 해당한다.

> 헌법, 법률, 명령, 자치법규, 국제조약 및 국제법규 등은 성문법으로서의 법원에 해당한다.

14-08-03

02 법률안에 이의가 있어도 대통령은 거부권을 행사하고 **재의를 요구할 수 없다.**

> 법률안에 이의가 있으면 대통령은 거부권을 행사하고 재의를 요구할 수 있다.

03 형식적 효력이 동등한 법형식 사이에 법령내용이 상호 모순·저촉하는 경우에는 <u>**시간적으로 먼저 제정된 것이 나중에 제정된 것보다 우선**</u>하는 효력을 가진다.

> 형식적 효력이 동등한 법형식 사이에 법령내용이 상호 모순·저촉하는 경우에는 시간적으로 나중에 제정된 것이 먼저 제정된 것보다 우선하는 효력을 가진다.

04 **법률**은 국회의 의결을 거치지 않고 대통령 이하의 행정기관이 제정한 법규를 의미하며, 대통령령, 총리령, 부령 등이 있다.

> 명령은 국회의 의결을 거치지 않고 대통령 이하의 행정기관이 제정한 법규를 의미하며, 대통령령, 총리령, 부령 등이 있다.

11-08-01

05 우리 실정법상 **사회보장의 정의규정은 존재하지 아니한다.**

> 우리나라는 사회보장기본법 제3조에서 사회보장의 정의를 규정하고 있다.

06 우리나라의 법체계는 **헌법 – 법률 – 시행규칙 – 시행령 – 자치법규의 순서**로 위계를 갖고 있다.

> 우리나라의 법체계는 헌법 – 법률 – 시행령 – 시행규칙 – 자치법규의 순서로 위계를 갖고 있다.

10-08-06

07 헌법에는 법률을 제·개정하는 '입법권'은 **대통령의 권한으로 규정**되어 있다.

> 헌법에는 법률을 제·개정하는 '입법권'은 국회의 권한으로 규정되어 있다.

빈칸에 들어갈 알맞은 말을 채워보자

16-08-01

01 국회에서 의결된 법률안은 정부에 이송되어 (   )일 이내에 대통령이 공포한다.

14-08-03

02 법률은 특별한 규정이 없는 한 공포한 날로부터 (   )일을 경과함으로써 효력을 발생한다.

10-08-02

03 관습법과 조리는 사회복지법의 (   )에 속한다.

04 (   )은/는 당사자의 의사와 관계없이 적용이 강제되는 법이고, 임의법은 당사자의 의사에 따라 법을 적용할 수도 있고 적용을 배제할 수도 있는 법이다.

05-08-01

05 시행령은 대통령이 제정하며, 부처 장관은 (   )을/를 제정한다.

04-08-02

06 특별법과 일반법으로 분류하자면 사회복지사업법은 장애인복지법에 대하여 (   )(으)로 분류할 수 있다.

07 (   )은/는 모든 법령은 헌법을 정점으로 하나의 단계적 구조를 이루고 있으므로 둘 이상 종류의 법령이 그 내용에 있어서 상호 모순·저촉하는 경우에는 상위법령이 하위법령에 우선한다는 것이다.

08 (   )은/는 법원이 내리는 판결을 법으로 보는 경우이며 대법원의 판례에 의해 형성된다.

답 **01** 15 **02** 20 **03** 불문법 **04** 강행법 **05** 시행규칙 **06** 일반법 **07** 상위법 우선의 원칙 **08** 판례법

다음 내용이 옳은지 그른지 판단해보자

15-08-01
01 사회복지법은 단일 법전 형식으로 구성되어 있다. ◎ ⊗

15-08-12
02 국무총리는 사회복지에 관하여 총리령을 직권으로 제정할 수 있다. ◎ ⊗

03 둘 이상 종류의 법령이 그 내용에 있어서 상호 저촉하는 경우에는 상위법령이 하위법령에 우선한다. ◎ ⊗

04 헌법의 규정은 사회복지 관련 하위법규의 존립근거이면서 동시에 재판의 규범으로서도 의미를 지니고 있다. ◎ ⊗

13-08-11
05 구법인 특별법과 신법인 일반법 간에 충돌이 있는 경우에는 구법인 특별법이 우선 적용된다. ◎ ⊗

10-08-06
06 대통령은 법률에서 구체적으로 범위를 정하여 위임받은 사항에 대해서만 대통령령을 발할 수 있다. ◎ ⊗

07 조리란 사물의 도리, 합리성, 본질적 법칙을 의미한다. ◎ ⊗

08 법률안을 심의·의결하는 과정은 국회의 고유권한이지만, 법률안을 제출하는 것은 정부도 할 수 있다. ◎ ⊗

답 01 ✕ 02 ○ 03 ○ 04 ○ 05 ○ 06 ✕ 07 ○ 08 ○

해설 01 사회복지법은 단일 법전 형식이 아니라 개별법 체계로 구성되어 있다.
06 대통령령은 구체적으로 범위를 정하여 위임받은 사항과 법률을 집행하기 위하여 필요한 사항에 관하여 대통령이 발할 수 있는 명령을 말한다.

합격족보 필수 키워드 39

keyword	한국 사회복지법률의 역사
sub keywords	사회복지관련 주요 법률의 제 · 개정
focus	시기별로 같은 시기에 제정된 법률이 바르게 짝지어진 것을 찾는 문제, 제시된 법률을 제정된 순서대로 나열하는 문제, 가장 최근에 제정된 법률을 찾는 문제 등 다양한 방식으로 변형해서 출제될 가능성이 있다. 참고로 영국의 사회복지 관련 법률의 역사에 관한 문제가 4회 시험에서 단 한 번 출제된 바 있다.

22-08-01

법률의 제정 연도가 빠른 순서대로 옳게 나열된 것은?

ㄱ. 국민기초생활보장법   ㄴ. 산업재해보상보험법
ㄷ. 사회복지사업법   ㄹ. 고용보험법
ㅁ. 노인복지법

① ㄱ ― ㄴ ― ㄷ ― ㄹ ― ㅁ   ② ㄴ ― ㄱ ― ㅁ ― ㄷ ― ㄹ
③ ㄴ ― ㄷ ― ㅁ ― ㄹ ― ㄱ   ④ ㄷ ― ㄱ ― ㄹ ― ㅁ ― ㄴ
⑤ ㄷ ― ㅁ ― ㄴ ― ㄹ ― ㄱ

정답률 확인	① 6% ② 12% ③ 69% ④ 4% ⑤ 9%

답 ③

ㄴ. 산업재해보상보험법: 1963년 제정
ㄷ. 사회복지사업법: 1970년 제정
ㅁ. 노인복지법: 1981년 제정
ㄹ. 고용보험법: 1993년 제정
ㄱ. 국민기초생활보장법: 1999년 제정

➕ 출제빈도

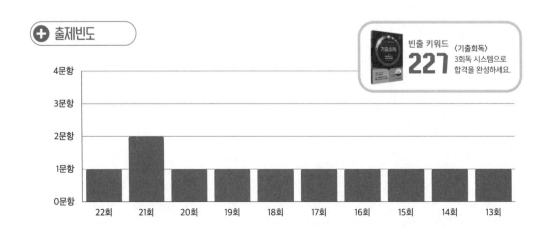

한국 사회복지법률의 역사

강의 QR코드

1회독		**2**회독		**3**회독
월 일		월 일		월 일

★ 최근 10년간 **11문항** 출제 ★

이론요약

1960년대

- 공무원연금법 시행(1960년)
- 생활보호법 제정(1961년): 국민기초생활보장법의 전신
- 아동복리법 제정(1961년): 보육사업 본격 실시. 탁아소를 법정 아동복지시설로 인정. 아동복지법의 전신
- **산업재해보상보험법 제정(1963년): 4대 보험 중 가장 먼저 제정된 법**
- 사회보장에 관한 법률 제정(1963년): 사회보장기본법의 전신
- 기타: 재해구호법 제정(1962년), 군인연금법 제정(1963년), 갱생보호법 제정(1961년)

1970년대

- **사회복지사업법 제정(1970년)**
- 국민복지연금법 제정(1973년): 석유파동으로 시행 연기
- 의료보호법 제정(1977년): 의료급여법의 전신
- 공무원 및 사립학교교직원 의료보험법 제정(1977년)

1980년대

- 아동복지법 전부개정(1981년): 아동복리법 폐지. 어린이날(5월 5일) 제정
- 심신장애자복지법 제정(1981년): 장애인복지법의 전신
- **장애인복지법 개정(1989년): 심신장애자복지법 → 장애인복지법으로 명칭 변경**
- **노인복지법 제정(1981년)**
- 모자복지법 제정(1989년)
- 사회복지사업법 일부개정(1983년): 사회복지사 자격제도가 처음으로 도입
- **국민연금법 개정(1986년): 기존의 국민복지연금법을 전부개정하여 1988년부터 시행**

1990년대

- 사회보장기본법 제정(1995년)
- 국민기초생활보장법 제정(1999년): 생활보호법 폐지

[기본개념]
사회복지법제론

2장

- 영유아보육법 제정(1991년)
- 고용보험법 제정(1993년 제정, 1995년 시행)
- 국민건강보험법 제정(1999년)
- 사회복지공동모금법 제정(1997년): 1999년 개정으로 사회복지공동모금회법으로 명칭 변경
- 기타: 장애인고용촉진등에 관한 법률 제정(1990년), 성폭력범죄의 처벌 및 피해보호자 등에 관한 법률 제정(1994년), 정신보건법 제정(1995년), 청소년보호법 제정(1997년), 가정폭력방지 및 피해자보호 등에 관한 법률 제정(1997년)

2000년대

- 장애인복지법 개정(2003년): 장애범주를 10개에서 15개로 확대(추가: 호흡기장애인, 간장애인, 안면 장애인, 장루·요루장애인, 간질장애인)
- **의료급여법 개정(2001년): 의료보호법 → 의료급여법으로 명칭 변경**
- 아동복지법 개정(2001년): 아동학대 신고 의무화
- **긴급복지지원법 제정(2005년)**
- **노인장기요양보험법 제정(2007년)**
- **다문화가족지원법 제정(2008년)**
- 장애인연금법 제정(2010년)
- **기초연금법 제정(2014년): 기존 기초노령연금법 폐지**
- 국민기초생활보장법 개정(2014년): 급여별 수급자 선정기준을 다층화하고, 최저생계비 대신 최저보장수준 및 기준 중위소득 제도를 도입
- **사회보장급여의 이용·제공 및 수급권자 발굴에 관한 법률 제정(2014년)**
- 기타: 건강가정기본법 제정(2004년), 저출산·고령사회기본법 제정(2005년), **자원봉사활동기본법 제정(2005년)**, 한부모가족지원법 개정(2007년, 모자복지법 → 모·부자복지법에서 명칭 변경), 장애인활동지원에 관한 법률 제정(2011년), 노숙인 등의 복지 및 자립지원에 관한 법률 제정(2011년), 치매관리법 제정(2011년), 장애아동복지지원법 제정(2011년), 발달장애인 권리보장 및 지원에 관한 법률 제정(2014년), **아동수당법 제정(2018년)**

다음 내용이 **왜 틀렸는지**를 확인해보자

`15-08-05`

01 긴급복지지원법, 노인장기요양보험법, 장애인연금법, 다문화가족지원법은 **1990년대 제정**된 사회복지법이다.

> 긴급복지지원법(2005년 제정), 노인장기요양보험법(2007년 제정), 장애인연금법(2010년 제정), 다문화가족지원법(2008년 제정)은 모두 2000년대에 제정된 사회복지법이다.

---

02 장애인연금법은 경제적으로 어려운 장애인을 지원하기 위한 목적으로 **2007년에 제정**되었다.

> 장애인연금법은 장애로 인하여 생활이 어려운 중증장애인에게 장애인연금을 지급함으로써 중증장애인의 생활안정 지원과 복지증진 및 사회통합을 도모하는 데 이바지함을 목적으로 2010년에 제정되었다.

---

03 기초연금법이 **2012년에 제정**되면서 기존의 기초노령연금법은 폐지되었다.

> 기초연금법이 2014년에 제정되면서 기존의 기초노령연금법은 폐지되었다.

`14-08-01`

04 고용보험법, 사회보장기본법, 노인장기요양보험법, 국민기초생활보장법 중 가장 먼저 제정된 법률은 **노인장기요양보험법**이다.

> 고용보험법, 사회보장기본법, 노인장기요양보험법, 국민기초생활보장법 중 가장 먼저 제정된 법률은 고용보험법이다. 고용보험법은 1993년, 사회보장기본법은 1995년, 노인장기요양보험법은 2007년, 국민기초생활보장법은 1999년에 제정되었다.

`09-08-03`

05 사회복지사업법은 **2003년 개정법률**부터 사회복지시설 평가제를 도입하였다.

> 사회복지사업법은 1997년 개정으로 사회복지시설 평가제가 도입되었다.

---

06 **2000년** 국민건강보험법이 제정되면서 지역과 직장 의료보험이 완전통합되는 국민건강보험제도를 구축하였다.

> 1999년 국민건강보험법이 제정되면서 지역과 직장 의료보험이 완전통합되는 국민건강보험제도를 구축하였다.

07 1995년 제정된 **사회복지사업법**을 통해 사회보장의 범위를 사회보험, 공공부조, 사회복지서비스 및 관련 제도로 정하고 수급권을 보호하는 규정을 마련하였다.

> 1995년 제정된 사회보장기본법을 통해 사회보장의 범위를 사회보험, 공공부조, 사회복지서비스 및 관련 제도로 정하고 수급권을 보호하는 규정을 마련하였다.

08 2007년 노인의 노후생활 안정을 도모하고 가족의 부양부담을 덜어줌으로써 국민의 삶의 질을 향상시키기 위해 **노인복지법**이 제정되었다.

> 2007년 노인의 노후생활 안정을 도모하고 가족의 부양부담을 덜어줌으로써 국민의 삶의 질을 향상시키기 위해 노인장기요양보험법이 제정되었다.

빈칸에 들어갈 알맞은 말을 채워보자

01 1999년 (   )이 제정되면서 전신인 생활보호법은 폐지되었다.

`12-08-12`
02 사회복지사업법은 1970년에 제정되었고, (   )년 개정 때 사회복지사 자격제도가 처음으로 도입되었다.

`10-08-01`
03 재해구호법, 산업재해보상보험법은 모두 (   )년대에 제정된 법이다.

04 생활이 어려운 저소득 국민의 건강 증진을 목적으로 하는 의료보호법이 2001년에 개정되면서 (   )으로 법명이 변경되었다.

05 2005년 갑작스러운 위기상황이 발생한 경우 누구든지 손쉽게 도움을 청하고 필요한 지원을 받을 수 있도록 (   )이 제정되었다.

 답 01 국민기초생활보장법 **02** 1983 **03** 1960 **04** 의료급여법 **05** 긴급복지지원법

다음 내용이 **옳은지 그른지** 판단해보자

[19-08-01]
01 국민연금법과 노인복지법은 2000년대에 제정되었다.

[18-08-01]
02 긴급복지지원법, 고용보험법, 노인복지법, 기초연금법 중 제정연도가 가장 빠른 것은 긴급복지지원
법이고, 가장 늦은 것은 기초연금법이다.

[17-08-02]
03 '산업재해보상보험법 – 국민연금법 – 고용보험법 – 국민건강보험법'은 법률의 제정연도가 빠른 순
서대로 나열한 것이다.

04 정신보건법은 2016년 개정되면서 법률의 명칭이 정신건강증진 및 정신질환자 복지서비스 지원에
관한 법률로 변경되었다.

[09-08-03]
05 사회복지사업법 제정시 사회복지사 자격에 관한 규정이 있었으나 국가시험은 도입되지 않았다.

[06-08-04]
06 국민연금법, 노인복지법, 산재보험법, 고용보험법 중 가장 최근에 제정된 법은 고용보험법이다.

07 요보호아동에서 모든 아동으로 법 적용의 대상을 확대하고자 1991년 아동복리법이 아동복지법으로
전부 개정되었다.

08 1999년 국민기초생활보장법이 제정되면서 수급권자, 보장기관 등의 용어를 사용하여 권리적 성격
을 강화하였다.

 01× **02**× **03**○ **04**○ **05**× **06**○ **07**× **08**○

(해설) **01** 국민연금법은 1973년 12월에 제정된 국민복지연금법을 개정하여 1986년 12월에 국민연금법으로 명칭을 변경하였고, 노인복지법은
1981년 6월에 제정되었다.
02 긴급복지지원법, 고용보험법, 노인복지법, 기초연금법 중 제정연도가 가장 빠른 것은 노인복지법(1981년)이고, 가장 늦은 것은 기초
연금법(2014년)이다.
05 사회복지사업법 제정시 '사회복지사'라는 용어를 사용하지 않았다. 다만 사회복지사업 종사자에 관한 자격과 관련한 내용을 규정하
기는 하였다.
07 아동복리법이 아동복지법으로 개정된 것은 1981년이다.

keyword	기초연금법
sub keywords	용어의 정의, 지급대상, 연금의 신청 및 지급, 연금액의 산정 및 급여액 결정, 비용의 분담, 수급권의 소멸 및 지급정지
focus	기초연금법은 공공부조법에서 국민기초생활보장법 다음으로 출제 빈도가 높다. 기초연금법에 관한 문제는 주로 기초연금법 전반에 대한 내용들이 출제되었는데, 지급대상, 신청, 연금액, 비용부담, 수급권의 상실과 보호, 소멸시효 등에 관한 내용들이 주로 다루어졌다.

[20-08-14]

기초연금법상 기초연금의 지급정지 사유에 해당하는 것을 모두 고른 것은?

ㄱ. 기초연금 수급자가 금고 이상의 형을 선고받고 교정시설 또는 치료감호시설에 수용되어 있는 경우
ㄴ. 기초연금 수급자가 행방불명되거나 실종되는 등 대통령령으로 정하는 바에 따라 사망한 것으로 추정되는 경우
ㄷ. 기초연금 수급권자가 국적을 상실한 때
ㄹ. 기초연금 수급자의 국외 체류기간이 60일 이상 지속되는 경우

① ㄱ, ㄴ　　② ㄷ, ㄹ　　③ ㄱ, ㄴ, ㄷ　　④ ㄱ, ㄴ, ㄹ　　⑤ ㄱ, ㄴ, ㄷ, ㄹ

정답률 확인　① 2% ② 3% ③ 24% ④ 9% ⑤ 62%

답 ④
특별자치시장 · 특별자치도지사 · 시장 · 군수 · 구청장은 기초연금 수급자가 다음의 어느 하나의 경우에 해당하면 그 사유가 발생한 날이 속하는 달의 다음 달부터 그 사유가 소멸한 날이 속하는 달까지는 기초연금의 지급을 정지한다.
• 기초연금 수급자가 금고 이상의 형을 선고받고 교정시설 또는 치료감호시설에 수용되어 있는 경우
• 기초연금 수급자가 행방불명되거나 실종되는 등 대통령령으로 정하는 바에 따라 사망한 것으로 추정되는 경우
• 기초연금 수급자의 국외 체류기간이 60일 이상 지속되는 경우(이 경우 국외 체류 60일이 되는 날을 지급 정지의 사유가 발생한 날로 봄)
• 그 밖에 위에서 언급한 세 가지 경우에 준하는 경우로서 대통령령(기초연금 수급자가 거주불명자로 등록된 경우)으로 정하는 경우

➕ 출제빈도

빈출 키워드
232
〈기출회독〉
3회독 시스템으로
합격을 완성하세요.

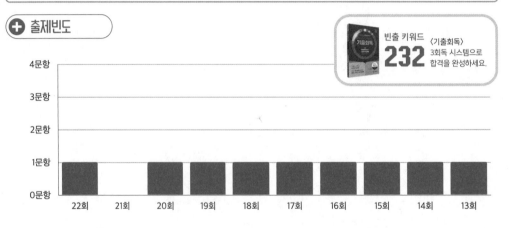

기초연금법

강의 QR코드

1회독		**2**회독		**3**회독
월 일		월 일		월 일

★ 최근 10년간 **9문항** 출제 ★

이론요약

지급대상

- 65세 이상인 사람으로서 **소득인정액이 선정기준액(보건복지부장관이 정하여 고시하는 금액) 이하**인 사람에게 지급한다.
- 보건복지부장관은 선정기준액을 정하는 경우 **65세 이상인 사람 중 기초연금 수급자가 100분의 70 수준**이 되도록 한다.

[기본개념]
사회복지법제론

8장

기초연금 지급의 정지 및 수급권의 상실

- 특별자치시장·특별자치도지사·시장·군수·구청장은 '기초연금 수급자가 금고 이상의 형을 선고 받고 교정시설 또는 치료감호시설에 수용되어 있는 경우, 기초연금 수급자가 행방불명되거나 실종되는 등 대통령령으로 정하는 바에 따라 사망한 것으로 추정되는 경우, 기초연금 수급자의 국외 체류기간이 60일 이상 지속되는 경우, 그 밖에 위에서 언급한 세 가지 경우에 준하는 경우로서 대통령령(기초연금 수급자가 거주불명자로 등록된 경우)으로 정하는 경우'에 해당하면 그 사유가 발생한 날이 속하는 달의 다음 달부터 그 사유가 소멸한 날이 속하는 달까지는 기초연금의 지급을 정지한다.
- 기초연금 수급권자는 '사망한 때, 국적을 상실하거나 국외로 이주한 때, 기초연금 수급권자에 해당하지 아니하게 된 때'의 어느 하나에 해당하게 된 때에 기초연금 수급권을 상실한다.

급여의 신청, 결정, 지급

- 기초연금을 지급받으려는 사람(기초연금 수급희망자) 또는 대리인(배우자, 자녀, 형제자매, 친족 등), 관계공무원은 특별자치시장·특별자치도지사·시장·군수·구청장에게 기초연금의 지급을 신청할 수 있다.
- 특별자치시장·특별자치도지사·시장·군수·구청장은 조사를 한 후 기초연금 수급권의 발생·변경·상실 등을 결정한다. 결정을 한 경우에는 그 결정 내용을 서면으로 그 이유를 구체적으로 밝혀 기초연금 수급권자에게 지체 없이 통지하여야 한다.
- 특별자치시장·특별자치도지사·시장·군수·구청장은 기초연금 수급권자로 결정한 사람에 대하여 기초연금의 지급을 신청한 날이 속하는 달부터 기초연금 수급권을 상실한 날이 속하는 달까지 매월 정기적으로 기초연금을 지급한다.
- 기초연금의 지급이 정지된 기간에는 기초연금을 지급하지 아니한다.

기초연금액의 감액

- 본인과 그 배우자가 모두 기초연금 수급권자인 경우에는 각각의 기초연금액에서 **기초연금액의 100분의 20에 해당하는 금액을 감액**한다.
- 소득인정액과 기초연금액(부부감액이 적용되는 경우에는 그 감액분이 반영된 금액을 말함)을 합산한 금액이 선정기준액 이상인 경우에는 선정기준액을 초과하는 금액의 범위에서 기초연금액의 일부를 감액할 수 있다.

비용의 분담

- 국가는 지방자치단체의 노인인구 비율 및 재정 여건 등을 고려하여 기초연금의 지급에 드는 비용 중 100분의 40 이상 100분의 90 이하의 범위에서 대통령령으로 정하는 비율에 해당하는 비용을 부담한다.
- 국가가 부담하는 비용을 뺀 비용은 특별시·광역시·특별자치시·도·특별자치도와 시·군·구가 상호 분담한다. 이 경우, 그 부담비율은 노인인구 비율 및 재정여건 등을 고려하여 보건복지부장관과 협의하여 시·도의 조례 및 시·군·구의 조례로 정한다.

수급자의 권리보호

- 기초연금 수급권은 양도하거나 담보로 제공할 수 없으며, 압류 대상으로 할 수 없다.
- 기초연금으로 지급받은 금품은 압류할 수 없다.
- 지급 결정이나 그 밖에 이 법에 따른 처분에 이의가 있는 사람은 특별자치시장·특별자치도지사·시장·군수·구청장에게 이의신청을 할 수 있다.
- 기초연금 수급권자의 권리는 **5년간 행사하지 아니하면 시효의 완성으로 소멸**한다.

다음 내용이 **왜 틀렸는지**를 확인해보자

`12-08-08`

01 기초연금법령상 수급권자의 권리의 <u>소멸시효는 3년</u>이다.

> 기초연금법령상 수급권자의 권리의 소멸시효는 5년이다.

`11-08-17`

02 특별자치시장·특별자치도지사·시장·군수·구청장은 기초연금 수급권자로 결정한 사람에 대하여 **기초연금의 지급을 신청한 날이 속하는 다음 달부터 기초연금 수급권을 상실한 날이 속하는 달까지** 매월 정기적으로 기초연금을 지급한다.

> 특별자치시장·특별자치도지사·시장·군수·구청장은 기초연금 수급권자로 결정한 사람에 대하여 기초연금의 지급을 신청한 날이 속하는 달부터 기초연금 수급권을 상실한 날이 속하는 달까지 매월 정기적으로 기초연금을 지급한다.

`09-08-12`

03 기초연금 수급자가 사망한 경우 기초연금 수급자에게 지급되지 않은 **미지급 연금액은 소멸**된다.

> 기초연금 수급자가 사망한 경우로서 그 기초연금 수급자에게 지급되지 아니한 기초연금액이 있는 경우에는 그 기초연금 수급자의 사망 당시 생계를 같이 한 부양의무자(배우자와 직계혈족 및 그 배우자)가 미지급 기초연금을 청구할 수 있다.

---

04 국가는 지방자치단체의 노인인구 비율 및 재정 여건 등을 고려하여 기초연금의 지급에 드는 비용 중 **100분의 60 이상 100분의 90 이하의 범위**에서 대통령령으로 정하는 비율에 해당하는 비용을 부담한다.

> 국가는 지방자치단체의 노인인구 비율 및 재정 여건 등을 고려하여 기초연금의 지급에 드는 비용 중 100분의 40 이상 100분의 90 이하의 범위에서 대통령령으로 정하는 비율에 해당하는 비용을 부담한다.

---

05 기초연금의 이의신청은 그 처분이 있음을 안 날부터 **30일 이내에 서면**으로 하여야 한다.

> 기초연금의 이의신청은 그 처분이 있음을 안 날부터 90일 이내에 서면으로 하여야 한다.

빈칸에 들어갈 알맞은 말을 채워보자

`18-08-14`

01 본인과 그 배우자가 모두 기초연금 수급권자인 경우에는 각각의 기초연금액에서 기초연금액의 100분의 ( )에 해당하는 금액을 감액한다.

`16-08-15`

02 보건복지부장관은 선정기준액을 정하는 경우 65세 이상인 사람 중 기초연금 수급자가 100분의 ( ) 수준이 되도록 한다.

`14-08-15`

03 기초연금 수급권자에 대한 기초연금액은 기준연금액과 ( ) 등을 고려하여 산정한다.

---

04 기초연금을 지급받으려는 사람 또는 대리인은 ( )에게 기초연금의 지급을 신청할 수 있다.

`13-08-12`

05 소득인정액은 본인 및 배우자의 ( )와/과 재산의 소득환산액을 합산한 금액을 말한다.

 답 **01** 20 **02** 70 **03** 국민연금 급여액 **04** 특별자치시장 · 특별자치도지사 · 시장 · 군수 · 구청장 **05** 소득평가액

다음 내용이 옳은지 그른지 판단해보자

---

01 기초연금액의 적정성 평가를 할 때에는 노인 빈곤에 대한 실태조사와 기초연금의 장기적인 재정 소요에 대한 전망을 함께 실시하여야 한다.

`11-08-17`

02 기초연금 수급권은 양도하거나 담보로 제공할 수 없으나, 압류는 가능하다.

---

03 기초연금 수급권자가 사망한 때에는 기초연금 수급권을 상실한다.

---

04 기초연금 수급자의 국외 체류기간이 90일 이상 지속되는 경우에는 기초연금의 지급을 정지한다.

---

05 국가와 지방자치단체는 기초연금의 지급에 따라 계층 간 소득역전 현상이 발생하지 아니하고 근로 의욕 및 저축 유인이 저하되지 아니하도록 최대한 노력하여야 한다.

답 **01** ○ **02** × **03** ○ **04** × **05** ○

해설 **02** 기초연금 수급권은 양도하거나 담보로 제공할 수 없으며, 압류 대상으로 할 수 없다.
04 기초연금 수급자의 국외 체류기간이 60일 이상 지속되는 경우에는 기초연금의 지급을 정지한다.